Zukunft der Familienhilfe

Veränderungen und integrative Lösungsansätze

Herausgegeben von
Hans-Jürgen Balz, Klaus Biedermann,
Ernst-Ulrich Huster, Hildegard
Mogge-Grotjahn und Ursula Zinda

Neukirchener

© 2009
Neukirchener Verlag
Neukirchener Verlagsgesellschaft mbH, Neukirchen-Vluyn
Alle Rechte vorbehalten
Umschlaggestaltung: Andreas Sonnhüter, Düsseldorf
Umschlagabbildung: © istockphoto / codswollop/photocase.com
Druckvorlage: Yvonne Schönau
Gesamtherstellung: Hubert & Co., Göttingen
Printed in Germany
ISBN 978–3–7887–2389–7

Bibliografische Information der Deutschen Nationalbibliothek

Die Deutsche Nationalbibliothek verzeichnet diese Publikation in der Deutschen Nationalbibliografie; detaillierte bibliografische Daten sind im Internet über http://dnb.d-nb.de abrufbar.

Inhalt

III   Praxisbeispiele und Handlungsansätze

Zum Geleit

Im Oktober 2008 hat an der Evangelischen Fachhochschule Rheinland-Westfalen-Lippe in Bochum eine Tagung zum Thema »Zukunft Familienhilfe« stattgefunden, veranstaltet vom Neukirchener Jugendhilfeinstitut. Ich hoffe sehr, dass die nun veröffentlichten ausgearbeiteten Beiträge und Anregungen Auswirkungen auf unsere vielfältigen familienunterstützenden und familienergänzenden Hilfen in unserem beruflichen Alltag an verschiedenen Stellen der sozialen Arbeit haben. Der Neukirchener Erziehungsverein wurde vor 163 Jahren am Niederrhein gegründet. Der damalige Pfarrer und Gründer des Erziehungsvereins Andreas Bräm sah aufgrund der immensen sozialen Umwälzungen in der Zeit der industriellen Revolution die Notwendigkeit, den vielen armen und verlassenen Kindern und Jugendlichen zu helfen. In seinem ersten Jahresbericht 1846 des neuen Vereins stellt er heraus: *»Die Familien sind die von Gott gebauten Erziehungsanstalten«*. Damit wollte Bräm die Wichtigkeit der Familienerziehung als diakonische Wesensäußerung der christlichen Kirche hervorheben und machte deutlich, dass Familienerziehung und Anstaltserziehung keine Alternative, sondern eine notwendige Ergänzung sind. So suchte und fand er Familien im Umland, welche die Anregung, Entwicklung, Übung und Beaufsichtigung der Kinder übernahmen – ein Vorläufer der heutigen Pflegefamilien

163 Jahre später haben Wohlfahrtsverbände und Gesellschaft die Familien und ihre Unterstützung noch oder wieder im Blick mit einer Vielzahl von differenzierten Hilfen von der offenen Ganztagsschule über sozialpädagogische Familienhilfen bis zu Heimunterbringungen oder Inobhutnahme. Dabei zeigt sich insbesondere eine deutliche Steigerung der ambulanten, aufsuchenden Familienhilfen in den letzten Jahren an.

Zur differenzierten Situation in Familien werden hier ein breites Spektrum an Analyse, Wirklichkeit und Hilfemöglichkeiten zusammengetragen. Der 12. Kinder- und Jugendbericht der Bundesregierung zum Thema Bildung macht deutlich: *»Es gibt neben den Eltern eine gesamtgesellschaftliche Verantwortung für das Aufwachsen von Kindern, für ihre Erziehung und Persönlichkeitsentwicklung, für ihre Vertrauensbildung und Bildungsfähigkeit«*. Dieser Verantwortung müssen sich

Eltern, aber auch Politik und die Institutionen der Betreuung, Erziehung und Bildung stellen. Dazu dient auch diese Publikation. Die negative Berichterstattung über Familien scheint nicht abzureißen: dazu gehören Probleme, wie das Aufwachsen der Kinder in Armut (nach neuen Zahlen jedes 6. Kind und jeder 4. Jugendliche in unserem Land), die Erziehungsunfähigkeit mancher Eltern in prekären Lebenssituationen bis hin zu Kindstötungen und allgemein der Mangel an Geborgenheit in einer sich immer rasanter verändernden Welt. Wir sind froh, dass die Politik sich offenbar immer stärker für die Forderungen nach guten Rahmenbedingungen für das Aufwachsen und Heranwachsen der jungen Generation stark macht. Dabei gilt es, Eltern so zu unterstützen, dass Kindern und Jugendlichen gute Lebens- und Zukunftschancen gewährleistet werden. Die Forderungen des Kinder- und Jugendhilfegesetzes müssen erfüllt werden: *Jeder junge Mensch hat ein Recht auf Förderung seiner Entwicklung und auf Erziehung zu einer eigenverantwortlichen und gemeinschaftsfähigen Persönlichkeit«. (§ 1 Abs. 1)*

Diese Fachtagung im Oktober 2008 wollte Wege zur Hilfe für Familien und für die Kinder sowie Jugendlichen aufzeigen. Ich danke allen Referenten und Autoren, die uns das Thema näherbringen sowie dem Arbeitskreis Familie mit Mitarbeitenden des Erziehungsvereins und Professoren dieser Fachhochschule. Dieser Wissenschafts-Praxisdialog ist ein wichtiges Instrument unseres Jugendhilfeinstitutes in dem regelmäßigen Austausch von Praxis der Jugend- und Familienhilfe sowie der Wissenschaft und Forschung.

Pfr. Hans-Wilhelm Fricke-Hein
Direktor des Neukirchener Erziehungsvereins und Vorsitzender des Trägerverbundes des Neukirchener Jugendhilfeinstitutes

I

Einleitung

Familie und Familienhilfe im Umbruch

Für Kinder und Jugendliche ist die Familie nach wie vor der primäre Lebensraum. Ungeachtet öffentlicher Erziehungs- und Bildungsangebote kommt der Familie die zentrale Entwicklungsaufgabe für die nachwachsenden Generationen zu. Aber der Bezugsrahmen »Familie« ist unscharf geworden. Veränderungen in den Familienstrukturen und im Familienverständnis sowie gesellschaftliche Umbrüche und Verwerfungen bis hin zu einer sozialen Entgrenzung von Armut haben Rückwirkungen auf die Alltagsrealität von Familie. Dies wird an folgenden Aspekten erfahrbar:

- *Die Veränderungen der ökonomischen Rahmenbedingungen:* Die nach wie vor hohe und lang anhaltende Massenarbeitslosigkeit sowie die ökonomischen Krisenerscheinungen – verstärkt durch die Folgen der weltweiten Finanzkrise seit 2008 – bestimmen die Realität in vielen Familien. Kinder und Jugendliche erfahren Erwerbsarbeit häufig nicht mehr als selbstverständliche Form der Einkommenssicherung der Familien, sondern erleben ungesicherte und prekäre Beschäftigungsverläufe bei ihren Eltern.
- *Die gestiegene Kinder- und Jugendarmut:* In den Familien spiegelt sich die zunehmende soziale Polarisierung dieser Gesellschaft wider. Deren Folge ist ein erschreckend hoher Zuwachs bei der Kinder- und Jugendarmut in unserem Land. Materielle Ausgrenzung führt zu Benachteiligungen in zahlreichen Lebensbereichen, so bei Bildung, Gesundheit und im Freizeitverhalten. Die soziale Herkunft und die ökonomischen Rahmenbedingungen führen schon in den ersten Lebensjahren zu einer biografischen Weichenstellung und in unserem schulischen Bildungssystem zu einer frühzeitigen Auswahl von Leistungsgewinnern bzw. -verlierern. Es scheint nicht mehr die eigene Leistung und Anstrengung, sondern die soziale Lage den späteren beruflichen, sozialen und familiären Lebensweg zu bestimmen
- *Die Zunahme sozialer Exklusion:* Materielle und immaterielle Benachteiligungen im Alltag sind mehr als nur Mangelerscheinungen: Sie platzieren Kinder und Jugendliche außerhalb der gewöhnlichen

Austauschbeziehungen in der Gesellschaft, sie verweisen sie in zunehmenden Maße auf die Rolle als Zuschauer, nehmen ihnen Betei-
ligungschancen am gesellschaftlichen Leben.
– *Der Verlust tradierter Gewissheit von Familie:* Die Grundfunktionen von Familie – Versorgung und Erziehung – sind heute für viele
Eltern schwieriger zu erfüllen. Gleichzeitig gilt es, eine auf Dauer
angelegte Gemeinschaft zu konstruieren. Hier fordert die Entgrenzung von Arbeit und Familienleben erhebliche Anpassungsleistungen von den Familienmitgliedern. Auch stellen sich in der Balance
zwischen individuellen und auf Partnerschaft gerichteten Lebens-
und Karrierestrategien neue sozialethische Fragen nach dem Weg
zu einer verantwortlichen und sinnerfüllten Elternschaft.
– *Wachsender Bedarf an Unterstützung und Hilfe bei der Erziehung:*
Wenn eine dem Wohl des Kindes oder Jugendlichen entsprechende
Erziehung nicht gewährleistet ist, gibt das Kinder- und Jugendhilfegesetz den Sorgeberechtigten einen Anspruch auf Hilfe zur Erziehung; in Krisensituationen bietet die Kinder- und Jugendhilfe eine ganze Reihe von Unterstützungsmöglichkeiten. Neben der in
letzter Zeit sogar gestiegenen Fremdunterbringung in Heimen oder
bei Pflegefamilien sind in den letzten Jahren eine Fülle von ambulanten familienunterstützenden und familienergänzenden Hilfen differenziert eingerichtet worden. Auffällig ist aber auch, dass unabhängig von der jeweiligen ambulanten oder stationären Hilfeart der
Anteil von Familien oder Alleinerziehenden, die auf Leistungen der
Grundsicherung wie ALG II oder Sozialhilfe angewiesen sind,
deutlich angestiegen ist. Das heißt, der Bedarf an Hilfen materieller
Art und bei Dienstleistungen korreliert stark. Sensibilisiert ist die
Öffentlichkeit weiterhin durch spektakuläre Fälle von Kindstötungen. Immer mehr Familien brauchen also Unterstützung und Hilfe
bei der Erziehung ihrer Kinder und Jugendlichen. »Aufwachsen in
öffentlicher Verantwortung« – so die Überschrift des 12. Kinder-
und Jugendberichts der Bundesregierung von 2002 – ist also längst
gängige gesellschaftliche Wirklichkeit.
– *Der Gegensatz von Familienunterstützung und Arbeitsmarktpriori-
tät:* Hilfen zur Erziehung erfolgen stets im Spagat zwischen Individualität und Vergesellschaftung. Die Reform der Arbeitsmarktpoli-
tik hat diesen Konflikt noch einmal zugespitzt, ist doch das Verhältnis zwischen dem Kinder- und Jugendhilfegesetz (SGB VIII)
und der Mindestsicherung bei Arbeitslosigkeit (SGB II) höchst un-
befriedigend geregelt. Während das SGB VIII sozialpädagogische
Hilfestellungen vorsieht, ein Recht auf Erziehung bei Kindern und
Jugendlichen festschreibt, orientiert sich das SGB II verstärkt an
den Normen der Erwerbsarbeitsgesellschaft, die auch für Jugendliche und junge Erwachsene Geltung haben sollen. Erzieherische
Maßnahmen treten zurück hinter dem Anspruch, als zumutbar an-

gesehen Arbeitsgelegenheiten durchzusetzen. Was vor allem offen bleibt ist, wie denn angesichts abnehmender Normal-Erwerbsarbeit diejenigen sozial integriert werden sollen, die jetzt und in absehbarer Zeit keine Chancen haben, eben in diese existenzsichernde Erwerbsarbeit zu gelangen. Hier sind Maßnahmen gefordert, die Familienbelange, sozialpädagogische und unter Umständen sozialtherapeutische Hilfen mit Initiativen in Richtung eines staatlich finanzierten Beschäftigungssegments außerhalb des 1. Arbeitsmarktes eng verknüpfen.

Komplexe Interventionen setzen Änderungswissen in Theorie und Praxis voraus bzw. müssen in dieses einmünden. Die Familienhilfe steht traditionell unter dem Leitziel, als defizitär erkannte Sozialbeziehungen und Bindungen innerhalb von Familien kompensatorisch aufzufangen, durch Beratung, sozialpädagogische Begleitung, therapeutische Interventionen. So richtig es ist, dass nicht hinter jedem Kind eine Bezugsperson des Jugendamtes stehen kann, so richtig ist es auch, dass ganz offensichtlich traditionelle Interventionsformen oftmals daran scheitern, dass sie reaktiven Charakter haben. Die Pluralisierung der Lebenswelten und Zunahme prekärer Lebenslagen macht ein Überdenken der Grundsätze, Ziele und Methoden von Familienhilfe notwendig. Auch liegen Ergebnisse von Modellprojekten, aus der Forschung zur Wirksamkeit und aus der Resilienzforschung vor, die die Notwendigkeit einer weiteren Ausdifferenzierung der Familienhilfe unterstreichen. Nach der Kontroverse zwischen der Entnahme der Kinder aus den ›krankmachenden‹ Familienverhältnissen und der im letzten Jahrzehnt ausgegebenen These von der Stärkung der Familie als »Hort« der Erziehung ist hier eine integrierende Perspektive von Familienhilfe bei gleichzeitiger Stärkung des sozialen Umfeldes zu vertreten.

Will man die beiden Tendenzen der Handlungsstrategien integrieren, so ist dies mit folgenden Schlagwörtern verbunden: frühzeitig und präventiv Familien unterstützen, Eltern in ihrer Erziehungsverantwortung unterstützen und ihre (Eigen-)Ressourcen stärken, am »Eigen-Sinn« der Klienten ansetzen (Aufhebung des Experten-Laien-Musters), Lernchancen zu gelingender Entwicklung bei den Klienten nutzen, Vermeidung (bzw. Minimierung) von Zwangsmaßnahmen, Beachtung der Ergebnisse der Wirksamkeitsforschung. In der Familienhilfe gibt es keine Alternative zur Kooperation mit den Eltern.

Wie können präventive Ansätze aussehen? Müssen Leitbilder der Familienhilfe wie etwa das des Vorrangs der Familie oder das der Erwerbsarbeit überdacht werden? Es gilt sozialpolitische Unterstützungssysteme zu stärken, ebenso wie die endogenen Stabilisatoren gelingenden Aufwachsens von Kindern in einem festen Sozialverbund, der Familie sein kann aber nicht sein muss. Dabei spielt die sozialethische Reflexion über kleinräumliche Sozialbeziehungen und die Bedingungen für ein gelingendes Aufwachsen von Kindern eine besonders wichtige Rolle.

Dieser Band bietet in Kapitel II zunächst Grundlegungen, indem unterschiedliche theoretische Zugänge gewählt werden und Disziplinen zu Wort kommen: Theologie, Psychologie, Erziehungswissenschaft, Theorie und Praxis der Sozialen Arbeit, Politikwissenschaft, Soziologie und die Motopädagogik. Hier geht es um interdisziplinäre und multidisziplinäre Ansätze und Verknüpfungen.

Die theoretischen Grundlegungen werden im III. Kapitel durch praktische Handlungsansätze konkretisiert. Hier kommen die langjährigen Praxiserfahrungen des Neukirchener Erziehungsvereins in zahlreichen Feldern der Kinder-, Jugend- und Familienhilfe und der mehrjährige gemeinsame Erfahrungsaustausch zwischen dem Neukirchener Erziehungsverein und der Evangelischen Fachhochschule RWL in Bochum im Rahmen des Neukirchener Jugendhilfeinstitutes zum Tragen. Das Panorama praktischer Handlungskonzepte wird durch anschauliche Beispiele auch anderer Träger erweitert. Vorhandene Reformansätze und Neuerungen sollen darauf hin befragt werden, inwieweit sie die analytisch erfassten Veränderungen der sozialen Rahmenbedingungen bereits auf die konkrete Interventionsebene Familie durch Familienhilfe übertragen haben. Die Kinder-, Jugend- und Familienhilfe wird eine Antwort auf die Perspektive geben müssen, dass »verwahrloste Kinder von heute die Eltern von morgen« sein werden.

Über mehrere Jahre hinweg wurde in Workshops und auf der Fachtagung des Neukirchener Jugendhilfeinstitutes am 17. Oktober 2008 in der Evangelischen Fachhochschule RWL in Bochum der Theorie-Praxis-Dialog zu diesen Fragen geführt. Die nun vorgelegte Publikation greift diese Arbeitsergebnisse auf, enthält nun aber teils ausführlich bearbeitete und viele neue Beiträge.

Die Herausgeberinnen und Herausgeber bedanken sich bei den zahlreichen Teilnehmerinnen und Teilnehmern der Arbeitsgruppen sowie der Fachtagung und bei allen Autorinnen und Autoren dieses Bandes. Zugleich bedanken sie sich bei Dennis Homann, der an der redaktionellen Bearbeitung der Texte mitwirkte.

Bochum und Neukirchen-Vluyn im Juli 2009

Hans-Jürgen Balz, Klaus Biedermann, Ernst-Ulrich Huster, Hildegard Mogge-Grotjahn und Ursula Zinda

II

Grundlegungen

BENJAMIN BENZ

Familie – Wirklichkeiten im sozialen und politischen Umbruch

Spürt man dem sozialen und politischen Umbruch familialer Wirklichkeiten nach, erscheinen zwei Aspekte bedeutsam. Erstens geht er so weit, dass er das Verständnis von Familie selbst erreicht. Zweitens ist Familie eine zu weite soziologische Kategorie (sind familiale Wirklichkeiten zu vielfältig), als dass es sinnvoll erschiene, allein alle Familien betreffenden Merkmale dieses Umbruchs nachzugehen. Familienhilfe, die mit familialen Wirklichkeiten und ihren Umbrucherscheinungen konfrontiert ist und sie aufgreift, vollzieht sich in einem politischen und institutionellen Mehrebenensystem. Vertikal betrachtet ist dieses geprägt von kommunaler Selbstverwaltung und Bundesstaatlichkeit. Horizontal wie vertikal betrachtet wird in ihm ein spezifisches, politisches Potential Sozialer Arbeit und Freier Wohlfahrt deutlich.

1. Zum Umbruch, der auch den Begriff von Familie einschließt

Der Erste Familienbericht des Bundes von 1968 definiert Familie noch folgendermaßen:»Grundsätzlich wurde entsprechend der neueren familiensoziologischen Terminologie (...) unter Familie eine Gruppe verstanden, in der ein Ehepaar mit seinen Kindern zusammenlebt. Diese reine Eltern-Kind-Gemeinschaft (›Kernfamilie‹) stellt eine soziale Gruppe besonderer Art dar, gekennzeichnet durch eine biologisch-soziale Doppelnatur und eine in anderen sozialen Gruppen in diesem Umfang nicht anzutreffende ›Totalität‹ der sozialen Beziehungen.«[1] Inzwischen hat sich in der familiensoziologischen Terminologie offensichtlich viel getan, wenn Christiane Dienel schreibt:»Unstrittig ist sowohl in der Forschung wie in der Politik, dass die Familie in den letzten Jahrzehnten und in der Gegenwart starke Veränderungen erlebt. Wichtigster Aspekt dieses Wandels ist, dass Familie nicht mehr als von der Gesellschaft vorgegebene Institution gelebt wird, deren mehr oder weniger festgelegte Rollen oder biographische Muster (Vater,

---

[1] Deutscher Bundestag, Bericht der Bundesregierung über die Lage der Familien in der Bundesrepublik Deutschland (Erster Familienbericht), Drucksache V/2532, Bonn 1968, 7.

Mutter, Kind) nur noch ausgefüllt werden müssen, sondern dass Menschen Familie in ihren jeweils anderen Lebensumständen neu erschaffen müssen, ebenso wie sie zu Baumeistern ihrer eigenen ›Bastel-Biographie‹ werden.«[2]
Da haben wir ihn vielleicht schon erfasst, den sozialen Umbruch, die starken Veränderungen, in denen Familie sich von einer vorgegebenen Institution in etwas wandelt, das ständig neu hergestellt werden muss. Damit ist dann der Adressat von Familienhilfe auch ein anderer geworden. Institutionen (im hier gemeinten Sinne) haben Nachnamen und Anschriften. Und die Familiendefinition von 1968 leistet vor allem eines, nämlich zu definieren, wer alles nicht Familie ist (alles was nicht biologisch-sozial, totalitär, eheliche Beziehung zwischen Vater und Mutter und Kind ist, etwa Alleinerziehenden-, und Stiefkinderhaushalte). Als Herstellungsleistung (wie bei Dienel), ist der Adressat der Familienhilfe im Grunde Jede und Jeder, der oder die sich um familiale Beziehungen müht, sie wieder erreichen (herstellen) oder erhalten möchte und dabei Hilfe und Gleichgesinnte sucht. Wird dieser Wandel aber auch politisch nachvollzogen?
Einen besonders deutlichen Beleg für das ausgeprägte Misstrauen etlicher ›68er‹ gegenüber der Familie liefert Dietrich Haensch, indem er 1969 schreibt, dass »(...) das Leben der Menschen in Familien, jedenfalls in ihrer besonderen Ausprägung der Kleinfamilie mit lebenslang monogamer Ehe in der bürgerlichen Gesellschaft, nur möglich ist auf der Basis einer ausgeprägten Unterdrückung sexueller Bedürfnisse der beteiligten Menschen. Insofern ist die Familie eine repressive Institution; eine Politik, die diese Familie stärken und fördern soll, ist eine repressive Politik.«[3] Joschka Fischer ist heute zum fünften Mal verheiratet, was für die (auch in diesen Kreisen erreichte) Akzeptanz und Attraktivität der juristischen Ausformung der ›Institution‹ Familie in der Ehe – wenn auch nicht für ihre Stabilität – spricht. Wechseln wir die politische Seite hin zur christdemokratischen Bundesfamilienministerin Ursula von der Leyen: »Es muss nicht immer die leibliche Familie sein. (...) Ich nehme als Beispiel die Tafel, das ist keine Familie, aber es gibt einen gemeinsamen Tisch, an dem man isst und Gespräche führen kann. Die Suppenküche hat ein ähnliches Prinzip. Das heißt, wenn wir ›Familie‹ weiterdenken, bedeutet das, Verantwortung für andere Menschen zu übernehmen, auch wenn man nicht miteinander verwandt ist.«[4] Linke und Konservative alten Schlages kommen da sicher kaum mehr mit vor lauter politischem Wandel zur Frage, was denn eigentlich Familie ist und wie sich Ehe und Familie zueinander verhalten.

---

2 *Christiane Dienel*, Familienpolitik, Weinheim/München 2002, 24.
3 *Dietrich Haensch*, Repressive Familienpolitik, Reinbek bei Hamburg 1969, 7.
4 Bundesfamilienministerin Ursula von der Leyen, in: straßenfeger, Heft 20/2006, 13.

Wenn das Verständnis von Familie im wissenschaftlichen und politischen Raum deutlich von Umbruch gekennzeichnet ist, lässt sich dann zumindest im kirchlichen Bereich Kontinuität finden? Der Evangelische Familienverband (EAF) liefert hier ein beachtliches Bekenntnis in seinem Grundsatzprogramm aus dem Jahr 2000, das die Bedeutung der Ehe für viele Menschen nicht negiert, sie aber auch nicht normativ überhöht. Die EAF lege »den Schwerpunkt ihrer Arbeit auf Familie als Lebensgemeinschaft von Eltern/Müttern/Vätern mit Kindern unabhängig von der Form ihres Zusammenlebens. Sie bezieht auch kinderlose Lebensgemeinschaften und umfassende, durch Verwandtschaft verbundene Gemeinschaften ein. (…) Lange Zeit war in unserer Gesellschaft die Ordnung der christlichen Ehe die normative Grundlage familialer Gemeinschaft. Eine solche Vorgabe ist nicht mehr allen Menschen hilfreich und wird nicht mehr von allen als äußere Form gelebt.«[5] ›Familie‹ ist also auch hier ein weiter Begriff, in dessen Kern zudem nicht mehr die Ehe steht? Befragt man hierzu Martin Luther, erhält man eine irritierende Antwort. Luther, so Hans-Jürgen Krüsselberg, »hat das Wort F. nicht verwendet, wohl aber intensiv über Eltern und deren Pflichten für ihre Kinder nachgedacht. Seine einschlägige Begrifflichkeit ist die des Hauses, des Gutes, der Arbeit und der Nahrung, eingebunden in das Thema der Erhaltung von Ordnungen (…) Für ihn ist das Recht auf F. ein Menschenrecht, über dessen Wahrung die Obrigkeit zu wachen hat. F. ist zugleich der Ort, wo Arbeit geleistet wird im Dienst Gottes und des Nächsten; Arbeit, die nicht zuletzt geleistet wird zum Aufbau von Handlungsorientierungen und Handlungsvermögen in einer Welt, für die der Mensch Verantwortung zu übernehmen hat.«[6]

Familienhilfe (zumal wenn sie von evangelischer Seite getragen ist) findet hier wohl eine hervorragende Beschreibung ihres – auch gesellschaftspolitischen – Auftrags: Menschen (Familien) dabei zu unterstützen, Handlungsorientierung und Handlungsvermögen in einer Welt zu finden und zu entwickeln, für die der Mensch Verantwortung übernommen hat.

Als Zwischenergebnis lässt sich festhalten, dass

- der Familienbegriff wissenschaftlich in den vergangenen 40 Jahren einen enormen Wandel erfahren hat (nicht zuletzt, da die Entwicklung familialer Wirklichkeit hierzu großen Anlass gab).
- Politisch hat – erst in den letzten Jahren – zwischen progressiver und konservativer Seite eine deutliche Annäherung im Familienverständnis und (bei allen verbliebenen Unterschieden) erstaunlich

---

5 *Evangelische Aktionsgemeinschaft für Familienfragen* (Hg.), Familienpolitisches Programm 2001, Berlin 2001, 7.
6 *Hans-Günter Krüsselberg*, Familie, in: *Honecker, Martin* u.a. (Hg.), Evangelisches Soziallexikon, Neuausgabe Stuttgart 2001, 470.

weit reichend auch in familienpolitischen Schlussfolgerungen voll-
zogen.

– Kirchliche Stimmen – auch viele katholische – nehmen familialen
Wandel ebenso deutlich wahr und stimmen theologisch fundierte
Positionen auf ihn ab.
Wer in dieser Aufzählung fehlt, sind die Familien selbst. Sehen sie
sich in einem sozialen und politischen Umbruch?

2. Familiale Wirklichkeiten

›Familie‹ ist bei der Suche nach gemeinsamen Interessen und Problemsichten eine fast unbrauchbar weite soziale Kategorie. In einem
gemeinsamen familienpolitischen Appell schrieben am 15 Mai 2007 in
der Frankfurter Rundschau 16 Verbände (von Gewerkschaften über
den Lesben- und Schwulenverband bis hin zur Katholischen Arbeit-
nehmerbewegung, verschiedenen Familienverbänden und der AWO):
»(...) die Interessen reicher und armer Familien, von Ehen und Paaren
ohne Trauschein, gleichgeschlechtlichen Paaren mit und ohne Kindern,
Groß-, Hausfrauen- und Beidverdienerfamilien, binationalen und ein-
gewanderten Familien, Familien Alleinerziehender usw. lassen sich oft
schwer auf einen Nenner bringen. Familie ist heute vielfältig. Mit diesem Appell finden sich [dennoch, möchte man hinzufügen; Anm. BB]
16 Verbände zusammen, um gemeinsam für eine Politik zu werben,
die gute Lebensbedingungen und Perspektiven aller Familien zum Ziel
hat.«[7]
›Die‹ Familie gibt es nicht, wobei etwa VertreterInnen unterschiedlicher Disziplinen an der Evangelischen Fachhochschule Rheinland-
Westfalen-Lippe unisono darauf verweisen, dass auch historisch betrachtet die Vielfalt von Familie nichts neues ist.[8] Ist also der Eindruck
einer Erosion der ›Normalfamilie‹ (= verheiratet, zwei Kinder) stark
vom Blickpunkt der Hegemonie des bürgerlichen Familienideals in
West- und Ostdeutschland der 1950er und 1960er Jahre geprägt, so
sollte umgekehrt ein Blick auf die Vielfalt der Familie nicht darüber
hinweg täuschen, dass auch heute noch etwa die weitaus meisten Kinder zusammen mit beiden leiblichen Eltern aufwachsen. Trotzdem
muss man sich jeweils mit bestimmten Teilen der Grundgesamtheit

---

[7] Siehe www.fr-online.de/in_und_ausland/politik/dokumentation/?em_cnt=1135608
[4.10.2008]
[8] *Irene Gerlach*, Familienpolitik. Wiesbaden 2004, 73. *Hildegard Mogge-Grotjahn*, Gender, Sex und Gender Studies. Eine Einführung, Freiburg i.Br. 2004.
Hans-Jürgen Schimke, Möglichkeiten und Grenzen kommunaler Familienpolitik
aus Sicht einer ländlichen Gemeinde, in: *Zukunftsforum Familie e.V.* (Hg.), Der
Vielfalt auf den Grund gehen. Perspektiven des 7. Familienberichts – Positionen
des Familienverbandes ZFF, Tagungsdokumentation, Berlin/Bonn 2006, 110–116.

Familie beschäftigen, will man der Familie im sozialen und politischen Wandel nachspüren bzw. erkennen, was dieser Wandel für sie bedeutet. Dazu, wie divers sozialer und politischer Wandel sich bei unterschiedlichen Familien zeigt, drei Beispiele:

– Die gesellschaftliche wie staatliche Anerkennung gleichgeschlechtlicher Paare und ihrer Familien (sog. Regenbogenfamilien) hat sich in Deutschland in den vergangenen Jahren immens verbessert. Nicht nur ist das Lebenspartnerschaftsgesetz eingeführt, auch Regierende Bürgermeister, Tagesthemen-Moderatorinnen und – auch dank einschlägiger Rollen in TV-Soaps – viele Jugendliche zwingt die Liebe zu einem Menschen gleichen Geschlechts nicht mehr ins gesellschaftliche Abseits.

– Josef Ackermann (Vorstandschef der Deutschen Bank) hat ein Kind. Bundesfamilienministerin Ursula von der Leyen ist trotz ihrer sieben Kinder kein Beispiel für die These, Kinder würden per se arm machen. Mit der Ablösung des Erziehungsgeldes durch das Elterngeld können nun auch Familien Ackermann und von der Leyen ein Jahr lang Elterngeld beanspruchen. Wenn, wie alle drei bisherigen Armuts- und Reichtumsberichte der Bundesregierung lehren, die Einkommensverteilung in Deutschland auseinanderdriftet, dann finden sich dabei mitnichten alle Familien auf der Verliererseite (zu studieren etwa in Bad Homburg, in Freiburg-Herdern oder in der Dortmunder Gartenstadt). Die durchschnittliche Taschengeldhöhe bei Kindern hat in den letzten Jahren weiter kräftig zugelegt, die Kluft zwischen armen und reichen Kindern dabei allerdings auch.[9]

– Inzwischen lebt jedes zehnte Kind unter 15 Jahren in Baden-Württemberg in Familien, die Hartz IV beziehen müssen, in Nordrhein-Westfalen ist jedes sechste Kinder ›Kunde‹ der Arbeitsverwaltung (ARGEn), in Berlin, Bremen und Sachsen-Anhalt jedes dritte![10] Für ein Drittel aller Kinder findet hier Familienpolitik schlicht über die Gestaltung des Sozialgeldes im Zweiten Buch Sozialgesetzbuch (SGB II) statt (oder eben auch nicht), über Lehrmittelfreiheit bei Hartz IV-Bezug (oder ihre Infragestellung, wie in Nordrhein-Westfalen), über unentgeltlichen Zugang zu Familienbildungsangeboten (oder nicht), mittels Beitragsfreiheit in Sportvereinen für arme Kinder (oder eben nicht).

Alle drei Beispiele zeigen, hier sind höchst unterschiedliche (und regional unterschiedlich viele) Familien sowie verschiedene politische und gesellschaftliche Handlungsebenen angesprochen: Sportvereine, Kommunalpolitik, Landespolitik, der Bundesgesetzgeber.

---

[9] *Wolfgang Mulke*, Kinder bekommen immer mehr Geld, in: Badische Zeitung vom 13. August 2008, 16.

[10] *Statistische Ämter des Bundes und der Länder* (Hg.), Soziale Mindestsicherung in Deutschland 2006, Wiesbaden 2008, 24.

3. Familienhilfe im föderalen Sozialstaat

Die Regenbogenfamilien etwa, die Familie von der Leyen und die 37 Prozent aller Berliner Familien mit Kindern unter 15 Jahren führen mitten in den politischen Wandel ein, den Familien erleben. Dass Familie sich in verschiedenen Familienformen und mit unterschiedlichen kulturellen Hintergründen verwirklicht, findet inzwischen stärkere Berücksichtigung in der Familienpolitik. Hier geht es um Familien mit Migrationshintergrund, Familien Alleinerziehender, Patchworkfamilien usw. Die Spreizung der Einkommenssituation von Familien nimmt die Familienpolitik hingegen noch immer nicht – teils sogar zusehends weniger – zur Kenntnis und zum Anlass für Reformen. Inzwischen wachsen etwa ein Viertel aller Kinder jenseits der ehelichen Kleinfamilie auf, ebenso sind etwa ein Viertel der Beschäftigungsverhältnisse nach herkömmlicher Diktion atypisch (da befristet, in Teilzeit und/oder im Niedriglohnbereich). Trotzdem greifen die Sozial- und die Familienpolitik nicht hinreichend auf, dass diese Familien- und Erwerbsformen eben nicht mehr nur atypische Randerscheinungen sind, sondern die Sozial- und Familienpolitik sie als Teil (stets kritikwürdiger) ›Normalität‹ in die Konstruktion von sozial- und familienpolitischen Geld-, Sach- und Dienstleistungssystemen integrieren müssen.

Was meint dies konkret? Das 2006 verabschiedete Bundeselterngeld- und Elternzeitgesetz (BEEG) lässt sich zum Beispiel grundsätzlich als familienpolitische Errungenschaft bezeichnen. Es greift – stärker als die frühere Sozialleistung Erziehungsgeld – Einkommenseinbrüche von Eltern im ersten Jahr nach Geburt eines Kindes auf. Im Gesetzgebungsprozess für ein erstes Änderungsgesetz zum BEEG wurde aber auch deutlich, dass einige durch das Änderungsgesetz unangetastet gebliebene oder neu konzipierte Elemente des Elterngeldes der Vielfalt von Erwerbs- und Familienformen sowie Einkommenslagen betroffener Familien kaum gerecht werden:[11]

– So wird etwa die grundsätzlich eröffnete Möglichkeit, als Eltern bei der Geburt eines Kindes gemeinsam in Teilzeit zu gehen, statt nacheinander Erwerbstätigkeit zu unterbrechen, weiterhin über die Konstruktion der sog. Monatsbeträge ökonomisch sanktioniert. Eine 2006 konzipierte Sozialleistung wird wissentlich und willentlich nicht Teilzeit-tauglich konzipiert.

– Bei Teenager-Schwangerschaften können nun auch Großeltern Elternzeit beanspruchen. Elterngeld für Großeltern gibt es hingegen weiterhin nicht. Einkommensärmere Großeltern wären hierauf aber

---

11 Siehe hierzu Deutscher Bundestag, Ausschuss für Familie, Senioren, Frauen und Jugend, Wortprotokoll zur öffentlichen Anhörung am 16.9.08, 16. Wahlperiode, 63. Sitzung, Berlin, www.bundestag.de/ausschuesse/a13/anhoerungen/anhoerung11/index.html [4.10.2008].

dringend angewiesen, um eine Elternzeit ökonomisch überhaupt verkraften zu können. Laut der Bundeszentrale für gesundheitliche Aufklärung kommen Teenager-Schwangerschaften nicht gerade gehäuft in gut situierten Familien vor. An diese Familien richtet sich nun aber de facto die neue Regelung.

– Seiner Konstruktion nach zielt das Elterngeld primär auf den Ersatz von 67 Prozent des wegfallenden Einkommens – und so wird es in der Öffentlichkeit auch ›verkauft‹. Tatsächlich sieht die Lebensrealität vieler junger Familien aber so aus, dass selbst von den Elterngeld beziehenden Männern in Westdeutschland (der Gruppe, von der man es am ehesten erwartet hätte), nur knapp die Hälfte in die Zone reinen Einkommensersatzes von 67 Prozent gelangt. Die »Musik« im Elterngeld spielt hingegen tatsächlich beim Mindestelterngeld von 300 € und der erhöhten Einkommensersatzrate bei Elterngeldleistungen unter 1.000 €. Trotzdem soll neben dem Lohnersatz die Mindestsicherung beim Elterngeld nach Aussagen von Ministeriums- und RegierungsvertreterInnen kein Thema sein: Armutsvermeidung sei keine Sache des BEEG, sondern der Fürsorgeleistungen Hartz IV und Sozialhilfe.

Angesichts der obigen Fallzahlen einkommensarmer Familien ist es antiquiert, 2006 bzw. 2008 Versorgungs- oder Sozialversicherungsleistungen zu konzipieren, die Armut nicht bereits innerhalb dieser Systeme zu verhindern suchen, sondern an Hartz IV delegieren. Möglich und sinnvoll wäre etwa, beim Elterngeld eine Regelung analog zum Kinderzuschlag beim Kindergeld vorzusehen.

Dabei ist das Elterngeld nur eine singuläre Sozialleistung auf der Bundesebene. In der Perspektive von Familien kumulieren jedoch über politische Ebenen hinweg politisch gestaltbare, familienbedingte Einnahmen und Ausgaben von Privathaushalten bzw. Veränderungen in der Angebotlandschaft der Kinder-, Jugend- und Familienhilfe.

Politisch betrachtet, findet Familienhilfe in einem Mehrebenensystem statt, vertikal verortet von der Kommunal- mindestens hinauf bis zur Bundespolitik, horizontal betrachtet von staatlicher Familienpolitik über Angebote frei-gemeinnütziger Träger bis hinein in betriebliche Maßnahmen zur Vereinbarkeit von Familie und Beruf. Instrumentell lassen sich mit Franz-Xaver Kaufmann[12] zudem ökonomische und infrastrukturelle Formen der Familienhilfe systematisieren, denen (etwa in Gestalt der UN-Kinderrechtskonvention) Formen der Hilfe zur Seite stehen, die sich auf die Rechtsstellung von Familienmitgliedern richten, oder (Beispiel Familienbildung) auf die Kompetenzen von Familienmitgliedern (und der Familie als System) Einfluss nehmen. Mein mit diesen Systematisierungen verbundenes Anliegen ist nun nicht, die

---

[12] *Franz-Xaver Kaufmann*, Elemente einer soziologischen Theorie sozialpolitischer Intervention, in: *ders.* (Hg.), Staatliche Sozialpolitik und Familie, München/ Wien 1982, 49–86.

Weite des Gegenstandes Familienhilfe zu thematisieren, sondern auf zwei Blinde Flecke hinzuweisen, die ich in einzelnen fachlichen und politischen Diskursen rund um die Familienhilfe erlebe.

1. Wo Teilbereiche der Familienpolitik – aus guten Gründen – politisch zur Priorität erhoben werden (etwa: Krippenausbau), können andere Teilbereiche der Familienhilfe über Gebühr aus dem Blick zu geraten.

Dies ist in den letzten Jahren in den Bereichen Familienerholung, Familienbildung und Jugendarbeit offensichtlich so – lokal und regional unterschiedlich, der Tendenz nach aber eindeutig. Man erkennt dies nicht aus einer Vogelperspektive über ganz Deutschland, über ›die‹ Familien und ›die‹ Familienhilfe hinweg, sondern erst, wenn man sich die Bedingungen Bundesland für Bundesland und gezielt etwa nach einkommensarmen Familien und Teilbereichen der Familienhilfe (Beispiel Jugendarbeit) fragend anschaut.

2. Da Familienhilfe politisch in einem Mehrebenensystem verortet ist, kumulieren in der sozialen Wirklichkeit von Familien die Wirkungen familienpolitischer Entscheidungen des Bundes, des betreffenden Landes und der Kommune, in der eine Familie lebt.

Diese Kumulation kann natürlich für Familien positiv ausfallen: Der Bund verschafft der gut verdienenden Familie X das Elterngeld, das betreffende Bundesland ihr Familienbildungsgutscheine, die Kommune saniert den Spielplatz im Quartier und alle gemeinsam schaffen neue Krippenplätze. Für einen Teil der Familien in Teilen der Republik sieht die Wirklichkeit jedoch ganz anders aus: ›Der Bund‹ sagt ihnen: Infrastruktur und Dienstleistungen für Familien haben Priorität. Den Sockelbetrag von 300 € gibt es beim Elterngeld jetzt nur noch ein Jahr (nicht mehr zwei Jahre, wie beim Erziehungsgeld), das Kindergeld erhöhen wir zwar erstmals seit 2002 um 10 €, schaffen damit aber nicht einmal einen Inflationsausgleich. Für Dienstleistungen – liebe Familie – ist Dein Bundesland zuständig – wir unterstützen es dabei nach Kräften.

Schaut die Familie nun aber auf die Landesebene (etwa in NRW), so muss sie feststellen,

– dass die Individualförderung von Familienerholungsmaßnahmen 2002 gestrichen wurde,
– dass ihre Kommunen in Haushaltssicherung (etwa alle 10 Städte des Kreises Recklinghausen) gezwungen werden, die Elternbeiträge im Elementarbereich deutlich zu erhöhen,
– dass die Schulbuchkosten seit 2003/2004 deutlich stärker an die Familien durchgereicht werden,
– dass im Land jetzt Studiengebühren fällig werden.

›Das Land‹ sagt der Familie damit: Kosten für Dienstleistungen im Bildungsbereich müssen Sie heute und künftig verstärkt selber tragen.

Der Familie fällt zudem auf, dass Bildungsangebote nicht nur teurer werden, es fallen manche auch schlicht weg:
– so wird trotz zweier erfolgreicher Volksinitiativen und Appelle etwa an kirchliche Träger die Jugendarbeit im Land kaputt gespart.
Bei alledem gilt: Die kumulativen Wirkungen sind nicht für alle Familien gleich, zudem haben Kommunen und Bundesländer in ihrer Finanzkraft und Prioritätensetzung durchaus unterschiedliche Profile. Trotzdem reicht es nicht aus, allein evaluativ zu beschreiben, wenn in der Zusammenschau die Familienhilfepolitiken verschiedener Ebenen zu Lebenslangen bestimmter Familien einfach nicht passen wollen. Was also tun?

4. Politisches Potential Sozialer Arbeit und Freier Wohlfahrt

Mir scheint hier Soziale Arbeit (insbesondere im Rahmen der Verbände der Freien Wohlfahrtspflege) das größte Potential in der Problemwahrnehmung und den Möglichkeiten zu besitzen, politisch Probleme zu artikulieren und in Teilen auch erfolgreich Einfluss zu nehmen: gegen die Kombination einer – der Tendenz nach – a) restriktiven Geldleistungspolitik der Bundesebene, die prioritär auf Dienstleistungen setzt (für die sie aber nicht zuständig ist), mit b) bestimmten Landes- und Kommunalpolitiken, die genau diese Dienstleistungen ›schleifen‹ oder für Familien verteuern. Warum gerade Soziale Arbeit und warum gerade in Wohlfahrtsverbänden?
Sozial- und Familienpolitik einerseits und Soziale Arbeit andererseits sind in bedeutenden Bereichen kongruent. So vollziehen sich pädagogische Interventionen der Sozialpolitik in entscheidendem Maße im Rahmen Sozialer Arbeit (Beispiel: Beratungsstellen). Soziale Arbeit und Sozialpolitik weisen jedoch auch übereinander hinaus. So lässt sich Soziale Arbeit mit Frauen nicht auf sozialpolitische Fragen reduzieren und kommt im Rentenbereich (dem finanziell gewichtigsten Bereich Sozialer Sicherung) der Sozialen Arbeit heute kaum eine Bedeutung zu (wenngleich Prognosen einer erneut zunehmenden Altersarmut sie auch hier wieder ›auf den Plan rufen‹ dürfte). Soziale Arbeit ist der allgemeinen Sozialpolitik also zum Teil vor- bzw. nachgelagert (siehe die wieder auflebenden Formen spendenfinanzierter Armenspeisungen) und sie greift die Probleme der begrenzten Reichweite typisierter sozialpolitischer Maßnahmen auf. Sie ist damit charakteristisch »Zeitsicherung«[13] (neben den primären Instanzen Familie, Markt und Staat). Anders ausgedrückt: Soziale Arbeit soll oft als »Vorhut« neue soziale

---

[13] *Hans-Jürgen Göppner / Juha Hämäläinen*, Die Debatte um Sozialarbeitswissenschaft, Freiburg i.Br. 2004, 121.

Probleme und Defizite aufgreifen und »als ›Nachhut‹ Defizite aus nicht gelungenen Problemlösungen auffangen«.[14] Soziale Arbeit hat damit die Chance eines spezifischen Blicks auf das Arrangement politischer Maßnahmen, gerade weil sie politischen Maßnahmen bisweilen vor- und nachgelagert ist und weil sie ihre Analysen und Schlussfolgerungen gerade nicht prioritär (wie etwa politische MandatsträgerInnen) aus dem Blickwinkel bestimmter politischer Ebenen oder (wie etwa JuristInnen oder PädagogInnen) bestimmter sozialpolitischer Interventionsformen bezieht, sondern ihre Problemsichten und Handlungsoptionen aus dem mehr oder weniger hilfreichen Zusammenwirken dieser Ansatzpunkte in Einzelfällen begreifen kann. Spätestens seit Alice Salomon's Dissertation zur Lohnungleichheit zwischen Männern und Frauen (1906) wissen wir, dass dabei ›Klient‹ Sozialer Arbeit zwar dieser Einzelfall sein mag, ihr ›Adressat‹ – soll Soziale Arbeit wirklich hilfreich sein – neben Klienten aber ebenso die Politik sein muss.

Soziale Arbeit in Wohlfahrtsverbänden ist dabei in zweifacher Hinsicht für ›Politik als einer Hilfeform Sozialer Arbeit‹[15] von besonderer Bedeutung. Denn erstens kann wohl kaum ›die‹ Soziale Arbeit als Profession politisch agieren, sondern braucht dies konkrete Interessensträger. Zweitens sind Wohlfahrtsverbände in einzigartiger Weise auf allen politischen Ebenen (vom Quartier bis in europäische Gremien und internationale Hilfsprojekte hinein) präsent. Damit haben gerade sie spezifische Möglichkeiten, Handlungsebenen übergreifend zu denken und zu handeln.

Muss aber politisches Engagement Sozialer Arbeit und Freier Wohlfahrt angesichts öffentlicher Haushaltsnöte nicht ins Leere laufen? Und kann politische Soziale Arbeit dabei – ›Sachzwängen‹ von Demografie und Globalisierung folgend – nicht maximal ihren Abbau mitgestalten? Nein, denn erstens gibt es Beispiele, in denen Fachkräfte und Institutionen im Feld Soziale Arbeit erfolgreich für die Verbesserung von Lebensbedingungen streiten. Zweitens hat man etwa in Studium und Weiterbildung an der Evangelischen Fachhochschule Rheinland-Westfalen-Lippe viele Chancen, über den nationalen Tellerrand zu schauen. Dieser Blick kann zeigen, dass für eine insgesamt weniger restriktive Einnahme- und Ausgabenpolitik der öffentlichen Hand im Sozial- und Bildungsbereich Spielräume bestehen.[16]

---

14 _Teresa Bock_, Professionalisierung, in: Deutscher Verein (...): Fachlexikon der sozialen Arbeit, Frankfurt a.M. [13]1993, 735.

15 _Günter Rieger_, Politisierung als professionelle Herausforderung, in: _Manfred Lallinger / Günter Rieger_, Repolitisierung Sozialer Arbeit. Engagiert und professionell, Stuttgart 2007, 85–108.

16 _Benjamin Benz_, Bildungsleistungen und Bildungskosten von Familien, in: _AWO Bundesverband_ (Hg.), Chancengerechtigkeit durch Bildung – Chancengerechtigkeit in der Bildung. Sozialbericht 2006, Essen 2006, 52–72.

ERNST-ULRICH HUSTER und JOHANNES D. SCHÜTTE

»Zurück zur Familie und vorwärts in die Erwerbsarbeit?« – Sozialstrukturelle Bedingungen und Herausforderungen für die Familienhilfe

Nachrichten über Familientragödien erschüttern die bundesdeutsche Gesellschaft und Politik. In der Öffentlichkeit wie auch in der Fachdiskussion wird die Frage gestellt, wie diese Ereignisse an der professionellen Familienhilfe vorbei immer wieder möglich sind. Ganz offensichtlich fehlt es an Frühwarnsystemen, aber erfreulicherweise ist vielerorts auch zu sehen, dass hier sehr wohl neue Wege beschritten werden.

Zugleich stellt sich die Frage nach der Zielbestimmung von Familienhilfe. Die Familie hat – folgt man aktuellen Umfragen[1] – nach wie vor einen hohen Stellenwert im Bewusstsein der Bevölkerung, auch und gerade bei Kindern mit negativen Erfahrungen in ihrer Herkunftsfamilie. Trägt aber das, was sich Familie nennt, wirklich in allen Fällen? Wird der Wunsch bzw. der Imperativ »Zurück zur Familie« nicht auch zu einem Problem der zukünftigen Familienhilfe? – Sozialisation zielt in unserer Gesellschaft nach wie vor auf die – spätere – Beteiligung am Erwerbsleben. Was aber, wenn die Erwerbsarbeit selbst zum Problem geworden ist? Und schließlich: Wissenschaft und Praxis diskutieren längst das Phänomen einer intergenerativen Weitergabe von prekären Lebenslagen. Wie kann man diesen Teufelskreis durchbrechen? Es stellt sich folglich die Frage nach den konkreten Bedingungen *in* Familien, aber auch nach den sozialen Rahmenbedingungen *für* Familien.

1. Veränderte Bedingungen familiärer Sozialisation

Die familiensoziologischen Befunde sind eindeutig: Der traditionelle Familienbegriff hat sich in vielfältiger Weise verändert, er hat sich teilweise aufgelöst und zum Teil neue Bedeutungen für die Wirklichkeit angenommen. Diese auch in offiziellen Dokumenten wie etwa dem letzten Familienbericht[2] ausführlich von regierungsunabhängigen

---

[1] S. u.a. Forum Familie stark machen, Generationen Barometer 06 auf der Grundlage von Daten des Instituts für Demoskopie Allensbach, Berlin 30. Mai 2006.

[2] Vgl. Bundesministerium für Familie, Senioren, Frauen und Jugend, Familie zwischen Flexibilität und Verlässlichkeit Perspektiven für eine lebenslaufbezogene Familienpolitik – Siebter Familienbericht: BMFSFJ, 2006, 99ff.

Expertinnen und Experten anerkannten Verschiebungen bewirken, dass innerfamiliäre Dienstleistungen teils zurückgehen, teils andere Formen annehmen, dass insbesondere familienergänzende Leistungen an Bedeutung gewinnen. Die bisherige Familienhilfe ist in einem hohen Maße nach wie vor *reaktiv*. Dabei wird das Elternrecht häufig immer noch über das Kindeswohl gestellt, auch wenn die Zahl der Inobhutnahmen in den letzten Jahren deutlich gestiegen ist, im Jahr 2007 auf rund 28.000.[3]

Bestehende Erzieherische Hilfen außerhalb des Elternhauses

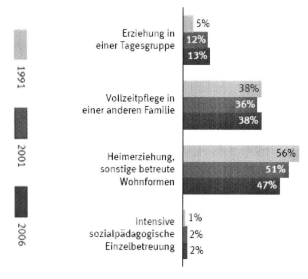

Quelle: Vgl. *Kolvenbach, Franz-Josef* (2008), 16 Jahre Kinder- und Jugendhilfegesetz in Deutschland, Statistisches Bundesamt, Wiesbaden, S. 13

Ende des Jahres 2005 erhielten in Deutschland etwa 131.000 Kinder und Jugendliche Hilfen zur Erziehung außerhalb des Elternhauses, etwas weniger als die Hälfte von ihnen lebte in einem Heim.[4] Die meisten Jugendlichen, die gemäß § 42 SGB VIII in Obhut genommen werden, sind zwischen 14 und 18 Jahre alt. Bei Kindern bis zum 16. Lebensjahr sind Interventionen auf Grund von Gefährdungslagen der häufigste Grund für eine Inobhutnahme. Bei den 16- bis unter 18-Jäh-

---

[3] Vgl. *Jens Pothmann*, Datenanalysen der Dortmunder Arbeitsstelle Kinder- und Jugendhilfestatistik Bereich: Inobhutnahmen; Landesamt für Datenverarbeitung und Statistik Nordrhein-Westfalen; http://www.akjstat.uni-dortmund.de/akj/tabellen/kommentierungen/inobhutnahmen/inob1.pdf, Stand: 4. Mai 2009.

[4] Vgl. *Statistisches Bundesamt*, Statistiken der Kinder- und Jugendhilfe, Hilfe zur Erziehung außerhalb des Elternhauses – Hilfen am 31.12.2005 – Revidierte Ergebnisse; Statistisches Bundesamt, Wiesbaden 2007, 6.

rigen überwiegen die Inobhutnahmen auf eigenen Wunsch. Für diese Altersgruppe ist die Inobhutnahme in der Mehrzahl der Fälle also eine sozialpädagogische Unterstützungsleistung und kein obrigkeitsstaatlicher Eingriff, wie die Inobhutnahme oft etwas herabwürdigend gesehen wird. Über die Gründe für eine Inobhutnahme berichtet der Kinder- und Jugendbericht aus Nordrhein-Westfalen: *»Die häufigsten Anlässe der vorläufigen Schutzmaßnahmen sind Überforderung der Eltern (32 %) und Beziehungsprobleme zwischen Eltern und Kindern (24 %).«* Aus diesen Gründen sieht der Bericht *»die rechtzeitige Wahrnehmung familiärer Konflikte und eine zielgenaue und rasche Hilfe«* als einzige Möglichkeit für eine adäquate Hilfe für die Betroffenen an.[5] Inzwischen ist auch auf der politischen Ebene angekommen, dass die Rahmenbedingungen für das Aufwachsen von Kindern politisch mitgestaltet werden müssen. Dabei folgt dieser vermehrte Bedarf aus sehr heterogenen, teils widersprüchlichen Erwartungen bzw. Notwendigkeiten. Die Spanne reicht von familienergänzenden Früh-Betreuungseinrichtungen für qualifiziert ausgebildete und beschäftigte Erwachsene – im Regelfall Frauen – bis hin zu basalen Betreuungsangeboten für offensichtlich mit der Pflege und Erziehung von (Klein-)Kindern überforderten Eltern. Öffentliche Interventionen stellen nicht per se einen unerwünschten Eingriff dar. Vielmehr können sehr gut ausgestattete Tageseinrichtungen durchaus als sinnvolle Ergänzung der elterlichen Erziehungsleistung gefordert werden, während in anderen Fällen öffentliche Eingriffe durchaus auf Ablehnung und auch auf Widerstand stoßen. Auch die Altersstufen, die Hilfe benötigen, umfassen das gesamte Spektrum der Kinder- und Jugendphase, teilweise bis hin zu jungen Erwachsenen.

Die intervenierenden Variablen Gender und Ethnizität brechen diesen wachsenden Bedarf weiter. Problemlagen und Hilfebedarfe hängen nicht nur von der Familiensituation und der Lebenslage ab, sondern auch von der Geschlechtszugehörigkeit und vom Vorhanden- oder Nichtvorhandensein eines Migrationshintergrundes. Denn die Sozialisationsverläufe von Mädchen und Jungen unterscheiden sich unter anderem in Hinblick auf ihre Belastungs- und Bewältigungsverhalten und ihre biografischen Orientierungen. Je nach ethnischer Zugehörigkeit bzw. kulturellem Milieu verstärken sich diese Effekte. Nicht ohne Grund sind es vor allem männliche Kinder und Jugendliche mit Migrationshintergrund, die im vorschulischen und im schulischen Bereich besonders häufig nach außen hin problematische Verhaltensweisen zeigen und somit einen besonderen Hilfebedarf haben.[6]

---

5 Vgl. ebd.
6 Vgl. hierzu die Beiträge von *Hildegard Mogge-Grotjahn* (*»Gesellschaftliche Ein- und Ausgrenzung«*), *Carola Kuhlmann* (*»Bildungsarmut ...«*) und *Jürgen Boeckh* (*»Migration und soziale Ausgrenzung«*) in: *Ernst-Ulrich Huster / Jürgen*

2. Armut und Arbeitslosigkeit – bislang nicht bewältigte soziale Herausforderungen

Deutschland ist ein reiches Land, aber laut dem 3. Armuts- und Reichtumsbericht der Bundesregierung aus dem Jahr 2008 leben insgesamt 13 Prozent der Bevölkerung an oder unter der offiziellen Armutsrisikoschwelle der EU (60 Prozent des gewichteten nationalen Medianeinkommens).[7]

Anzahl der Kinder und Ausprägung der Armutsgefährdung nach Familientypen

	Insgesamt		Davon armutsgefährdet	
	Anzahl in Tsd.	%-Anteil	Anzahl in Tsd.	%-Anteil
Kinder insgesamt				
Kinderzahl insgesamt	13.615	100	2.361	17,34
Kinder nach Haushaltstypen				
Alleinerziehend, 1 Kind	798	5,9	305	38,2
Alleinerziehende 2+ Kinder	1.199	8,8	495	41,3
Paarhaushalt, 1 Kind	2.694	19,8	325	12,1
Paarhaushalt, 2 Kinder	5.330	39,1	507	9,5
Paarhaushalt, + Kinder	2.935	21,6	414	14,1
sonstige	659	4,8	315	48,1
Kinder nach Migrationshintergrund				
deutscher Haushaltsvorstand	11.892	87,3	1.842	15,5
ausländischer Haushaltsvorstand	1.723	12,7	519	30,1
Kinder nach Erwerbsstatus der Eltern				
Alleinverdiener, Teilzeit	984	7,2	165	16,8
Alleinverdiener, Vollzeit	3.620	26,6	368	10,2
Vollzeit/Teilzeit	2.679	19,7	101	3,8
Vollzeit/Vollzeit	831	6,1	34	4,1
SGB II Bezieher	1.727	12,7	1.126	65,2
darunter: Aufstocker	427	3,1	271	63,4
Sonstige*	3.774	27,7	567	

Quelle: *Böhmer, Michael / Heimer, Andreas* (2008), Dossier: Armutsrisiken von Kindern und Jugendlichen in Deutschland; Prognos AG. Im Auftrag: Kompetenzzentrum für familienbezogene Leistungen im Bundesministerium für Familie, Senioren, Frauen und Jugend, S. 21–22.

Aus der Tabelle ergibt sich, dass ca. 2,4 Millionen Kinder in der Bundesrepublik von Armut betroffen sind – das sind ca. 17,3 Prozent aller in Deutschland lebenden Kinder. Besonders auffällig ist, dass rund ein

---

Boeck / Hildegard Mogge-Grotjahn (Hg.), Handbuch Armut und Soziale Ausgrenzung, Wiesbaden 2008.

[7] *Bundesregierung*, Lebenslagen in Deutschland – Dritter Armuts- und Reichtumsbericht, Bundestagsdrucksache 16/9915, Berlin 2008, 22.

Drittel aller armen Kinder in Alleinerzieherhaushalten leben. Kinder aus Familien mit Migrationshintergrund und Kinder, deren Eltern Leistungen nach dem SGB II beziehen, unterliegen überproportional einem Armutsrisiko. Neben den Zahlen zur Kinderarmut werden aber auch andere *Indikatoren* wie Schulversagen, Schulschwänzen, die abnehmende Ausbildbarkeit eines Teils der Jugendlichen und die generelle Ausbildungsnot als Ausdruck bzw. Folge schwieriger Sozialisationsbedingungen diskutiert.[8]

Hinzu kommt das unzureichende Erwerbsarbeitsangebot. Das Kinderbarometer NRW zeigt, dass »Arbeitslosigkeit und Armut (…) heute auch immer stärker in die Kinderzimmer« vordringen.[9] Kinder erfahren die negativen Konsequenzen von Arbeitslosigkeit zum ersten direkt als Mangel in der alltäglichen Lebensgestaltung, zum zweiten indirekt über die Betroffenheit im Lebensumfeld als ein weit verbreitetes Phänomen in unserer Gesellschaft und zum dritten als diffuse Bedrohung für den eigenen Lebensweg.

Indikatoren für die lang anhaltende Arbeitslosigkeit in Deutschland

	1995	**2002**	**2005**	**2006**	**2007**	**2008**
Arbeitslosenzahlen absolut	3,612 Mio.	4,061 Mio.	4,862 Mio.	4,487 Mio.	3,776 Mio.	3,267 Mio.
Arbeitslosenquote bezogen auf alle abhängige zivile Erwerbspersonen	10,4 %	10,8 %	13,0 %	12 %	10,1 %	8,7 %
Arbeitslosenzahlen unter 25 Jahre	431 103	497 602	618 868	522 805	404 911	339 857
Arbeitslosenquote unter 25 Jahre bezogen auf alle abhängige zivile Erwerbspersonen	9,5 %	9,7 %	12,5 %	10,8 %	8,5 %	7,1 %
Bedarfsgemeinschaften die Leistungen nach dem SGB II beziehen	k.A.	k.A.	3,717 Mio.	3,978 Mio.	3,725 Mio.	3,576 Mio.
Bedarfsgemeinschaften die Leistungen nach dem SGB II beziehen und in denen Kinder bis 15 Jahre leben	k.A.	k.A.	1,059 Mio.	1,166 Mio.	1,168 Mio.	1,119 Mio.

Quelle: Eigene Zusammenstellung auf der Grundlage der Daten des Statistischen Bundesamtes (Zeitreihe zu Strukturwerten SGB II nach Ländern & Arbeitslosigkeit im Zeitverlauf)

8　*Carola Kuhlmann*, Bildungsarmut und die soziale »Vererbung« von Ungleichheiten, in: *Ernst-Ulrich Huster* u.a. (Hg.), Handbuch Armut und Soziale Ausgrenzung, Wiesbaden 2008, 301ff.
9　Rheinische Post vom 12. Mai 2009.

Die finanzielle Situation einer Familie ist abhängig vom Erwerbsstatus der Eltern und hat einen wesentlichen Einfluss auf die Entwicklung von Kindern, denn sie bestimmt die Höhe der Konsumausgaben z.b. für Bücher, Spielzeug, Reisen, Wohnung, Kinderbetreuung und Nachhilfe.[10] Geringe Einkommen bedeuten fast immer vor allem Einschränkungen. In einigen Fällen kommt es bei der Armutspopulation sogar zu Einsparungen bei Ausgaben für Heizung, hochwertigen Mahlzeiten und notwendigen medizinischen Behandlungen. Darüber hinaus haben Kinder aus Familien mit niedrigen Einkommen häufiger kein eigenes oder ein zu kleines Zimmer. Viele Angebote zur Freizeitgestaltung wie z.b. Sportvereine, oder privater Musikunterricht sind kostenpflichtig, somit schränkt ein geringeres Einkommen der Eltern die Handlungs- und Entwicklungsspielräume der Kinder hinsichtlich verschiedenster Dimensionen enorm ein.[11]

Der Sozialisationsprozess impliziert in diesen sozialen Schichten den ständigen Widerspruch zwischen seiner *Ausrichtung auf die Erwerbsarbeit* bei gleichzeitiger Erfahrung, dass die Eltern/Elternteile das soziale Umfeld selbst diese Erwerbstätigkeit nicht ausüben und die Erwerbsfähigkeit teilweise verlieren/verloren haben. Tägliche Meldungen in den Medien erreichen auch die ›Kleinen‹. Sozialisation bedeutet dann mitunter das Erlernen vor allem von Ausweich-Strategien bezogen auf Erwerbsarbeit. Abweichendes Verhalten, mitunter Gewalterfahrung und Gewaltanwendung bis hin zu manifester Delinquenz können zur *Gegen-Norm* werden. Ganz offensichtlich nimmt das Widerstandpotential als Folge des Nicht-Einlösens von Teilhabeversprechen seitens der Gesellschaft zu.

Um diese Kinder zu unterstützen, werden Maßnahmen von den Kommunen bis hin zu EU-Programmen eingeleitet und umgesetzt. Die freie Wohlfahrtspflege beteiligt sich an diversen Programmen, die häufig multidimensional ansetzen müssen, zumindest müssten. Gleichzeitig verrät der häufige Programmwechsel eine gewisse Ratlosigkeit, erst Recht im Kontext mancher beschäftigungsfördernder Maßnahmen im Rahmen des SGB II. Erwarten wir von Kindern mit schlechten sozialen und bildungsmäßigen Startchancen wirklich, Perspektiven in einer Erwerbsarbeits-Gesellschaft zu sehen, wo mitunter selbst qualifiziert Ausgebildete auf Anstellung warten (»Generation Praktikum«)? Die AWO/ISS-Kinderarmutsstudie kommt zum Ergeb-

---

10 Vgl. *Irene Becker*, Konsumausgaben von Familien im unteren Einkommensbereich, J.W. Goethe-Universität Frankfurt a.M., Fachbereich Wirtschaftswissenschaften Projekt »Soziale Gerechtigkeit« gefördert durch die Hans-Böckler-Stiftung, Frankfurt a.M. 2007, 17.

11 *Bundesministerium für Familie, Senioren, Frauen und Jugend*, Materialien zur Familienpolitik Lebenslagen von Familien und Kindern Überschuldung privater Haushalte, Expertisen zur Erarbeitung des dritten Armuts- und Reichtumsberichtes der Bundesregierung Nr. 22/2008, 145.

nis: Am Ende der Grundschulzeit ist die Selektion weitgehend gelaufen – und die Kinder wissen das auch![12]

3. Sozialisation in einem Netzwerk – eine Alternative?

Familienerziehung erfolgt im Fünfeck Familie – Nachbarschaft – familienergänzende Angebote – Gesundheitswesen – Schule. Während die ersten beiden Bereiche privat sind und je nach sozialer Lage stark erodieren, sind die drei anderen Bereiche stärker bzw. vollständig öffentlich-rechtlich normiert und getragen. Während die bundesdeutsche Familienpolitik vor allem den materiellen Ausstattungsgrad der Familien im Blick hat, verliert gerade die Nachbarschaft deutlich an Bedeutung für den familiären Sozialisationsprozess. Dieses Fehlen eines breiten sozialen Beziehungsnetzes, welches Unterstützung und Hilfestellungen bieten kann, bewirkt Defizite beim Sozialkapital.[13] Dieser Verlust an Sozialkapital bedeutet zum einen weniger Sicherheit und zum anderen einen Mangel von Kompensationsmöglichkeiten durch Soziale Netzwerke z.B. in den Bereichen Kinderbetreuung und Pflege, aber auch bei der Unterstützung in Problemsituationen. Da Haushalte, welche von Armut bedroht sind, meist eine geringere soziale Vernetzung aufweisen[14] und deren soziales Umfeld sehr homogen ist, bestehen die Netzwerke von sozial benachteiligten Familien tendenziell aus ebenfalls benachteiligten Personen, die oft nicht über die nötigen Ressourcen verfügen, um Unterstützung leisten zu können.[15]

---

[12] *Gerda Holz / Antje Richter / Werner Wüstendörfer / Dietrich Giering*, Zukunftschancen für Kinder!? – Wirkung von Armut bis zum Ende der Grundschulzeit, AWO Bundesverband e.V., Bonn 2005.
[13] Vgl. *Pierre Bourdieu*, Die verborgenen Mechanismen der Macht, Hamburg 1992, 62.
[14] Vgl. *Bundesministerium für Familie, Senioren, Frauen und Jugend*, Familie zwischen Flexibilität und Verlässlichkeit – Perspektiven für eine lebenslaufbezogene Familienpolitik. Siebter Familienbericht der Bundesregierung, Berlin 2005, 303.
[15] Vgl. *Bundesministerium für Familie, Senioren, Frauen und Jugend*, Materialien zur Familienpolitik Lebenslagen von Familien und Kindern Überschuldung privater Haushalte, Expertisen zur Erarbeitung des dritten Armuts- und Reichtumsberichtes der Bundesregierung Nr. 22/2008, 145.

Ressourcen von Familien-Interdependzen

Quelle: Vgl. *Wilkens, Ingrid* (2008), Teilhabechancen von Familien und Kindern (Kapitel V), in: *BMFSFJ* (Hg.), Materialien zur Familienpolitik. Lebenslagen von Familien und Kindern, Überschuldung privater Haushalte. Expertise zur Erarbeitung des dritten Armuts- und Reichtumsberichtes der Bundesregierung, Berlin, S. 141

So entsteht eine Situation, in der sich die Benachteiligungen hinsichtlich der familiären Ressourcenverteilung noch gegenseitig verstärken. Familiäre Defizite werden durch die bereits beschriebenen Entwicklungen schlicht nicht oder nur unzureichend wahrgenommen. Der Zugang zu familienergänzenden Angeboten bleibt bis zum Schuleintritt fakultativ, was z.b. die geplante Entschädigung der Familien, die ihre Kinder nicht in vorschulische Betreuungseinrichtungen schicken (»Betreuungsgeld«), noch verstärken wird.[16]

Aus zahlreichen wissenschaftlichen Studien wissen wir, dass Interventionen in den kindlichen Sozialisationsprozess umso erfolgversprechender sind, je lebensgeschichtlich früher sie erfolgen. Dazu gibt es auch ermutigende Beispiele. Krisenhafte Lebenszusammenhänge beginnen oftmals bereits im pränatalen Stadium. Einzelne Initiativen setzen deshalb bei Hochrisiko-Müttern bereits vor der Geburt an und begleiten die jungen Mütter auch in den ersten Monaten nach der Geburt.[17] In zahlreichen Kommunen begrüßen Mitarbeiter des örtlichen Jugendamtes die Neugeborenen zu Hause und weisen die Mütter/Eltern auf Hilfeangebote der Kommune hin. Dieses sind dezentrale Ansätze.

In NRW werden seit kurzem Kinder im 4. Lebensjahr auf deren sprachliche und sonstige Entwicklung hin überprüft (»Delfin 4 – Diagnostik,

---

[16] Vgl. *Bundesministerium für Familie, Senioren, Frauen und Jugend* (2005), a.a.O., 303f.

[17] Vgl. u.a. *Wilfried Kratzsch*, Kinderneurologisches Zentrum der Sana Kliniken Düsseldorf-Gerresheim, Netzwerk für den Kinderschutz. Vorstellung eines Präventionsprojekt zur Vorbeugung von Vernachlässigung und Kindesmisshandlung, Fortbildungsveranstaltung der Städtischen Kliniken Solingen am 13.2.3008, in: www. Kindernotdienst.de/...

Elternarbeit und Förderung der Sprachkompetenz Vierjähriger in NRW«). Unabhängig von methodischen Fragen nach der Validität der eingesetzten Sprachüberprüfung, wird damit zumindest ein wichtiger Schritt unternommen, bereits vor der Schulreife staatliche Aufsicht und Hilfsangebote einzusetzen.[18] Ein sehr gutes Frühwarnsystem können die Vorsorgeuntersuchungen bei Kindern darstellen. Doch deren Inanspruchnahme ist schichtenspezifisch und ethnisch stark ausdifferenziert, wie die Analyse der Teilnahme an den Vorsorgeuntersuchungen U8 und U9 in NRW deutlich zeigt.

Inanspruchnahme der Schuleingangsuntersuchung U8 und U9 in NRW im Jahr 2007 nach Migrationstatus und Bildungsstand

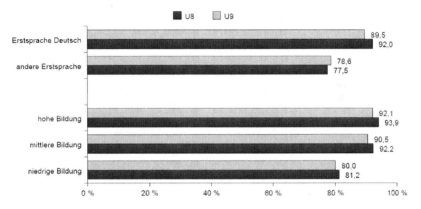

Quelle: Vgl. *Eva Munz* und *Bertram Cloos*, Sozialberichterstattung Nordrhein-Westfalen. Prekäre Lebenslagen von Kindern und Jugendlichen in Nordrhein-Westfalen; Ministerium für Arbeit, Gesundheit und Soziales des Landes Nordrhein-Westfalen, Düsseldorf 2009, S. 35

Hier zeigen sich Lücken, wo dringend genaue Wahrnehmungen seitens des Gesundheitswesens notwendig wären. Überspitzt gesagt werden hier die Kinder noch einmal besonders gefördert, die es an sich schon in ihrem sozialen Umfeld recht gut haben. Viele professionelle Hilfsangebote, eigentlich konzipiert als Frühförderung sozial Benachteiligter, werden so zu Hilfsangeboten gerade der sozialen Mittelschichten. Die Schuleingangsuntersuchung ist die erste gesetzlich vorgeschriebene gesundheitliche Pflichtuntersuchung von Kindern. Gesundheitsämter setzen inzwischen konsequent die Teilnahme aller Schulpflichtigen bei der Schuleingangsuntersuchung durch, teils unter Mithilfe der Po-

---

18 *Ministerium für Schule und Weiterbildung des Landes NRW*, Feststellung des Sprachstands zwei Jahre vor der Einschulung – Fachinformation zum Verfahren 2009; Ministerium für Schule und Weiterbildung des Landes Nordrhein-Westfalen, Bonn 12/2008.

lizei, wobei Letzteres nur die ultima ratio sein kann. Die Teilnahme am Schulunterricht selbst ist verpflichtend, doch zeigen hier empirische Untersuchungen einen signifikanten Zusammenhang zwischen niedrigem sozialen Status und Schulrückstellung bzw. Misserfolgen schon in der Grundschule.[19] Wie weit geht das »Recht« von Eltern, genauer: Wann gilt es als signifikant, dass Eltern nicht in der Lage sind, Kindern eine gedeihliche Entwicklung zu ermöglichen, sie zu fördern und ihnen Perspektiven auf soziale Integration zu eröffnen? Muss das »Kind« erst in den Brunnen der Verwahrlosung gefallen sein? Man erinnere, bei den 16–18-Jährigen sind es die betroffenen Jugendlichen meist selbst, die eine Herausnahme aus der Familie beantragen. Gibt es bei den Jüngeren nicht auch klare Anzeichen ihrer Optionen? Kann es dabei bleiben, dass Eltern erst bei der Schuleingangsuntersuchung gehalten sind, ihr Kind medizinisch untersuchen zu lassen? Kann die Herkunftsfamilie letztlich das leisten, was die Gesellschaft von ihr erwartet? Damit aber spitzt sich die Frage zu: »Zurück in die Familie?«, in eine Familie, die bislang – aus welchen Gründen auch immer – nicht in der Lage war, einen gedeihlichen Sozialisationsverlauf zu ermöglichen? Aber was ist die Alternative zu derartigen defizitären familiären Konstellationen? Genau dieses muss in Zukunft im Rahmen der Kinder-, Jugend- und Familienhilfe, in diesem Fünfeck aus Familie, Nachbarschaft, familienergänzenden Einrichtungen, Schule und Gesundheitswesen, deutlicher als bislang herausgearbeitet und qualifiziert werden.

Es fehlt insgesamt an einem familienpolitischen Konzept, das den differenzierten Bedarfsstrukturen stärker als bisher gerecht wird. Bezogen auf eine fortschreitende Urbanisierung der Lebenswelt bedarf es vielfältiger Angebote für unterschiedliche Lebenslagen, so dass sie wirklich von den Eltern und Kindern in Anspruch genommen werden können, für die sie jeweils gedacht sind und die sie benötigen. Dabei bildet sich inzwischen privatwirtschaftlich eine Infrastruktur für diejenigen heraus, die es finanzieren und organisieren können (Kinderbetreuung, Freizeiten, Hausaufgabenhilfe etc.). Je stärker allerdings Bildungsdefizite bei den Eltern bestehen bzw. sich soziale Problemlagen häufen, umso weniger sind diese in der Lage, notwendige Vernetzungen ihrer Lebenswelt selber zu organisieren, auch hier wieder verstärkt durch Differenzierungen nach Geschlecht und Ethnizität. Diese Konstellation führt dann dazu, dass Jugendämter häufig nur die Spitze des Eisberges wahrnehmen bzw. dort intervenieren können. Aus dem Blick aber gerät die alltägliche Unterschreitung der Möglichkeiten bei der kindlichen Sozialisation.

---

[19] Vgl. *Gerda Holz / Antje Richter / Werner Wüstendörfer / Dietrich Giering*, Zukunftschancen für Kinder. Wirkung von Armut bis zum Ende der Grundschulzeit. Endbericht der 3. AWO/ISS-Studie, Berlin 2005, 79ff.

Die Familienhilfe der Zukunft könnte anschließen an das in den 1970er Jahren entwickelte Konzept »kompensatorischer Erziehung«. Gerade diejenigen, die schlechte Start- und Rahmenbedingungen mitbringen, sollen in besonderer Weise eine ausgleichende Förderung erfahren. Schulische Konzepte wie das der Integrierten Gesamtschule wurden entwickelt und implementiert. Allerdings ist auch hier darauf zu achten, dass diese besondere Förderung nicht wieder eher Kindern und Jugendlichen zu Gute kommt, die der Mittelschicht angehören und vom bildungsmäßigen Abstieg bedroht sind.[20] Das Postulat einer ausgleichenden schulischen und sozialen Förderung gerade bei Kindern und Jugendlichen mit schlechten Startchancen bleibt bestehen.

Die Einrichtungen der Familienhilfe sind auf diese ausdifferenzierten Bedarfe auszurichten, dabei selbst einem ständigen Evaluationsprozess unterliegend. Leistungen privater Träger – etwa im Gesundheitswesen – sind bei Inanspruchnahme angemessen zu honorieren, sei es im Rahmen des SGB V oder im Rahmen des SGB VIII. Für diejenigen, die hauptberuflich von sozialen Diensten leben, muss das Eintreten für das Kindeswohl auch der Sicherung des eigenen Lebensunterhalts dienen, auch wenn ein derartiges integriertes Konzept zu Teilen auch ehrenamtliches Engagement erfordert. Dazu gehören u.a. auch generationenübergreifende soziale Verbünde im Rahmen der Nachbarschaft oder in Stadtteilzentren.

Die lokale Sozialberichterstattung kann die Bedarfslagen und die Hilfeinfrastruktur abbilden. Nicht wenige Kommunen machen dieses bereits. Bedarfsnachfragen und Leistungsangebote sind miteinander in Beziehung zu setzen. Dabei ist ein Mix zwischen örtlicher Präsenz im Stadtteil und differenzierten Einzeldiensten auszubauen. Dazu bedarf es einer Vernetzungskompetenz zwischen den fünf genannten Beteiligten an der kindlichen Sozialisation bzw. Entwicklung: Familie, Nachbarschaft, Familien ergänzende Einrichtungen, Gesundheitswesen und Schule. Dies bestätigt auch die zuständige Sachverständigenkommission im 13. Kinder- und Jugendbericht und fordert *»eine bessere Vernetzung der vorhandenen Angebote und Strukturen von Jugendhilfe, Sozialhilfe und Gesundheitswesen.«*[21] Es ist zu prüfen, wie den vor Ort eingesetzten Fachkräften ein auch formalisiertes Zugangsrecht in Problemfamilien zu verschaffen ist. Zunächst geht es um möglichst früh einsetzende Prävention.

---

20 *Hans-Peter Steden*, Familiäre Sozialisationsbedingungen und ihre Auswirkungen auf den Schulerfolg, Diplomarbeit Philipps-Universität Marburg 1974, 112f.
21 Pressemitteilung des Ministeriums für Familie, Senioren, Frauen und Jugend vom 29.4.2009; www.bmfsfj.de/bmfsfj/generator/BMFSFJ/Presse/pressemitteilungen,did=121934.html.

4. Familienhilfe – Teil der gesamten sozialen Verteilung

Es bleibt die Frage der materiellen Absicherung des Erziehungsprozesses in Familien. Dazu gehören existenzsichernde Markteinkommen, ein steuerlich geschütztes Existenzminimum, die Sicherstellung eines im Verhältnis zum Aufwand angemessenen Familienlastenausgleichs und das Vorhalten eines bedarfsgerechten Mindestsicherungssystems. Dieses steht gegen die geübte Praxis, Kindern und Jugendlichen einen prozentualen Anteil des Regelsatzes der Erwachsenen innerhalb der Mindestsicherungssysteme zuzusprechen, statt ihnen eine ihre soziale Lage ausgleichende materielle Unterstützung zur Verfügung zu stellen.[22] Dabei kann sich Mindestsicherung nicht auf Geldleistungen beschränken, sie muss vielmehr Elemente wie ein gemeinsames Mittagessen bei Ganztageseinrichtungen, Arbeitsmaterialien und Spielsachen einschließen. Dem Gedanken der »kompensatorischen Erziehung« ist dabei Rechnung zu tragen.

Wenn ein Konzept der Familienpolitik, wie es zu Beginn dieses Abschnittes beschrieben worden ist, erstellt und umgesetzt werden soll, bedarf es nach wie vor der dezentralen Aktivitäten und Verantwortlichkeiten, es bedarf aber auch eines gesamtgesellschaftlichen Gestaltungswillens. Die Verfassungsreform hat den Bereich der Jugendhilfe ganz auf die Länder übertragen, damit werden bundeseinheitliche Ansätze deutlich schwieriger. Indem hier die Dezentralisation verstärkt wird, bleibt die gesamtgesellschaftliche Verteilungsproblematik das, was sie ist, nämlich undurchsichtig. Die Leistungen der einzelnen Ebenen des Sozialstaates werden nicht als auf einander bezogen betrachtet. Insbesondere die Folgewirkungen von Veränderungen im Leistungsrecht für die anderen beteiligten Ebenen geraten aus dem Blickfeld (Ausgestaltung der Mindestsicherung für Langfristarbeitslose und deren Bedarfsgemeinschaften – Erfordernisse auf kommunaler Ebene). So kann die notwendige Diskussion um Neuordnungen der Familienpolitik, der durch sie erfolgenden Förderung über Geldleistungen, Steuerersparnisse und soziale Dienste, kaum geführt werden, weil die Adressaten zwischen Bund, Ländern und Gemeinden hin und her wechseln. Jahr für Jahr werden nach wie vor ca. 20 Mrd. Euro für das Ehegattensplitting aufgebracht, während beispielsweise in Schweden jeder Einkommensbezieher nach gleichen Grundsätzen besteuert wird.[23] Sozialpolitik ist zunächst und vor allem interessegeleitete Verteilungspolitik (Elisabeth Liefmann-Keil).[24] Dies ist dort besonders deutlich

---

[22] Entscheidung des Bundessozialgerichts vom 27.1.09, Az. B 14 AS 5/08 R.

[23] *Sabine Thiede*, Die verfassungsrechtliche und steuersystematische Untersuchung der Ehegattenbesteuerung und ihre Alternativmodelle, Münster / New York / München / Berlin 1999, 121.

[24] *Jürgen Boeckh / Ernst-Ulrich Huster / Benjamin Benz*, Sozialpolitik in Deutschland. Eine systematische Einführung, Wiesbaden [2]2006, 381ff.

erkennbar, wo der Bundes-Sozialstaat Geld einnimmt, um es dann als Geldleistung weiterzugeben. So zahlen die aktiv Erwerbstätigen für die Renten der Nichtmehrerwerbstätigen, alle Steuerzahler bringen das Kindergeld auf. Dieser Charakter gesamtgesellschaftlicher Verteilungsvorgänge verliert mit zunehmender Dezentralisation und mit einer Verlagerung auf Dienstleistungen ganz offensichtlich an Evidenz. Ähnliche Mechanismen sind auch in den Bereichen der Bildung, der Kunst und der Wissenschaft wirksam. Während bei der zentralen Geldleistung im Regelfall gesetzlich klar formulierte Zusammenhänge bestehen – Beitragsleistung und Gegenleistung – ist dieses bei Dienstleistungen im Regelfalle differenzierter: Es kommt zu einer sozial selektiven Inanspruchnahme und Gewährleistung etwa im Rahmen des Gesundheitswesens, es bestehen soziale Selektionsfilter im vorschulischen und im schulischen Bildungswesen, die Inanspruchnahme von Dienstleistungen ist mitunter an Ermessensentscheidungen gebunden, etc.[25] Internationale Vergleiche zeigen, in welchem Umfange die Familienpolitik zunächst und vor allem Teil der Verteilungspolitik ist: Die skandinavischen Länder Finnland und Schweden verwenden 3,3 Prozent des Bruttoinlandsproduktes für familiäre Leistungen, Deutschland dagegen mit 2,7 Prozent 0,6 Prozent weniger. Schweden verwendet nur 1,63 Prozent des BIP für Geldtransfers, Finnland zwar auch wie Deutschland 1,9 Prozent. Während nun aber Schweden 1,7 Prozent und Finnland 1,4 Prozent für Dienstleistungen ausgeben, sind es in Deutschland gerade einmal 0,8 Prozent des BIP! Familienpolitik in Deutschland ist Teil eines konservativen Sozialstaats, dem es vor allem auf eine Statusabsicherung ankommt, weniger auf eine Statusverbesserung.

Öffentliche Ausgaben für Familien in % des BIP 2003 (SOCX neu)

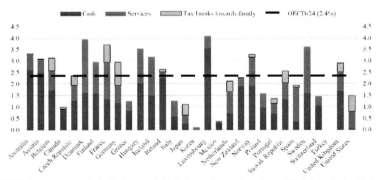

OECD-24: data on tax support for families is not available for Greece. Hungary. Luxembourg. Poland. Switzerland and Turkey.

Quelle: Vgl. OECD 2006, Family Database, PF1 Publik spending on family benefits

---

[25] *Bundesregierung*, Lebenslagen in Deutschland – Dritter Armuts- und Reichtumsbericht, Bundestagsdrucksache 16/9915, Berlin 2008, 62ff und 96ff.

Im gestuften Sozialstaat Deutschland wurde in den letzten Jahren immer wieder deutlich, wo eine große Schwierigkeit der Familienpolitik heute liegt. Zum Beispiel verwiesen, als die vormalige rotgrüne Bundesregierung 4 Mrd. Euro Bundesmittel für die Förderung der außerschulischen Kinderbetreuung sowie für die Ausweitung von Ganztagesangeboten in der Schule zur Verfügung stellte, die Bundesländer auf ihre verfassungsmäßige Kompetenzen im Bereich Bildung.[26] Die Bundesländer haben dann je nach eigenen Zielvorstellungen diese Mittel für unterschiedliche Projekte und Vorhaben eingesetzt. Dabei sind es im außerschulischen Bereich wiederum die Kommunen, die ihre Betreuungsangebote, die über die – halbtägige – Kindertagesstätten-Garantie der 3–6-Jährigen hinausgehen, in eigener Regie ausbauen oder nicht. So verwundert es kaum, dass bis heute große innerdeutsche Unterschiede bei den Besuchsquoten von Kindertageseinrichtungen für Kinder im Alter von 3 bis unter 6 Jahren bestehen. In den alten Bundesländern (ohne Berlin) liegt diese Quote bei 89,6 % und in den neuen Ländern (ohne Berlin) bei 94,1 %. Bei den Besuchsquoten der Kinder unter 3 Jahren in Tageseinrichtungen sind noch größere Unterschiede festzustellen. Im Westen der Republik liegt die Besuchsquote bei rund 10 %, und im Osten fast viermal so hoch bei 38,4 %.[27] Ob eine ausreichende Infrastruktur in diesem Bereich gewährleistet werden kann, hängt also ganz entscheidend auch von der Finanzausstattung der einzelnen Kommunen und Länder ab. Die Finanzen der Länder und der Kommunen sind von verschiedenen Faktoren abhängig, dem Bund-Länder-Finanzausgleich, dem kommunalen Finanzausgleich, den zweckgebundenen und den allgemeinen Zuweisungen der Bundesländer an die Kommunen, den unterschiedlichen originären Einnahmen der Länder und der Kommunen auf der Einnahmeseite. Auf der Ausgabenseite gibt es gesetzlich vorgeschriebene Pflichtaufgaben, daneben solche, die frei gestaltet werden können. Dieses Finanzgeflecht ist in einem hohen Maße undurchsichtig, die politische Verteilungswirkung ist nur sehr schwer zu durchschauen. Das Angebot an sozialen Dienstleistungen erscheint nicht mehr als Teil der öffentlichen, politisch zu gestaltenden Verteilungsproblematik. Und dieses war und ist dann auch die Achillesferse der Kinder-, Jugend- und Familienpolitik und damit auch der Familienhilfe: Die notwendigen finanziellen Ressourcen für eine präventiv ansetzender Familienhilfe werden meist gebraucht, um »Löcher« bei den Pflichtausgaben zu stopfen – meist traditionelle Fremdunterbringung mit dem Ziel, möglichst rasch die Kinder und Jugendlichen wieder in die »Familie« zu-

---

[26] *Benjamin Benz*, Armut im Familienkontext, in: *Ernst-Ulrich Huster* u.a. (2008), Handbuch Armut und Soziale Ausgrenzung, Wiesbaden 2008, 381ff.
[27] Vgl. *Statistische Ämter des Bundes und der Länder* (Hg.), Kindertagesbetreuung regional 2008 – Ein Vergleich aller 429 Kreise in Deutschland, Statistisches Bundesamt, Wiesbaden 2009, 8f.

rück zu bringen. Damit aber bleiben Neuansätze einer präventiv wirkenden Netzwerkarbeit und die ebenfalls darin verankerten Alternativen »zwischen Familie und Netzwerk« meist auf der Strecke: Die Ausgaben für die Bereiche Kinder, Jugend und Familie sind an die veränderten Bedarfe anzupassen, während der soziale Tatbestand Ehe steuerrechtlich auf die Freistellung des Existenzminimums zu reduzieren ist. Soll die »strukturelle Rücksichtslosigkeit« gegenüber Kindern (Franz Xaver Kaufmann) überwunden werden, so ist dieses nur möglich, wenn auch die Verteilungsfrage wieder ins Blickfeld aller daran Beteiligten gerät. Während in den letzten Jahren, vor allem Monaten die volkswirtschaftlich relevante Sicherstellung der Beteiligung am Erwerbsleben qualifiziert ausgebildeter Frauen (und nun auch Männer) Thema ist und die Vereinbarkeit von Familie und Beruf gefördert wird (Ausbau der Betreuungseinrichtungen für Unter-Dreijährige, Elterngeld etc.), bleibt der Teil der Jugend- und Familienhilfe, der nicht direkt auf den Erwerbsarbeitsmarkt gerichtet ist, nach wie vor defizitär. Damit wiederholt sich in der Familienhilfe, was insgesamt in der Sozialpolitik gilt: Sie reduziert gesellschaftliche Inklusion vor allem auf das Erwerbsleben und vernachlässigt die Chancen derjenigen, die unter den gegeben Bedingungen die Voraussetzungen für eine Eingliederung nicht erworben haben bzw. mitbringen. Auch wenn die außerhalb des direkten Bezugs zum aktiven Erwerbsarbeitsleben liegenden sozialen Problemlagen offensichtlich sind, kommt es zu keinem Nachdenken darüber, wie diese Defizite im Verlauf der Sozialisationsprozesse bei einem Teil der Familien in integrierte Strategien bzw. Konzepte überführt werden können. Es gibt Teil-Antworten, aber keine wirkliche Verbindung vorschulischer, außerfamiliärer und schulischer Institutionen sowie des Gesundheitswesens. Dass die Kosten im Falle nicht gelingender sozialer Teilhabe von Kindern und Jugendlichen letztlich steigen, hat bislang die Familienpolitik nicht veranlasst, insgesamt konzeptionell und finanziell früher anzusetzen und dann vielleicht auch erfolgreicher sein zu können. Skandinavien zeigt: Es gibt Alternativen zum »Zurück in die Familie« und »Vorwärts in die Erwerbsarbeit« – aber: dafür braucht es Konzepte, Personen, Institutionen und eben auch Geld!

KLAUS EBERL

Familie – Grundlage sozialen Zusammenlebens

Rückkehr der Familie

Von der Rückkehr der Familie ist die Rede. Den meisten Menschen ist die Familie wichtiger als Arbeit und Erfolg. Eine repräsentative Befragung zum Familienleben und zur Familienpolitik[1] hat ermittelt, dass 76 % der Bundesbürger die Familie »sehr wichtig« sei. Ähnliche Ergebnisse ermittelt regelmäßig die Shell-Studie, die Hoffnungen und Erwartungen Jugendlicher erforscht. Dass die Familien- und Mehrgenerationenarbeit ein wesentliches Handlungsfeld der Kirche darstellt, ist inzwischen selbstverständlich. Welches Familienbild prägt in diesem Zusammenhang die Arbeit und welche theologischen Impulse und Begründungen können das kirchliche Engagement voranbringen?
»Urahne, Großmutter, Mutter und Kind, in dumpfer Stube beisammen sind (...)«[2] dichtete vor fast 200 Jahren der schwäbische Pfarrer und Schriftsteller Gustav Schwab. Was wie ein glückliches Idyll einer Großfamilie aus drei oder vier Generationen klingt, erweist sich auch im Poem als brüchige Harmonie mit unterschiedlichen Erwartungen und Ängsten. Die Familie soll Dauer, Stabilität und Schutz garantieren. Nicht ohne Grund befindet sie sich im Fokus der Sehnsucht vieler Menschen. Aber ist sie durch immer neue »Gewitter« bedroht, die das Zusammenleben erschweren oder gar unmöglich machen. Auch Schwabs Gedicht endet tragisch. Umso wichtiger ist es, Familien zu stärken.

Stabil im Wandel

Trotz aller Gefährdungen erweist sich das System Familie als erstaunlich stabil. Wenn im Laufe des 20. und 21. Jahrhunderts Klein- oder Kernfamilien zur Norm geworden sind, bedeutet das nicht, dass dadurch der Generationenzusammenhang früherer Zeiten aufgelöst wäre.

---

[1] *Bundesministerium für Familie, Senioren, Frauen und Jugend*, Familienmonitor 2008. Repräsentative Befragung zum Familienleben und zur Familienpolitik, Institut für Demoskopie Allensbach, 2008.
[2] *Gustav Schwab*, Das Gewitter, in: Gedichte, Leipzig 1880, 247f.

Kinder, Eltern und Großeltern pflegen oft regelmäßigen Kontakt und helfen sich gegenseitig, auch wenn sie nicht unter einem Dach leben. Die Brücken der Familie sind heute durch die hohe Mobilität und die neuen Kommunikationsinstrumente sehr viel weiter gespannt als es früher denkbar gewesen wäre.

Immer schon waren Familien ausgesprochen komplexe Systeme. Das hat sich nicht verändert. Die typische Familie gibt es nicht. Menschen werden durch ihre Familie getragen – aber auch belastet. Grundlegend ist eine Generationenbeziehung, in der Menschen für einander Verantwortung übernehmen.

Familie wird heute sehr unterschiedlich erfahren. Kinder und Jugendliche leben mit zwei Elternteilen zusammen oder in Einelternfamilien, in Patchworkfamilien, in Wahlverwandtschaften, mit Großeltern, mit wenigen, mit vielen Geschwistern. Im Laufe des Lebens verändern sich Rollen und Bedürfnisse. Bei allem Wandel bleibt die Suche nach Geborgenheit, Vertrauen, gegenseitiger Verantwortung und Liebe konstant. Familie ist die Plattform, auf der Menschen unterschiedlichen Alters die »Freiheit eines Christenmenschen« (Luther) erproben. Die Familie bietet nämlich Ressourcen und Unterstützung, die Zukunft zu meistern und die Gegenwart zu verstehen.

Biblische Leitbilder

Der Begriff Familie kommt in der Bibel nicht vor. Ein weiteres Indiz, dass Formen familialen Lebens ständig im Wandel sind. Der Sache nach ist häufig vom »Haus« (hebr. *bajit,* gr. *oikos*) die Rede, dem geschützten Raum, der das menschliche Zusammenleben ordnet und ermöglicht. Der Bedeutungsübergang von der festen Wohnstätte zur dynamischen Lebensgemeinschaft ist ebenso charakteristisch wie die Weiterentwicklung des »Hauses« zur Gemeinde, zur »familia dei«. Auch wenn ein klares biblisches Gegenüber zum modernen Familienbegriff fehlt, ist die Generationenbeziehung vielfältig beschrieben.

In der Partnerschaft (Gen 2 u. 3), in der Geschwisterrelation (Gen 4), in der Eltern-Kind-Beziehung (Ex 20,12), in der Verwandtschaft (Ruth 1,16f) und im geschichtlichen Erbe der Generationen (Jer 31,29) wird ebenso auf die Verheißung der Familie verwiesen wie auf ihr tragisches Scheitern und die Hoffnung auf gnädige Neuanfänge. Offenbar gibt es keine Patentrezepte für das Zusammenleben. Die Bibel reiht sich nicht in die Ratgeberliteratur ein, die Bestsellerlisten füllt. Denn in evangelischer Perspektive bleibt jeder Mensch auf die Liebe Gottes und seine Gnade angewiesen. Es geht nicht um herausragende Leistungen, nicht um vorzeigbare familiäre Harmonie, sondern um das Vertrauen, dass Gott das Stückwerk gebliebene eigene Leben und die Familienbezüge in Christus gnädig annimmt und erneuert.

Eine der bewegendsten Familiengeschichten der Bibel ist das Gleichnis vom Vater und den beiden Söhnen (Lk 15). Der jüngere Sohn lässt sich sein Erbe auszahlen und zieht in ein fernes Land, um das Glück zu finden – oder das Fürchten zu lernen. Wer das Leben lernen will, muss das schützende Nest verlassen. Nicht die Emanzipation von den Eltern führt ins Elend, sondern der verantwortungslose Umgang mit dem anvertrauten Gut. Der Sohn, der aufbricht, um seine Freiheit zu erproben, muss im Scheitern nicht zu Kreuze kriechen. Sein Vater wartet mit offenen Armen. Ein Gleichnis der Menschenfreundlichkeit Gottes. Zugleich aber steht es für den Anspruch der Generationenbeziehung, nicht Leistung und Gegenleistung aufzurechnen. Auch der, der nicht weiter kann, der gescheitert ist, der sich selbst und andere schuldhaft ruiniert hat, darf neu anfangen. So können Familien in unserer Gesellschaft eine vergessene Dimension des Lebens offen halten: Jedem steht mehr Anerkennung, mehr Zukunft zu, als er nach den Regeln der Welt verdient.

Das biblische Gleichnis verlangt nach einem starken Gegenbild, um Familien nicht hoffnungslos zu überfordern. Markus 3,20–21.31–35 erzählt von der Familie Jesu. Der Text ist provozierend, denn er dokumentiert eine gescheiterte Familienbeziehung. Als Jesus in Galiläa unterwegs ist, wollen ihn seine Verwandten heimholen, denn er sei »von Sinnen«. Jesus reagiert schroff und weist die Seinen ab: »Wer ist meine Mutter? Wer sind meine Geschwister?« An die Stelle der Familie tritt in dieser Perikope eine Wahlverwandtschaft, die Gemeinde. »Wer Gottes Willen tut, der ist mein Bruder und meine Schwester und meine Mutter.« Offenbar wird hier der Familienbegriff erweitert zur »familia dei«. So wichtig es ist, die Familie zu stärken, so wichtig bleibt ihre Relativierung für die, die sich lebenslang nach einer Familie sehnen, über eine verlorene Familie trauern oder auch an ihr leiden, weil sie Familie als Gefängnis erleben. Familie ist nicht die einzige Möglichkeit, Gemeinschaft zu erleben, wenn auch vielleicht eine besonders schöne – freilich auch eine besonders schwierige.

Kinder und Eltern

Immer ist die Erfahrung der eigenen Familie dominant. Wertesysteme, Rituale, religiöse Beheimatung – hier werden sie geprägt. Glückliche Kindertage? Gewiss, der Blick zurück verklärt *vieles*. Aber *manches* bleibt ein Leben lang im Gedächtnis. Der Duft des Essens auf dem Küchentisch. Das Abendgebet. Die sorgenvollen Gesichter der Eltern, wenn jemand krank ist oder das Geld nicht reicht. Spiele auf der Straße. Zwischendrin Tränen abwischen, Pflaster auf blutende Knie kleben. Gegenseitige Hilfe ist selbstverständlich. – Die Kindheit ist die erste Lektion in Sachen Familie. Was gelernt wird, können Worte nicht sagen. Es ist ins Herz geschrieben. Die Etymologie hilft der Erinnerung auf die Sprünge: Das Wort Familie ist von famulus, Diener, abgeleitet. Ein Ort, wo einer für den anderen da ist, ohne wenn und aber.

Die Familie ist der wichtigste Lernort. Lange vor der Schule machen Kinder dort ihre zentralen Erfahrungen. Sie lernen Stehen, Sprechen, Laufen. Sie sind darin sehr erfolgreich. Fast scheint es, als würde diese Neugier auf das Leben im Laufe der Zeit verloren gehen. Denn die Schule geht zu häufig von der Lernunwilligkeit der Schülerinnen und Schüler aus. Es dauert dann nicht lange, bis Kinder und Jugendliche dieser Erwartung entsprechen

Kinder sind selbstbewusste Entdecker des Lebens und kreative Theologinnen und Theologen, wenn ihnen dafür der nötige Freiraum geboten wird. Viele Familien werden durch ihre Kinder mit den zentralen Fragen des Lebens konfrontiert: Wer bin ich? Woher komme ich? Wohin gehe ich? Welchen Sinn hat das Leben? Sie erfahren ihren Glauben als Hilfe, darüber in einen Dialog zu treten. Und – wenn es gut geht – werden sie dabei von ihrer Kirchengemeinde unterstützt. »Wenn dein Kind dich morgen fragt, …« lautete 2005 die Kirchentagslosung. Die Familie ist auch ein Lernort des Glaubens. Schon immer, wie die Geschichte Israels als Familien- und Sippengeschichte zeigt. Religiöse Erziehung beschränkt sich aber nicht auf die Weitergabe von Glaubensinhalten, sondern will eine vom Glauben geprägte Grundhaltung zum Leben ermöglichen. Es geht darum, Perspektiven zu entwickeln, die geprägt sind von Hoffnung, Vertrauen, Solidarität und von der Dimension des Heiligen, die unverfügbar bleibt. Implizit geschieht religiöse Erziehung, wo die Erfahrung gemacht wird: ich bin gewollt und geliebt. Ich darf mir etwas zutrauen, auch Fehler und Scheitern. Diese Haltung ist Voraussetzung dafür, dass Gott explizit zur Sprache kommen kann, in Geschichten, Gebeten und Handlungen – Gott als Grund der Hoffnung, als Halt inmitten des Leids, als Garant der Individualität und als Versprechen einer Gemeinschaft, die nicht zerbricht. Offensichtlich sind die Grenzen zwischen religiöser Erziehung und allgemeiner Persönlichkeitsentwicklung fließend.

Der Einzelne, die Familie und das Ganze

Nicht immer galten Familien primär als Ort einer emotionalen Eltern-Kind-Beziehung. Zunächst war die Familie vor *allem* für die Existenzsicherung zuständig. Kinder sorgten für die Altersversorgung der Eltern und wurden häufig als billige Arbeitskräfte missbraucht. In abgewandelter Form begegnet heute dieses Motiv, wenn Familienförderung durch die notwendige Sicherung der Rentensysteme motiviert ist. Erst nachdem die Kindheit als eigenständige Lebensphase entdeckt wurde, entwickelte sich die Familie zum Ort der Erziehung und Bildung mit klar festgelegten Geschlechterrollen der Eltern. In der zweiten Hälfte des 20. Jahrhunderts veränderte sich durch die Möglichkeit effektiver Empfängnisverhütung das Leitbild der Familie abermals. »Moderne Elternschaft hatte nicht nur der Erziehungsverantwortung gegenüber den geborenen Kindern nachzukommen, sondern begann als verantwortete Elternschaft bereits im Vorfeld mit der Klärung der Frage, ob man überhaupt Kinder zur Welt bringen wolle und dieser Verantwortung auch gerecht werden könne.«[3] Lebensläufe gewannen nun vielfältige Optionen. Die Quote berufstätiger Frauen stieg an. Insgesamt verloren Berufsbiographien, Wohnorte und Partnerschaften ihre traditionelle Konstanz. Und Entscheidungsmuster wurden nicht mehr kritiklos von einer Generation zur anderen weitergegeben.

Familien hinterfragen heute ihre Rolle in der Gesellschaft. Sie gestalten ihr soziales System relativ autonom, sind aber eingebettet in übergreifende Strukturen. In vielerlei Hinsicht sind sie abhängig von einem Kontext, der sie schützt und stärkt. Familien kennen ihre Gefährdungen. Wir erleben den Umbau unserer Gesellschaft in einem rasanten Tempo. Bedrohlich klingen für viele die damit einhergehenden Beschwörungen von »der Stärkung der Eigenverantwortlichkeit«. Die neuen Mechanismen des Arbeitsmarktes mit extremen Flexibilitäts- und Mobilitätsanforderungen sind auf den Einzelnen bezogen, nicht auf die Bedürfnisse von Familien. Wie soll man Berufstätigkeit, Kindererziehung, Esskultur, gemeinsame Zeiten und Unternehmungen, Pflege der älteren Angehörigen, Bildungsanforderungen und vieles mehr unter einen Hut bekommen? Und am Ende auch noch die religiösen Fragen nicht aus dem Blick verlieren?

Das Balance-Modell der Sozialen Marktwirtschaft weicht zunehmend neoliberalen Konzepten. Noch nie seit dem Ende des 2. Weltkrieges ist der Anteil der Menschen, die von Armut bedroht sind, so schnell gestiegen wie in den letzten Jahren. Kinder und Jugendliche sind davon besonders betroffen. Fast jedes vierte Kind in NRW unter 18 Jahren lebt in einem einkommensarmen Haushalt. Die Kluft zwischen Reichen und Armen wird größer. Die Chancen zur gerechten Teilhabe sinken drastisch. Dadurch wird ökonomische Armut und zugleich Bildungsarmut faktisch an die nächste Generation »vererbt«. Zumal die Ungleichheit wächst. Mittlerweile gibt es vermehrt Löhne unterhalb des Existenzminimums, während Gehälter von Spitzenverdienern explodieren. Diese Entwicklung entwertet die Lebensleistung von vielen Familien. Der 5. Familienbericht der Bundesregierung spricht von einer »strukturellen Rücksichtslosigkeit« gegenüber Familien.

Armut ist in unserer Gesellschaft weitgehend unsichtbar. Sie ist nicht spektakulär, sondern wirkt eher subtil. In Deutschland verhungern

---

3 *Christian Alt*, Kindheit und Familie, in: Handbuch Arbeit mit Kindern – Evangelische Perspektiven, Münster 2007, 55.

Kinder nicht. Den Betroffenen sieht man die Armut auch nicht auf den ersten Blick an. Sie haben vielleicht sogar ein tolles Handy, ernähren sich aber ungesund, werden im Bildungsbereich benachteiligt und sind häufiger krank als Kinder aus wohlhabenden Familien. Sie haben kein eigenes Zimmer und können deshalb ihre Spiel- oder Klassenkameraden nicht so gut wie andere Kinder einladen.

Kinderarmut und Familienarmut erhöhen den Druck auf Väter und Mütter. Gleichzeitig werden völlig neue Rollenerwartungen gestellt. Leitbilder »gelingender Erziehung« sind noch nicht etabliert. Oft pendelt man zwischen Ohnmachtserfahrung und Selbstüberschätzung hilflos hin und her. Für Familien mit Migrationshintergrund kommen zusätzliche Integrationsanforderungen hinzu. Dabei sind familienunterstützende Systeme noch immer rar. Wir kennen die Wartezeiten bei Schuldnerberatungsstellen und Erziehungsberatung. Die Versorgung mit so genannten U3-Angeboten ist insbesondere in den westlichen Bundesländern noch viel zu klein. Ulrike Meyer-Timpe spricht in diesem Zusammenhang von einer teuer bezahlten Sparsamkeit.[4] Nachrichten über vernachlässigte Kinder beherrschen zwar in trauriger Regelmäßigkeit die Schlagzeilen, grundsätzlich haben Kinder aber offenbar keine Lobby. Meyer-Timpe plädiert hier – ähnlich wie in der veränderten Klimaschutzdebatte – für eine ökonomische statt einer moralischen Argumentation. Jugendstrafanstalten, die voll sind mit jungen Menschen ohne Schulabschluss werfen ein deprimierendes Licht auf die Folgen mangelnder Bildungs- und Verteilungsgerechtigkeit in unserer Gesellschaft.

Jugend wandelt sich in immer schnelleren Zyklen. Und erst recht wandeln sich die Zukunftschancen. Die Jugendlichen der Nachkriegszeit waren geprägt durch die Anforderungen des Wiederaufbaus. Jede Hand wurde gebraucht. Die Jugendlichen der 60er und 70er Jahre wollten große Visionen für die Welt und die Gesellschaft umsetzen. Heutige Jugendliche müssen sich mit einem neuen Phänomen auseinandersetzen: dem Eindruck, nicht gebraucht zu werden, zumindest, wenn sie nicht qualifiziert und leistungsfähig sind. Das schlimmste, was jungen Leuten heute passieren kann, ist nicht, dass sie den einen oder anderen Lernstoff nicht in ihren Kopf bekommen, das schlimmste ist das unbestimmte Gefühl, überflüssig und unnütz zu sein. Wer den Teufelskreis von Frustration und Gleichgültigkeit durchbrechen will, muss Gelegenheiten bieten, sich an konkreten Aufgaben zu bewähren. Sind Familien dazu in der Lage? Und mit ihnen gemeinsam Kirchengemeinden, Jugendarbeit und andere Unterstützungssysteme? Die »Zeit« titelte einmal kritisch: »Eltern sind keine Bergführer mehr«. Es fehlen Bindung, Gewissheit und Grenzen. Eventkultur hilft nicht weiter. Jugendliche werden wohl oder übel zum Planungsbüro der eigenen

4 *Ulrike Meyer-Timpe*, Teuer bezahlte Sparsamkeit, in: Die Zeit, 1.10.2008.

Biographie. Je mehr Normen wegfallen, desto stärker ist es notwendig, eigene Normen zu schaffen. Jugendkultur und Erwachsenenkultur überlappen sich. Die Jugendzeit verlängert sich, die Erwachsenenwelt ragt in die Jugendkultur hinein. Wie sollen Jugendliche erwachsen werden, wenn die Erwachsenen immer jugendlicher werden? Jugendliche wollen Erwachsene mit Erfahrungs- und Wissensvorsprung. Viele Familien haben dazu unter den bestehenden Bedingungen weder Zeit, Kraft noch Muße.

Die Familie ist ein Ort der Sehnsucht – gefährdet und zugleich voller Chancen. Vor vierhundert Jahren hat der englische Dichter und Prediger John Donne den einprägsamen Satz formuliert: »No man is an island«, kein Mensch ist eine Insel. Menschsein heißt »In-Beziehung-Sein«. Das gilt für die Gesellschaft, in der wir leben, für die Kirche, aber auch für jede Familie. Wir sind weder autark noch autonom. Wir sind eingebunden in lokale und globale Zusammenhänge, ein Netz, das uns tragen kann, das uns aber auch verwundbar macht. Denn nicht aus den Fähigkeiten des Menschen resultiert seine Würde, die ihm mit der Gottebenbildlichkeit zugesprochen wird, sondern aus der Bejahung, die von Anfang an für jedes Leben gilt. An dieses Versprechen erinnert jede Familie, die über Generationen hinweg Verantwortung füreinander übernimmt. Es ist eine vornehme Aufgabe der Gesellschaft und der Kirche, sie zu fördern und zu schützen.

JOHANNES EURICH[1]

»Neue« Familienformen und ihre Konsequenzen für die Familienhilfe. Sozialethische Anmerkungen

1. Der Wandel der Familienformen

Der Wunsch nach Familie ist ungebrochen. Unabhängig vom Lebensalter und Bildungsgrad der Menschen rangiert der Wunsch nach Familie bei Befragungen in Deutschland auf den ersten drei Plätzen. Die hohe Wertschätzung der Familie liegt in ihrer Bedeutung als Hort der Sicherheit und Geborgenheit in einer als kalt empfundenen Außenwelt begründet. In einer unübersichtlichen und sich schnell wandelnden Welt werden Bindung und Wärme in der Familie gesucht. »Im Kern [...] verbindet sich mit Familie die Vorstellung von einer auf Dauer angelegten verlässlichen Lebensgemeinschaft mit einem Partner. Wie diese aussieht, ist variantenreicher geworden.«[2] Das nach dem Zweiten Weltkrieg vorherrschende Leitbild der bürgerlichen Kleinfamilie ist heute in weiten Teilen zwar immer noch vorhanden, aber teilweise auch durch andere Formen des Zusammenlebens wie etwa durch die so genannte Patchwork-Familie als ein Inbegriff neuer Lebensformen ersetzt worden. »Denn hier kulminiert vieles, was zur modernen Gesellschaft gehört: biographische Brüche und flexible Alltagsgestaltung, wechselnde Partnerschaften, bleibende Sehnsucht nach familiärer Bindung, Wärme, Stabilität.«[3] Auch wenn das Phänomen der Patchwork-Familie heute manchmal überbewertet wird – immerhin wachsen rund 75 Prozent der Kinder bei ihren verheirateten Eltern auf –, so zeichnen sich doch neue Lebensmodelle ab. So kamen in Ostdeutschland im Jahr 2001 mehr als die Hälfte der Neugeborenen in nichtehelichen Lebensgemeinschaften zur Welt.[4] Zwar liegt der Wert für Westdeutschland mit 20 Prozent wesentlich niedriger, aber der Trend weist in die

[1]   Unter Mitarbeit von Beate Dinter, Hans-Wilhelm Fricke-Hein und Ingelore Maxeiner.
[2]   *Walter Bien,* zitiert nach Anja Dilk, Sehnsüchte nach Gemeinschaft. Über die Lebensformen der Deutschen – Pluralität gewünscht, in: zeitzeichen 4/2008, 24–26, hier 24.
[3]   Ebd.
[4]   *Michaela Kreyenfeld / Dirk Konietzka,* Ostdeutsche Mütter sind seltener verheiratet und jünger – Differenzen bei der Familienbildung in Deutschland halten an, in: *Max-Planck-Institut für demografische Forschung* (Hg.), Demografische Forschung aus erster Hand 1/2006, 2.

gleiche Richtung.[5] Trotzdem ist die Pluralisierung der Lebensformen weder beliebig noch grenzenlos: »Vielmehr haben sich neue Ordnungsmuster etabliert. Auch die steigende Zahl nicht-ehelicher Familienformen ist nicht nur Ausdruck größerer individueller Spielräume, sondern gleichzeitig Muster einer neuen Zweckrationalität.«[6] Denn sowohl bei Partnerschaften in zwei Haushalten als auch bei der Frage der Kinderanzahl spielen berufliche und ökonomische Gründe eine wesentliche Rolle. Mehr als die Hälfte der Partnerschaften mit doppeltem Haushalt sind beruflich bedingt und bestehen auf Zeit – dagegen trifft als Begründung der Wunsch nach mehr Freiheit nur bei weniger als einem Drittel zu. Ebenso sprechen sich in einer österreichischen Studie »Frauen mit mehr als einem Kind vor allem wegen der hohen Kosten von Kindern und wegen der schwierigen Vereinbarkeit mit einer Berufstätigkeit gegen weitere Kinder aus«.[7] Daran zeigt sich: Die neuen Ordnungsmuster des familiären Zusammenlebens stellen Versuche dar, familiär die Balance zwischen unterschiedlichen Lebensbereichen zu finden, indem die individuellen Lebensläufe mit den Anforderungen an Gleichberechtigung für beide Partner in Bezug auf Erwerbsarbeit und sonstige gesellschaftliche Lebensbereiche korreliert werden. Da »sich die Realisierung von gemeinsamen Lebensentwürfen für Mann und Frau heute erheblich schwieriger gestaltet als zu Zeiten früherer Generationen«, ist auch zu fragen, wie die gesellschaftlichen Rahmenbedingungen beschaffen sein müssen, »um die potenziellen Leistungen der Familie für ›neue Balancen im Leben‹ junger Menschen wieder zur Geltung kommen lassen«.[8] Bevor diese Frage wieder aufgenommen wird, sollen zunächst biblisch-theologische Überlegungen zu Familie und Partnerschaft dargestellt werden.

2. Biblisch-theologische Überlegungen zum Familien-Leitbild

In der Bibel ist weder im Alten noch im Neuen Testament eine verbindliche Form für die Familie vorgegeben. Diese ist vielmehr abhängig von den gesellschaftlich ausgeprägten Sozialformen der jeweiligen Kultur und Zeit. Grundlage für diese unterschiedlichen Formen ist die theologische Sicht der Ehe als Ordnung und Stiftung Gottes. Damit

---

5   So hat sich die Zahl der nichtehelichen Lebensgemeinschaften in Westdeutschland seit 1996 verdoppelt.
6   *Jan H. Marbach / Walter Bien* (Hg.), Partnerschaft und Familiengründung. Ergebnisse der dritten Welle des Familien-Survey, Familiensurvey Bd. 11, Opladen 2003, 24.
7   *Harry W. Jablonowski*, Neue Ansätze in der Familienpolitik – Mit Geschwisterbonus und Temporämie zu mehr Kindern?, in: Kontinuität und Umbruch im deutschen Wirtschafts- und Sozialmodell (Jahrbuch Sozialer Protestantismus 1), hg. von *Heinrich Bedford-Strohm* u.a., Gütersloh 2007, 72–101, hier 79.
8   A.a.O., 75.

wird in evangelischer Perspektive an das reformatorische Erbe angeschlossen, insbesondere an Luthers Ehelehre als Gottes Ordnung und Stiftung, die die Ehe als bestmögliche Form christlicher Lebensführung deklarierte. Darin kommt auch zum Ausdruck, dass die Auflösung des vormaligen Keuschheitsgelübdes als Nonne bzw. als Mönch keineswegs gegen die göttliche Ordnung verstoßen hat, weil in der Ehe eben Gottes Ordnung in einer anderen Form erfüllt wird. Mit diesem Verständnis verbanden sich in der Folgezeit besonders nach der Französischen Revolution Ideale der bürgerlichen Familie, die spezifische Rollen für Mann und Frau vorsahen. Deren normative Implikationen wirken über die kleinbürgerliche Familie bis in die Gegenwart hinein fort. In Spannung zu diesen normativen Vorstellungen von Ehe und Familie steht die Vielzahl von Erweiterungsformen sozialer, zeitlicher und inhaltlicher Art, die die Familie in stark modernisierten Gesellschaften erfährt. Neue Familienstrukturen müssen theologisch bedacht werden, etwa wenn nach einer Scheidung Familienbeziehungen in veränderter Form fortbestehen.[9] Dadurch verschieben sich auch die Grenzen im Blick auf die Aufgabenbestimmung von Familien, insbesondere was die Grenzziehung zwischen familiären und gesellschaftlichen Aufgaben bei der Erziehung angeht.

In Kirche und Theologie wird heute versucht, auf diese Veränderungen durch ein neues Verständnis von Ehe und Familie zu antworten. Sozialethisch ist seitens der Kirche grundsätzlich die Freiheit der Eltern bei der Wahl ihrer Lebensmodelle zu respektieren, »wenngleich sie natürlich aus guten Gründen die elterliche Familie auf ehelicher Basis gerade auch heute nachdrücklich empfiehlt«.[10] Besonders deutlich wird diese Wertschätzung der Ehe in der 2002 veröffentlichten Schrift »Was Familien brauchen«, die sich gegenwärtigen Formen von Familie zuwendet: »Die EKD tritt nach wie vor dafür ein und ermutigt dazu, dass Kinder im Rahmen von Ehe und Familie aufwachsen. […] Aber die Kirche sieht zugleich die Notwendigkeit, der veränderten Lebenswirklichkeit gerecht zu werden, in der immer mehr biographische Situationen dazu führen, dass Eltern ihre Kinder nicht im Rahmen der Institution Ehe erziehen. Darin liegt nach den einschlägigen empirischen Befunden oft keine Entscheidung gegen das Leitbild der Ehe […].«[11] Vor diesem Hintergrund wird dann auch der normative Charakter der Ehe als Ordnung und Stiftung Gottes relativiert: »[…] diese

---

9   Vgl. *Reiner Anselm*, Von der Öffentlichkeit des Privaten zu den individuellen Formen familialen Zusammenlebens – Aspekte für eine evangelische Ethik der Familie, in: Zeitschrift für Evangelische Ethik 51/2007, 292–304, hier 293.
10 *Jablonowski*, Neue Ansätze (wie Anm. 7), 72.
11 *Kirchenamt der EKD* (Hg.), Was Familien brauchen. Eine familienpolitische Stellungnahme des Rates der EKD (EKD-Texte 73), Gütersloh 2002, 7–8. Knapp 90 % der jungen Menschen wünschen sich für sich selbst eine Familie, wenn auch nicht unbedingt auf der Basis einer Ehe (a.a.O., 5).

Ordnungen haben ihren Wert nicht in sich selbst. Auch die Familie ist
um des Menschen willen da und nicht der Mensch um der Familie willen.«[12] Mit diesem Wechsel im Verständnis der Ehe und Familie vollzieht die EKD eine Abkehr von normativen Vorstellungen der herkömmlichen kleinbürgerlichen Familie hin zu einer mehr an der Realität der Familienverhältnisse in spätmodernen Gesellschaften orientierten Sicht. Gleichzeitig wird damit auch die Chance eröffnet, die biblischen Zeugnisse zu Ehe und Familie neu zu bedenken und nach neuen
Übersetzungen der biblischen Bilder und Gleichnisse in unsere modernen Lebensformen zu suchen.
Dabei bleibt das evangelische Verständnis in der Spannung, einerseits
die »in den letzten Jahrzehnten entstandenen neuen Lebensverhältnisse
[…] insbesondere um der Kinder willen gesellschaftlich anzuerkennen«,[13] andererseits an der Ehe als Leitbild und Grundlage der Familie
festzuhalten. »Nach evangelischem Verständnis wird die Familie
grundsätzlich durch die Ehe begründet, und sie ist in der Ehe am besten eingebettet. Gesellschaftliche Würdigung und soziale Unterstützung von nichtehelichen Lebensgemeinschaften bedeuten nicht, sie
gleichzusetzen mit ihrer ›Anerkennung als Institution‹.«[14] Daher wird
zwischen den individuell gestalteten Familienformen und der Institution der Ehe als Grundlage der Familie aus »prinzipiellen Überzeugun-
gen vom Wesen der Familie als Institution«[15] unterschieden. Eine
dogmatische Abwehrhaltung oder ideologisch begründete Diskriminie-
rung nichtehelicher Lebensformen ist damit nicht intendiert; vielmehr
geht es um das Leitbild einer auf der Ehe aufbauenden Familie.[16] »Der
eheliche Familienbegriff versteht sich also als ein ›Leitbild‹ in ›orien-
tierender Funktion‹, als ein ›Wegweiser‹ für das Miteinander-Leben
von Frau und Mann, als praktischer Orientierungsrahmen für die alltägliche Lebensgestaltung – und nicht als ein dogmatisches Muss.«[17]
Das Leitbild der Ehe ist also keine normative Vorgabe, kann aber sehr
wohl als Forderung verstanden werden, die als Imperativ in Spannung
zur individuellen Freiheit und persönlichen Verantwortung treten
kann: »In Achtung persönlicher Freiheit und Verantwortung kann sich
evangelisches Familienverständnis nur auf ein anbietendes, anregendes
und Lebens- und Verhaltenseinstellungen bildendes Leitbild einlassen

---

[12] A.a.O., 6. Der Protestantismus scheint die Ehe ordnungstheologisch lange Zeit
stärker überhöht zu haben, als dies der biblischen Quellenlage entspricht. Zum Teil
ist dies auch heute noch der Fall.
[13] *Jablonowski*, Neue Ansätze (wie Anm. 7), 92.
[14] A.a.O., 93.
[15] *Kirchenamt der EKD* (Hg.), Gottes Gabe und persönliche Verantwortung. Zur
ethischen Orientierung für das Zusammenleben in Ehe und Familie. Eine Stellungnahme der der EKD für Ehe und Familie, hg. im Auftrag des *Rates der EKD*, Gütersloh 1998, 38.
[16] Vgl. *Jablonowski*, Neue Ansätze (wie Anm. 7), 92.
[17] A.a.O., 93.

im Sinne ethischer Sollensforderung aus dem Verständnis des christlichen Glaubens.«[18] Die Heirat wird im Verständnis einer guten Partnerschaft als ein wesentlicher Schritt der Qualifizierung der Paarbeziehung aufgefasst. Nicht zuletzt wird diese Forderung um der Kinder willen begründet, denn sowohl aus der Lebenspraxis als auch aus der Geschichte spreche nichts dafür, nicht zu heiraten.[19] »Christen sollten sich folglich auf rechtliche Verbindlichkeiten öffentlich, das heißt durch Eheschließung, einlassen und damit die Voraussetzungen zur Realisierung der besonders für Kinder elementar wichtigen Lebensprinzipien, wie Verbindlichkeit, Dauerhaftigkeit und Ganzheitlichkeit, schaffen.«[20]

3. Familie als Ort sozialen Handelns

Familie ist kein starres Gebilde, sondern muss alltäglich hergestellt werden. Nach Thiessen findet Familie immer dort statt, »wo Menschen in generationaler Perspektive auf Dauer angelegte Sorgebeziehungen leben«.[21] In der Mannigfaltigkeit der konkreten Erscheinungsformen familiären Zusammenlebens lassen sich einige typische Kennzeichen einer modernen Familie identifizieren: »die Intimisierung ihrer Beziehungen (Distanzabbau und Direktzugänglichkeit zwischen den Familienmitgliedern), ihre Emotionalisierung (Vertraulichkeit, Enthemmung) sowie ihre ›Wir-Orientierung‹, das die Familienmitglieder zum Projekt einer gemeinsamen Lebensführung verschwistert.«[22] Die als Schicksalsgemeinschaft empfundene Familie vergangener Zeiten wird mehr und mehr zu einer Aufgabe der individuellen Gestaltung und bewussten Entscheidung der einzelnen Familienmitglieder.[23]

Dadurch wird jedoch nicht die Bedeutung der Familie an sich in Frage gestellt: Familie stellt – unabhängig von ihrer jeweiligen Ausprägung – für alle Menschen einen zentralen Bezugspunkt ihres Aufwachsens und Zusammenlebens dar. Sie ist als Ort sozialen Handelns in den

---

18 *Kirchenamt*, Gottes Gabe und persönliche Verantwortung (wie Anm. 15), 39.
19 Vgl. ebd.
20 Vgl. *Jablonowski*, Neue Ansätze (wie Anm. 7), 93.
21 *Barbara Thiessen*, Der Wandel gesellschaftlicher Rahmenbedingungen und die Konsequenzen für Familien, in: epd Dokumentation 16/2009, 8–23, hier 10.
22 *Andreas Lob-Hüdepohl*, Familie. Gabe – Aufgabe – Fragment, in: Ökumenischer Studientag Familie der Landessynode der Evangelischen Landeskirche in Baden und des Diözesanrates und Pastoralrates der Erzdiözese Freiburg, hg. v. *Erzbischöflichen Seelsorgeamt Freiburg und der Evangelischen Landeskirche in Baden*, Karlsruhe 2008, 29–40, hier 33.
23 Vgl. den Überblick zur geschichtlichen Entwicklung und heutigen Befunden von Familie bei *Hildegard Mogge-Grotjahn*, Was ist Familie heute? Aufgaben, Rollen, Lebenskonzepte – eine soziologische Perspektive, in: epd-Dokumentation 16/2009, 35–41.

Blick zu nehmen, in dem wesentliche gesellschaftliche Funktionen
ausgeübt werden[24] und der als Lebensraum auch ambivalente Phänomene beinhaltet. Familien gewähren Ressourcen für die Bewältigung
von Problemen und Krisen, dienen als Schutz- und Rückzugsort, in
dem Liebe und Vertrauen vorherrschen, und ermöglichen ökonomischen Halt.[25] Familien können aber auch Orte sein, die durch Gewalt
und Unterdrückung gekennzeichnet sind und in denen ökonomische
Desintegrationsprozesse als individuelle Probleme auf personaler Ebene kompensiert werden müssen.

Die unterschiedlichen Erwartungen und Zuschreibungen, die sowohl
innerhalb einer Familie vorhanden sind als auch von außen an sie herangetragen werden, müssen immer wieder neu miteinander ausgehandelt werden. »Entscheidend ist es, Familie als Schnittmenge individueller Beziehungsmuster, alltäglicher Versorgungsbezüge und soziöko-
nomischer Rahmenbedingungen zu sehen [...].«[26] Dabei können unterschiedliche Beziehungslogiken analysiert werden, die das Verhalten
zwischen den Generationen einer Familie – auch nach dem Auszug der
Kinder – prägen. Diese gehen von der Logik enger Hilfebeziehung, die
durch häufigen Kontakt, vertrauliche Gespräche und verlässliche Hilfe
zwischen Eltern und erwachsenen Kindern gekennzeichnet ist, über die
Logik entfremdeter Hilfe in Notlagen, die aus Routine oder dem Gefühl, Solidarität zu schulden auch dann geleistet wird, wenn emotionale Distanz vorherrscht, bis hin zur Logik befremdeten Zusammenlebens, die in einer Situation der entstandenen Abneigung aufgrund öko-
nomischer Zwänge zur Aufrechterhaltung des gemeinsamen Haushalts
führt.[27] Gleichzeitig zeigen diese Logiken an, dass auch familiäre Beziehungen zunehmend von den Familienmitgliedern selbst gestaltet
werden müssen. Zwei Herausforderungen sind hierbei zu bewältigen:
Einerseits führt die Individualisierung der modernen Lebensführung
dazu, dass die brüchig gewordenen sozialen Netzwerke, die eben auch

---

24 Vgl. *Jutta Ecarius*, Einleitung der Herausgeberin, in: *dies.* (Hg.), Handbuch
Familie, Wiesbaden 2007, 9–13, hier 9: »Die Familie erbringt in Generationenbeziehungen im Binnenverhältnis zentrale gesellschaftliche Aufgaben und Leistungen: Personale Autonomie, Identitätsentwicklung, das Erlernen kultureller Hand-
lungsmuster und die soziale und gesellschaftliche Reproduktion.«
25 Vgl. *Wolfgang Huber*, »Familie haben alle – für eine Zukunft mit Kindern«,
Rede in der Französischen Friedrichstadtkirche zu Berlin am 28. März 2006, II, in:
www.ekd.de/print.php?file=/vortraege/huber/060328_huber_berlin.html (Zugriff
am 18.7.08): »Kein Gemeinwesen kann die Leistungen an Solidarität, die in Familien erbracht werden, durch soziale Dienstleistungen ersetzen. Keine professionelle
Sozialarbeit kann die soziale Kohärenz herbeiführen, die in Familien entsteht und
gelebt wird.«
26 *Thiessen*, Der Wandel (wie Anm. 21), 10.
27 Vgl. *Martin Kohli*, Generationenbeziehungen, in: *ders.* / *Harald Künemund*
(Hg.), Die zweite Lebenshälfte. Gesellschaftliche Lage und Partizipation. Ergebnisse des Alters-Survey, Opladen 2000, 176–211.

familiäre Beziehungen einschließen, immer wieder selbst zu organisieren und zu stabilisieren sind. Dies muss andererseits aber inmitten einer pluralisierten Lebenswelt geleistet werden, die aufgrund der vielfachen und unübersichtlichen Lebensformen und Lebensentwürfe keine festen Sinn- und Orientierungsmuster mehr verbindlich vorgeben kann. Die Freiheit der Gestaltung beinhaltet daher auch eine Zumutung, die leicht in eine Überforderung umschlagen kann: Denn nun wird die Realität des familiären Lebens mit idealisierten Erwartungshaltungen überfrachtet, die dann zum Scheitern der Beziehungen führen können.[28] Die Aufladung mit emotionalen Bedürfnissen und der Sehnsucht nach Glückserfüllung lässt sich sowohl für die Partnerbeziehungen als auch für die Eltern-Kind-Beziehungen belegen.[29]

Jedoch sollten die Veränderungen der modernen Lebenswelt nicht nur negativ eingeordnet werden. So betont der Familiensoziologe Bertram im Blick auf die Entwicklung des Einzelnen die Chancen, die mit der Individualisierung auch innerhalb der neuen familiären Lebensformen gegeben sind, z.B. die Wandlungsfähigkeit der Menschen, sich auf Neues einzulassen und Neues auszuprobieren.[30] Durch die Individualisierung werden neue Erfahrungsräume für die Entwicklung von Selbstachtung eröffnet, welche für das Interesse am Wohlergehen des anderen grundlegend ist. »Diese Selbstachtung entsteht [...], wenn Kinder von ihren Eltern nicht im Sinne von Unterordnung, Pflicht und Gehorsam erzogen werden, sondern Eltern ihren Kindern von Anfang an das Gefühl vermitteln, dass sie um ihrer selbst geliebt werden und dass selbst dann, wenn sie eine Regel verletzen, die Eltern – Kind – Beziehung und die Liebe der Eltern zu ihnen nicht in Frage gestellt ist«.[31] Für diese Erziehungskonzeption auf Basis der zugrunde gelegten Form des modernen Individualismus hat bereits Émile Durkheim den Begriff des »kooperativen Individualismus« geprägt,[32] da unsere moderne Gesellschaft unbedingt darauf angewiesen sei, dass die Einzelnen spezialisiert und kompetent in unterschiedlichen Lebensphasen handeln können. »Das kann letztlich aber nur dann wirklich gelingen, wenn sie auch die Einsicht entwickelt haben, dass sie ihre Fähigkeiten und ihre Kompetenzen nur dann nutzen können, wenn sie mit anderen

28 Vgl. *Elisabeth Beck-Gernsheim*, Auf dem Weg in die postfamiliale Familie, in: *Ulrich Beck / dies.*, Riskante Freiheiten, Frankfurt a.M. 1994, hier 115–135.
29 Vgl. *Wolfgang Schmidbauer*, Ein Land – drei Generationen. Psychogramm der Bundesrepublik, Freiburg 2009.
30 Vgl. *Hans Bertram*, Kulturelles Kapital und familiale Solidarität. Zur Krise der modernen Familie und deren Folgen für die Entwicklung von Solidarität in der gegenwärtigen Gesellschaft, in: *Dorothee Tippelskirch / Jochen Spielmann* (Hg.), Solidarität zwischen den Generationen. Familie im Wandel der Gesellschaft, Stuttgart u.a. 2000, 17–50.
31 A.a.O., 47.
32 Vgl. a.a.O., 47f.

kooperieren oder solidarisch handeln«.[33] Entsprechend will Familie-
Sein auch von Eltern und Kindern gemeinsam erlernt werden, wobei
die Beziehungen – ausgehend von der elterlichen Liebe und Fürsorge –
von Liebe und Zuneigung zueinander, Verantwortung füreinander sowie Empathie und Verlässlichkeit im dialogischen Miteinander geprägt
sein sollen. Von dieser partnerschaftlichen Orientierung ausgehend
kommt als weiterer Schritt in den Blick, auch für Kinder spezifische
Rechte einzufordern, die sie in ihrer Lebenssituation des Angewiesen-
Seins auf andere besser zu schützen vermögen und sie als eigenständige Akteure mit spezifischen Kompetenzen wahrnehmen.

4. Kindeswohl und Kinderrechte

»Weder ›Politik für das Kind‹ noch eine im Umfang beschränktere
›Sozialpolitik für das Kind‹ sind etablierte Bereiche der Gesellschafts-
politik.«[34] An dieser aus dem Jahr 1992 stammenden Diagnose beginnt
sich hierzulande erst langsam etwas zu ändern. Wie die Zunahme der
Kinderarmut, die Vernachlässigung von Kindern oder der Anstieg von
Aggressionspotenzialen zeigen, sind die Beachtung der Schutz-, An-
spruchs- und Beteiligungsrechte von Kindern soziokulturell zu gravie-
renden Problembereichen in Deutschland geworden. Das Problem der
Kinderarmut hat sich seit Mitte der 1980er Jahre deutlich verschärft,
unter anderem aufgrund des Anstiegs der Arbeitslosigkeit, von denen
Familien mit Kindern besonders betroffen sind, und der hohen Zahl
von Trennungen oder Scheidungen.[35] Die Zunahme der relativen wie
absoluten Kinderarmut in einem reichen Land wie der Bundesrepublik
Deutschland stellt einen sozialpolitischen Skandal dar. Nach dem
jüngsten Armuts- und Reichtumsbericht der Bundesregierung von
2008 wächst jedes achte Kind unter 18 Jahren in Armut auf.[36]
Die Verschlechterung der Lebenslage von vielen Kindern in den letzten Jahrzehnten ist insofern überraschend, als in der Moderne ein Pa-
radigmenwechsel im Verständnis von Kindern stattgefunden hat, der
ethisch wegweisend ist: »Das Kindeswohl – genauer: das Wohl des
individuellen Kindes, das Bemühen um das Gelingen seiner Individuation und seiner persönlichen Sozialisation – und die Kinderrechte ha-

---

[33] A.a.O., 48.
[34] *Kurt Lüscher / Andreas Lange*, Konzeptuelle Grundlagen einer Politik für Kinder: Ansätze und Begründungen aus sozialwissenschaftlicher Sicht, in: Zeitschrift
für Sozialisationsforschung und Erziehungssoziologie 12/1992, 204–218, hier 216.
[35] Vgl. *Robert Koch-Institut* (Hg.), Gesundheitsberichterstattung des Bundes Heft
03/01, Armut bei Kindern und Jugendlichen, Berlin 2001, 7.
[36] Lebenslagen in Deutschland. Der 3. Armuts- und Reichtumsbericht der Bundesregierung, Bundestagsdrucksache 16/9915, Berlin 2008, 305, als pdf-Datei im
Internet: www.bmas.de/coremedia/generator/26742/property=pdf/dritter__armuts__
und__reichtumsbericht.pdf.

ben einen Stellenwert erlangt, den sie in der Vergangenheit nicht besaßen.«[37] So erfolgte die Zuerkennung, dass Kinder eigene *Rechte* besitzen, erst mit der Kinderrechtskonvention (»Übereinkommen über die Rechte des Kindes«) der Vereinten Nationen vom 20. November 1989.[38] Darin werden Kindern explizit die vollen Menschenrechte zugesprochen. Hierzu gehören z.b. das Recht auf eine gewaltfreie Erziehung, der Schutz vor Ausbeutung, das Recht auf Bildung sowie das Recht auf Beteiligung bei Entscheidungen, die sie betreffen. »Auf diese Weise werden die Eltern und der Staat in die Pflicht genommen, Kinder zu achten und zu fördern. Denn Kinder gelten jetzt als Träger eigener Rechtsansprüche, nämlich von Schutz-, Anspruchs- sowie darüber hinaus von Freiheitsrechten. Seitdem werden sie als eigenständige Rechtssubjekte anerkannt. Ihrem Alter und Reifegrad gemäß steht ihnen das Recht auf Selbstbestimmung zu.«[39] Das Bundesverfassungsgericht hat mit seinem Urteil vom 1.4.2008 die Kinderrechte noch einmal gestärkt und das Kindeswohl nun über Elternrechte gestellt.[40]

---

[37] *Hartmut Kreß*, Kinderwunsch und Kindeswohl in der Krise – sozialethische, reproduktionsmedizinische und medizinethische Gesichtspunkte, in: *Johannes Eurich / Peter Dabrock / Wolfgang Maaser* (Hg.), Intergenerationalität zwischen Gerechtigkeit und Solidarität (VDWI 36), Heidelberg 2008, 151–165, hier 155. Vgl. a.a.O., 152: »Im deutschen Sprachraum war es die evangelische Reformation, die Wert darauf legte, allen Kindern – auch denjenigen aus den unteren Ständen, unter ihnen den Mädchen – eine Schulbildung zugute kommen zu lassen; sie sollten lesen und schreiben können. Diese Forderung hatte zunächst religiöse Gründe. Martin Luther und der Reformation lag daran, dass jede oder jeder Einzelne in der Lage sein sollte, die Heilige Schrift, die ins Deutsche übersetzt worden war, selbst lesen zu können. Die Aufklärungsphilosophie des 17. und 18. Jahrhunderts hat diesen Erziehungsimpuls verstärkt und ihn entgrenzt bzw. säkularisiert, ihn also in den Horizont weltlichen Denkens überführt.« Dabei erkannte sie Kindern einen Eigenwert zu und betonte ihre individuelle Identität sowie ihre persönliche Individuation. Vgl. zu Kinderrechten: *Friedhelm Güthoff / Heinz Sünker* (Hg.), Handbuch Kinderrechte. Partizipation, Kinderpolitik, Kinderkultur, Münster 2001; zu einem Einzelaspekt: *Frank Surall*, Das Recht des Kindes auf Bildung, in: Evangelische Theologie 67/2007, 201–215.

[38] Das Bundesverfassungsgericht hielt bereits in seinem Beschluss vom 29. Juli 1968 fest, dass dem Kind »als Grundrechtsträger eigene Menschenwürde und ein eigenes Recht auf Entfaltung seiner Persönlichkeit im Sinne des Art. 1 Abs. 1 und Art. 2 Abs. 1 GG zukommt« (Beschluss des Ersten Senats vom 29. Juli 1968, 1 BvL 20/63, 31/66 und 5/67, BVerfGE 24, 119ff).

[39] *Kreß*, Kinderwunsch (wie Anm. 37), 157. Die Logik der UN-Kinderrechtskonvention von 1989 aufgreifend hat der Weltärztebund in der »Deklaration von Ottawa zum Recht des Kindes auf gesundheitliche Versorgung« im Jahr 1998 umfassende Kinderrechte in Bereich gesundheitlicher Versorgung festgehalten. Vgl. Deklaration von Ottawa zum Recht des Kindes auf gesundheitliche Versorgung. Verabschiedet von der 50. Generalversammlung des Weltärztebundes Ottawa, Kanada, Oktober 1998, im Internet: www.bundesaerztekammer.de/page.asp?his=2.49.3827.

[40] Az 1 BvR 1620/04.

Hieraus folgt, dass das Kindeswohl sowie die Rechte von Kindern und
Heranwachsenden kulturell und sozialethisch in sehr viel höherem
Maß zu berücksichtigen sind, als dies in Deutschland bislang der Fall
ist.»Im gesellschaftlichen Alltag und in strukturpolitischen Entscheidungen wurde und wird das Kindeswohl häufig vernachlässigt. Dies
findet seinen Niederschlag [...] im Anstieg der relativen, ja absoluten
Kinderarmut, an den Defiziten in der gesundheitlichen Versorgung von
Kindern und den Rückschritten im Niveau der Kindergesundheit,[41] in
den Desideraten im Bildungswesen oder der sozialen Isolierung von
Kindern aus Migrantenfamilien.«[42] In den zurückliegenden Jahren haben – alarmiert durch die empirischen Befunde – zahlreiche Bemühungen eingesetzt, das Kindeswohl und die Kinderrechte verstärkt zur
Geltung zu bringen. Dabei wird ethisch und kulturell auf folgende As-
pekte im Verhältnis zu Kindern Bezug genommen:
– »Kinder besitzen einen Eigenwert und stellen einen Selbstzweck
  dar.
– Sie besitzen eigene Rechte, und zwar Schutz- sowie Anspruchs-,
  Förderungs- und Freiheits- bzw. Selbstbestimmungsrechte.
– Losgelöst vom wirtschaftlichen Nutzen oder von Kosten sind sie
  ein Symbol für Zukunft und für das Gelingen menschlichen Zusammenlebens.«[43]
Dementsprechend sind auch in der Familienhilfe Ansätze, die das
Wohl und die Rechte von Kindern stärken, zu fördern. Dies kann in
christlicher Perspektive durch das Einbringen eines neuen, kinderfreundlichen Familienleitbildes (s.o.) unterstrichen werden. Denn Kinder sind ein Geschenk Gottes; ein Leben mit Kindern ist eine große
Bereicherung. »Zu erleben wie Kinder aufwachsen, bedeutet, gemeinsam zu wachsen. Den Kindern die Welt zu erschließen bedeutet, für
sich selbst die Welt neu zu erschließen.«[44]

5. Konsequenzen für die Familienhilfe

Wird die Ehe als gute Gabe Gottes verstanden – wobei der Fokus nicht
so sehr auf die Ehe als Institution, sondern vielmehr auf die Ehe als
Lebensgemeinschaft gelegt wird – bedarf es zu ihrem Gelingen der

---

[41] Vgl. *Robert Koch-Institut* (Hg.), Schwerpunktbericht der Gesundheitsberichterstattung des Bundes. Gesundheit von Kindern und Jugendlichen, Berlin 2004; Ergebnisse des Kinder- und Jugendgesundheitssurveys, in: Bundesgesundheitsblatt –
Gesundheitsforschung – Gesundheitsschutz 50/2007, 527–908.
[42] *Kreß*, Kinderwunsch (wie Anm. 37), 158.
[43] A.a.O., 161.
[44] Evangelische Kirche im Rheinland, Landessynode 2007 – P12 »Familienge-
rechtigkeit – Ein Positionspapier der Evangelischen Kirche im Rheinland (Drucksache 2) Anhang III, in: www.ekir.de/ekir/dokumente/LS2007-P12-Familie.pdf
(Zugriff am 18.5.08).

lebenslangen Verantwortung füreinander, der Verlässlichkeit, der Liebe und der Freiheit.[45] Eine gelingende Partnerschaft basiert auf der vorbehaltlosen gegenseitigen Annahme des Anderen und der Anerkennung seiner Einzigartigkeit und Würde. Diese Werte bilden die Grundlage für das gemeinsame Zusammenleben in Ehe und Familie. Auch wenn in evangelischer Perspektive die Ehe nicht länger das normative Leitbild einer Lebensgemeinschaft darstellt, so kommt ihr dennoch eine wichtige Orientierungsfunktion für das Zusammenleben von Mann und Frau zu. Zur Realisierung des gemeinsamen Lebens kommt es darauf an, wie Geborgenheit, Verlässlichkeit, Vertrauen, Rückhalt, Verantwortung und Liebe in einer Lebensform zum Ausdruck gebracht werden können. Damit diese Werthaltungen in familiären Beziehungen gelebt werden können, müssen jedoch die Rahmenbedingungen dem Wandel familialer Lebensformen angepasst und die zunehmende Fragilität von Familie als komplexes System mit Eigenlogik und Eigensinn beachtet werden mit der Folge, dass die unterschiedlichen Leistungen und Handlungen von Familienmitgliedern in den Fokus rücken. So erfordert die Herstellung von Familie vor allem zweierlei:»erstens das Vereinbarkeitsmanagement im Sinne einer praktischen Gewährleistung des ›Funktionierens‹ von Familie und zweitens die Konstruktion von Gemeinschaft […]. Dabei liegt das Geheimnis des Gelingens auch in der Beiläufigkeit familialer Interaktionen. Familie ist damit die Verschränkung von individuellen Lebensführungen durch alltägliche Praktiken und Sinngebungsprozesse.«[46]

In der Familienhilfe ist die konzeptionelle Neuausrichtung der Familienpolitik, die nun Infrastrukturleistungen, monetäre Förderung und Zeitpolitik als drei unverzichtbare Bestandteile für eine nachhaltige Familienpolitik vorsieht, nachzuvollziehen.[47] »Entscheidend ist dabei, auf keine bestimmte Familienform zu zielen, sondern vielmehr Wirksamkeiten hinsichtlich der Lebensqualität von Familien in ihrer Diversität zu überprüfen.«[48] Der Lebenslauf von Familien ist als Orientierung zugrunde zu legen und Phasen und Konstellationen mit besonderem Unterstützungsbedarf sind zu identifizieren. Im Blick auf die Bedingungen familialen Alltags erfordern die zunehmenden Prozesse der Entgrenzung von Arbeit und Leben und der Verlust traditionaler Gewissheiten von Familie erhebliche Anpassungsstrategien. Die ökonomische Basis der Familie ist von Mann *und* Frau sicherzustellen, denn

---

[45] Vgl. *Wolfgang Huber*, »Familie haben alle – für eine Zukunft mit Kindern«, Rede in der Französischen Friedrichstadtkirche zu Berlin am 28. März 2006, 2, in: www.ekd.de/print.php?file=/vortraege/huber/060328_huber_berlin.html (Zugriff am 30.5.08).

[46] *Thiessen*, Der Wandel (wie Anm. 21), 21.

[47] Vgl. *Karin Jurczyk*, Ansätze zu einer emanzipatorischen Familienpolitik. Der Siebte Familienbericht, in: WSI Mitteilungen 60/2007, H. 10, 531–537.

[48] *Thiessen*, Der Wandel (wie Anm. 21), 21.

die strikte Trennung der Arbeitsteilung zwischen Vater und Mutter wird auf Dauer immer weniger aufrechtzuerhalten sein. Familienmodelle, bei denen sich die Eltern im Verlauf des gemeinsamen Lebens die ökonomischen, sozialen und erzieherischen Aufgaben teilen, erscheinen am ehesten praktikabel zu sein. Je nach Lebensphase wird die Verantwortung für bestimmte familiäre oder berufliche Aufgabenbereiche mehr bei der einen Person, zu einem anderen Zeitpunkt mehr bei der anderen Person liegen. Die veränderten Lebenserwartungen haben schon heute dazu geführt, dass die sogenannte Mehrgenerationenfamilie, die sich sozialräumlich aufsplittet, die überwiegende familiäre Lebensform geworden ist. Das Zusammenleben der Generationen als »Intimität auf Distanz« nimmt zu. In der Folge wird die kindliche Sozialisation als Loslösungsprozess vom Elternhaus zunehmend ersetzt durch eine lebenslange Partnerschaft zwischen Eltern und Kindern. Dies scheint dafür zu sprechen, die traditionelle und rigide Dreiteilung von Kindheit und Jugend als Lernphase, Erwachsenenalter als Arbeitsphase und Alter als Ruhe- und Rentenphase zu durchbrechen. Ein langes Leben erscheint mit sequenziell wechselnden Phasen plausibler gestaltbar.

Der Wandel der Lebensformen bedingt, dass familienpolitische Instrumente entwickelt werden, welche den sich ändernden familiären Formen Unterstützung und (rechtliche) Sicherheit gewähren, sie vor Überlastung schützen und in ihren Aufgaben fördern.[49] Nicht nur sozial benachteiligte Familien benötigen Hilfe, um ihrer Verantwortung gegenüber ihren Kindern nachkommen zu können. Die Ausgestaltung insbesondere von kinderfreundlichen Rahmenbedingungen ist jedoch nach wie vor ein familienpolitisches Desiderat. Hier ist der Ansatz beim Kindeswohl und den Kinderrechten weiterführend, der rechtlich und ethisch die Verantwortung gegenüber dem einzelnen Kind in den Mittelpunkt rückt und den Bedürfnissen der Kinder einen Vorrang vor den Interessen der Eltern einräumt. Diese Schwerpunktsetzung sollte sich auch in der Arbeit der Familienhilfe widerspiegeln. Dabei wird – auch angesichts der weiter steigenden Scheidungsraten – als wichtiger Aspekt der Beziehung des Kindes zu seinen Eltern bzw. Elternteil die Kontinuität und Verlässlichkeit der Beziehung erscheinen, die auch über die Trennung der Eltern und die Aufsplittung der Familie hinaus bestehen bleibt. Für die (z.B. nach einer Scheidung sich neu bildenden) multilokalen Mehrgenerationenfamilien und ihre Netzwerke sind entsprechende Unterstützungsleistungen anzubieten bzw. sozialräumlich zu entwickeln. Dabei bieten die o.g. Werte eine inhaltliche Orientierung für die Ausgestaltung der Hilfe. Die einzelnen Familienmitglieder sind so zu unterstützen, dass sie ihre Verantwortung füreinander wahr-

---

[49] Vgl. *Ute Gerhard*, Familienpolitik im Widerstreit – Welche Instrumente stärken oder schwächen die Familie. Eine Einführung, in: epd-Dokumentation 16/2009, 42–46.

nehmen können. Dies impliziert die Förderung ihrer Selbständigkeit, auch um ein Abhängig-Werden von der geleisteten Unterstützung zu vermeiden. Dabei sind auch geschlechterspezifische Lösungen einzubeziehen, damit z.b. Männer ebenso ihren Anteil an familiärer Arbeit übernehmen können. Die Berufstätigkeit der Frau darf dagegen nicht länger als familienfeindlich abgewertet werden.[50]
In diesem Sinn geht es bei aller Freude über jedes Kind »zugleich auch um gerecht gestaltete Lebensbedingungen für Mann und Frau, um Gleichberechtigung für beide sowie um die Teilhabegerechtigkeit von Eltern in Bezug auf Erwerbsarbeit und sonstige gesellschaftliche Lebensbereiche«.[51] Ohne entsprechende quantitativ wie qualitativ ausreichende Betreuungsangebote für die kleinsten Kinder ist weiterhin ein latentes Festhalten am klassischen Familienmodell zu erwarten.[52]
»Wer also Familien schützen, stützen und fördern will, muss die sozialen, wirtschaftlichen und politischen Rahmenbedingungen entsprechend gestalten, und zwar in einer Weise, die unterschiedliche Familienkonstellationen und Lebensentwürfe berücksichtigt.«[53] Die Verantwortung der Gesellschaft ist es, Familie mit politischen und sozialen Mitteln finanziell wie strukturell zu ermöglichen und sie nicht zu einem Nachteil werden zu lassen.[54] Ziel bleibt die verantwortliche wie verantwortbare Elternschaft, die für jeden Einzelnen persönlich gilt wie für das gesellschaftliche Bewusstsein. »Jungen Menschen Mut zu Familie, Ehe und Kindern zu machen, darf folglich nicht darauf abzielen, sie gegen Vernunft und persönliche Verantwortung, gar ideologisch überhöht zu etwas Idealistischem ›überreden‹ zu wollen.«[55] Im Gegenteil, in christlicher Perspektive beruht die Motivation zur Familie auf der Einsicht, dass der Mensch zu einem gelingenden und erfüllten Leben auf Gemeinschaft angewiesen ist. Diese ist durch entsprechende Rahmenbedingungen so zu fördern, dass der Einzelne in der familiären Gemeinschaft, in die er als freier Mensch hineingeboren wird, auch die besten Möglichkeiten zu seiner persönlichen Entwicklung vorfindet.

---

[50] Vgl. *Bernd Wannenwetsch*, Eigenrecht und Emanzipation der Familie. Anstöße zur Ent-Ideologisierung, in: epd-Dokumentation 16/2009, 24–35, der der Frauen-Emanzipation eine Familien-Emanzipation folgen lassen will.
[51] *Jablonowski*, Neue Ansätze (wie Anm. 7), 73.
[52] Vgl. *Bundesinstitut für Bevölkerungsforschung / Charlotte Höhn / Andreas Ette / Kerstin Ruckdeschel*, Kinderwünsche in Deutschland. Konsequenzen für eine nachhaltige Familienpolitik, hg. von und im Auftrag der Robert Bosch Stiftung, bearbeitet von Friederike Grothe, Stuttgart 2006, 34f.
[53] A.a.O., 10.
[54] Vgl. *Jablonowski*, Neue Ansätze (wie Anm. 7), 90 unter Bezug auf EKD-Text Nr. 50.
[55] A.a.O., 91.

Ursula Zinda

Wegfall traditioneller und Entstehen neuer Bindungen – Perspektiven angesichts sich verändernder Familienstrukturen

1. Suche nach Kohärenz in einer enttraditionalisierten Lebenswelt von Kindern

Vielfältig werden die raschen gesellschaftlichen Veränderungen, die tief in alle Lebensbereiche eingreifen, beschrieben. Allein die Veränderungen, die sich aus dem neuen Sozialstaatsverständnis, den Individualisierungs-, Differenzierung-, Pluralisierungs- und Globalisierungstendenzen der Gesellschaft im familiären Zusammenleben ergeben, bedingen die Notwendigkeit, Ansätze der Sozialen Arbeit im Arbeitsfeld der Familienhilfe zu überdenken. Virtuelle Welten werden als Realität angesehen. Strukturen und Organisationsprinzipien, die die Beziehungen der Elemente innerhalb traditioneller Systeme, also auch der Familie regeln, verändern sich. Traditionelle Identitäts- und Rollenentwürfe können von Kindern und Jugendlichen immer seltener übernommen werden.»Vorgefertigte Identitätspakete«,[1] deren Übernahme als zentrales Kriterium für eine gute Lebensbewältigung angesehen wurde, werden nicht mehr überliefert.

Normative Koordinaten anderer Sozialisationssysteme lösen sich in der enttraditionalisierten Gesellschaft auf; mit der Folge, dass Kinderbetreuungseinrichtungen, Schulen, Heime Familienhilfen auf der Suche nach neuen Leitbildern und begründbaren werteorientierten Ausrichtungen sind, um neue Hilfeangebote zu entwickeln. Aufgrund der entstandenen Entbindung von traditionellen Grenzziehungen und Regelwerken wird Kindern und Jugendlichen heute häufig die Botschaft übermittelt, dass sie die Freiheit haben ihr Leben eigenständig und eigenverantwortlich zu gestalten, dass sie diese Chancen nutzen und selbst die Regie in ihrem Leben übernehmen sollten. Sie sollen sich selbst erfinden. Sie sollen sich selbst initiieren. Die 13. Shell Jugendstudie[2] weist daraufhin »wenn Autoritäten schwinden und biogra-

---

[1] Vgl. *Heiner Keupp*, Identitätsbildung in der Netzwerkgesellschaft: Welche Ressourcen werden benötigt und wie können sie gefördert werden?, in: *Urte Finger-Trescher / Heinz Krebs* (Hg.), Bindungsstörungen und Entwicklungschancen, Gießen 2003.

[2] Vgl. *Arthur Fischer*, Jugend. 13 Shell Jugendstudie, Hamburg 2000, 155.

phisch auf vieles kein Verlass mehr ist, wird man sich zunehmend in Reaktion auf die aktuellen Gegebenheiten orientieren, situationsgemäß und reagibel den eigenen Wertecocktail zusammenbasteln, ebenso, wie man in Eigenregie seine Biografie zusammenbastelt«, und weiter »... neben den unabdingbaren menschlichen Grundrechten und Grundpflichten gibt es nichts Statisches. (...) Jugendliche wachsen hinein in eine Erwachsenenwelt, in der biografisch improvisiert werden muss wie nie zuvor.« In der Shell Studie wird auch festgestellt, dass nur 21 % der Jugendlichen auf die zukünftige Entwicklung eines Lebens mit hoher Flexibilität sich gewachsen fühlen. Die Ziele, woraufhin sie sich entwickeln sollen und welche Fähigkeiten zukünftig gefragt sind, sind weder ihnen noch den sie begleitenden Bezugspersonen konkret bekannt.

Um sich selbst zu initiieren und die gegebenen Freiheiten der enttraditionalisierten Gesellschaft entwicklungsfördernd zu nutzen, müssen Kinder und Jugendliche in geeigneter Weise zur Gestaltung ihres Lebens ausgestattet sein. Ein Leben kann ihnen gelingen, wenn sie in interaktionistischen Beziehungen stehen, in denen sie sich geborgen fühlen, verstanden wissen, sich reflektiert sehen und sich dabei in ihrem Innern authentisch wahrnehmen. Für Kinder und Jugendliche müssen Bedingungen geschaffen werden, die es ihnen ermöglichen ein Gefühl der Kohärenz zu entwickeln. Das Kohärenzgefühl ist ein umfassendes Gefühl des Vertrauens, das ihnen die Gewissheit gibt

– die Stimuli, die sich aus ihrer inneren und äußeren Umwelt ergeben, begreifen und strukturieren können, so dass diese inneren und äußeren Anmutungen verstehbar und erklärbar für sie werden. Sie müssen ihre Welt und die sich ergebenden Herausforderungen sowie die eigenen Belastungen in einem größeren gesellschaftlichen Zusammenhang sehen können. Unter diesen Voraussetzungen wird es den Kindern und Jugendlichen möglich sein, den Ausschnitt ihrer Lebenswelt zu begreifen und ihrem Leben selbst einen Sinn zu geben. Unter diesen Voraussetzungen müssen sie nicht erleben, dass sie einem unbeeinflussbarem Schicksal ausgeliefert sind. (Gefühle des Verstehens);

– über interne und externe Ressourcen zu verfügen, die sie befähigen, den Anforderungen und Aufgaben, die das Leben ihnen stellt, zu begegnen. Auf der Grundlage der verfügbaren Ressourcen ist es möglich ein Handlungsrepertoire zu entwickeln, das sie bei der Lösung und Bewältigung aktueller Lebensaufgaben mobilisieren können (Gefühl der Handhabbarkeit);

– dass die Anforderungen aus der Umwelt Herausforderungen sind, die eigene Anstrengungen und persönliches Engagement ermöglichen. Sie müssen bei der Verarbeitung der inneren und äußeren Impulse erleben, dass es möglich ist, eigene Lebensperspektiven und Ziele zu entwickeln, für die es sich lohnt sich zu engagieren und die Anstrengungen ihnen daher sinnvoll erscheinen (Gefühl der Sinnhaftigkeit).[3] Wenn Kinder und Jugendliche dieses Kohärenzgefühl entwickelt haben, sind sie weniger irritierbar, demoralisiert und hoffnungslos, wenn Aufgaben an sie herangetragen werden, denen sie nicht gleich entsprechen können. Wie müssen Kinder und Jugendliche ausgestattet sein, um diese Fähigkeiten zu erreichen, die zu einer eigensinnigen gelingenden Lebensgestaltung führen? Vorab sei gesagt, dass sie für eine gelungene Lebensgestaltung Authentizität nach innen und Anerkennung von außen benötigen. Um diese Entwicklung zu unterstützen gibt es wie immer mehrere Möglichkeiten u.a.

1. Geeignete Bildungsangebote,
2. Fähigkeit zum »Selbst – Management«,
3. Förderliche Bindungserfahrungen,
4. Verfügbarkeit über Ressourcen.

2.   Authentizität nach innen und Anerkennung nach außen

2.1   Geeignete Bildungsangebote

Oskar Negt[4] sieht Bildung als wesentlichen Faktor, um Kindern und Jugendlichen eine situationsunabhängige Selbstdeutung in gesellschaftlichen Zusammenhängen zu ermöglichen. Er weist darauf hin, dass es ein Irrtum sei, dass schnell verwertbare und schnell einsetzbare Fertigkeiten zukunftsfähig seien. Er definiert fünf Schlüsselqualifikationen, über die Menschen in der sich verändernden Welt verfügen sollten, um den Eigensinn ihres Lebens zu schöpfen: In einem Artikel in der Frankfurter Rundschau vom 5.11.1998 formuliert er folgende Kompetenzen:

1. *Identitätskompetenz*: Das Herausgerissensein aus den persönlichen Lebenszusammenhängen hat den Verlust des eigenen Selbstwertes und der Anerkennung von außen zur Folge. Negt sieht die Menschen als Vertriebene aus gewachsenen Lebensstrukturen, weil sie kein äußeres Haus mehr haben und auch das innere Haus brüchig wird. Davon leitet er die Notwendigkeit ab, Voraussetzungen zu schaffen, um die Fähigkeit zu erlernen mit der bedrohten oder gar gebrochenen Identität umzugehen.
2. *Ökologische Kompetenz:* Unter der ökologischen Kompetenz versteht er den pfleglichen Umgang mit Natur, Menschen und Dingen. Pfleglicher Umgang bedeutet für ihn die Bereitschaft und Fähigkeit zur gewaltlosen Kommunikation.

---

[3] Vgl. *Aaron Antonowsky*, Saltugenese Zu Entmystifizierung der Gesundheit, Tübingen 1997.
[4] *Oskar Negt*, Artikel in der Frankfurter Rundschau vom 5.11.1998.

3. *Technologische Kompetenz*: Der Autor hält die Fähigkeit, die gesellschaftlichen Folgen und Auswirkungen der rasanten technischen Entwicklung zu begreifen und ihre psychosozialen Folgen erkennen zu können, für erforderlich. Der aufgeklärte Mensch könnte vor diesem Hintergrund ein Entscheidungsvermögen entwickeln, das ihn verantwortlich einbindet in die Entwicklung von gesellschaftlichen Prozessen.

4. *Gerechtigkeitskompetenz*: Menschen werden unter dem Vorwand der Rationalisierung und mit abstrakten Begründungen aus Wissenschaft und Technik aus ihren Lebenswelten vertrieben. Sie stehen diesen normativen Argumentationen unbeteiligt gegenüber. Sie sind ihnen ausgeliefert. Negt bezeichnet diesen Prozess als »die Enteignung der Sinne, des Denkens, Fühlens und Handelns«. Er fordert die Fähigkeit zum interaktionalen Austausch und die Fähigkeit sich in Entscheidungsprozessen, die die eigene Lebenswelt betreffen, einbeziehen zu lassen, um eine Aushöhlung des selbstbestimmten Lebens vorzubeugen.

5. *Historische Kompetenz:* Negt tritt dafür ein, den Kindern die Möglichkeit zu geben aus der Geschichte zur lernen, um eigenständige Utopien für sich und ihre Lebenswelt zu entwickeln.

2.2 Fähigkeit zum Selbstmanagement

Um in der sich verändernden Welt bestehen zu können und gesund zu bleiben, bei den unterschiedlichen Herausforderungen die geeigneten Entscheidungen zu treffen und handlungsfähig zu bleiben, ist die Fähigkeit sich selbst zu managen eine wesentliche Voraussetzung. Der Begriff Selbstmanagement beinhaltet zwei Aspekte; einerseits bezieht er sich auf die Organisation des eigenen Verhaltens im Bezug zur Außenwelt, andrerseits schließt er die Entwicklung und Organisation des inneren »Selbst« eines Menschen mit ein. Im Lexikon der Psychologie[5] wird das »Selbst« definiert als »die Grundstruktur von Einschätzungen des eigenen Denkens und Handelns« oder als »relativ überdauerndes Grundmuster individueller Erfahrungen«. In der aktuellen Hirnforschung ist das »Selbst« ein »Produkt der Selbstorganisation unseres Gehirns«.[6] Das »Selbst« eines Menschen ist das Konstrukt des »Selbst«, das das Individuum selbst geschaffen hat. Dieses »Selbst« umfasst alle »kognitiven, emotionalen, motivationalen, behavioristischen und körperlichen Prozesse und Dispositionen, unabhängig davon, ob sie diesem zu einem gegeben Zeitpunkt bewusst sind.«[7] Im

---

5 Lexikon der Psychologie, 2002.
6 Vgl. *Hermann Haken / Günther Schiepek*, Synergetik in der Psychologie, Göttingen 2006, 260.
7 Vgl. *Eva Senges-Anderson*, Selbstmanagement und Coaching, ZSTB Jg. 26/1, 33–42, Dortmund 2008, 35.

Wörterbuch der Synonyme[8] wird managen als »bewerkstelligen« oder »jemanden aufbauen, betreuen« beschrieben. Die Frage nach der Entwicklung der Fähigkeit zum Selbstmanagement kann also lauten: »Wie bewerkstelligt es das Individuum sein »Selbst« aufzubauen, es zu betreuen und mit der Umwelt verbunden zu bleiben. Nach Hansch[9] werden vier Ansätze des Selbstmanagement unterschieden:

1. *Normatives Selbstmanagement* beinhaltet die Fähigkeit, eigene Lebensziele zu definieren und zu reflektieren, Werte und Normen, sinn- und bedeutungsgebunden zu hinterfragen, um eine eigene handlungsleitende Konstruktion des Eigensinns zu formulieren.
2. *Strategisches Selbstmanagement* umfasst die Aktionen, die zur Entwicklung intrapsychischer Prozesse beitragen. Sie können sich beziehen auf die Bestimmung und Auswahl von Umweltbedingungen, die förderlich erscheinen. Welche Freunde wähle ich? Welche Schule besuche ich? Sie können die Erweiterung der eigenen Kompetenzen, die in Hinblick auf das Ziel nützlich erscheinen, betreffen. (Verfüge ich über ausreichende Kenntnisse, körperliche Bedingungen, psychische Kraft, usw.?)
3. *Operatives Selbstmanagement* bezieht sich auf die Umsetzung von Strategien in konkretes situationsgerechtes Handeln. (Wie effektiv ist mein Arbeitsverhalten? Wie bestimmend sind Lust- und Unlustgefühle für die Ausführung meiner Handlung? Wie gehe ich mit Stress um?)
4. *Ad-hoc-Selbstmanagement* bezieht sich auf die Rückgriffsmöglichkeiten auf ein breitgefächertes Handlungsrepertoire, auf geschaffene Wissens- und Erfahrungsbestände, die ein situationsangemessenes, spontanes, intuitives Verhalten ermöglichen.

2.3   Förderliche Bindungserfahrungen

Kinder brauchen förderliche verlässliche feinfühlige Bezugspersonen für die Entwicklung ihres »eigensinnigen« Selbst. Ein Indiz für eine gelungene Entwicklung des »Selbst« ist die Fähigkeit den eigenen Lebenssinn selbst zu schöpfen. Auf ihm beruht das Urvertrauen zum Leben. Er unterstützt das Gefühl in die Kontinuität des Lebens und beugt dem Gefühl der Hoffnungslosigkeit bezogen auf die Realisierung eines eigenständigen sinnvollen Lebens vor. Auf der Basis der sicheren Beziehungserfahrungen entstehen die Fähigkeit zur Selbstorganisation und die Fähigkeit zur Verknüpfung des »Selbst« mit der Umwelt. Kinder, die sich sicher gebunden fühlen, wirken effektiv in ihre Umwelt ein und erleben sich in der Wechselwirkung als eigenständig und initiativ. Diese Möglichkeit fördert ihrerseits die Entwicklung des Kohä-

---

[8]   Duden, Band 8, Sinn- und sachverwandte Wörter, Mannheim/Leipzig/Wien/ Zürich 1997.
[9]   Vgl. *Dietmar Hansch*, Erfolgsprinzip Persönlichkeit, Heidelberg 2006.

renzsinns, der eine Voraussetzung ist, um die gegebene Freiheit in der enttraditionalisierten Gesellschaft entwicklungsfördernd zu gestalten und um den ständigen gesellschaftlichen Umstrukturierungen psychische Stabilität und Ambiguitätstoleranz entgegenzubringen.

Eine wesentliche Voraussetzung für die Entwicklung des Kohärenzsinns und der Fähigkeit zum Selbstmanagement ist die Erfüllung der elementaren Bedürfnisse von Kindern. Schon seit den Untersuchungen von René Spitz[10] ist bekannt, dass die Befriedigung der physischen Grundbedürfnisse wie Hunger, Durst, körperliche Hygiene, Schutz vor Kälte und Wärme nicht ausreicht, sondern die Befriedigung der psychischen Grundbedürfnisse durch verlässliche und liebevolle Beziehungen für eine gelungene Entwicklung notwendig ist.

Die Bindungstheorie geht davon aus, dass der Säugling über ein biologisch angelegtes Verhaltenssystem verfügt, das lebenserhaltend für ihn ist. Säuglinge haben die angeborenen Bestrebungen sich mit anderen Personen und ihrer Umwelt verbunden zu fühlen und in diese Umwelt effektiv einwirken zu wollen, um sich selbst dabei als autonom und initiativ zu erfahren. Säuglinge haben grundlegende Entwicklungsbedürfnisse:

– Das Bedürfnis nach Zugehörigkeit: Sie möchten ihren Platz haben, sich verbunden fühlen mit anderen Menschen.
– Das Bedürfnis nach Schutz und Geborgenheit
– Das Bedürfnis nach Kontakt: Sie möchten wahrgenommen werden und Aufmerksamkeit erhalten.
– Das Bedürfnis nach Bestätigung: Sie möchten ermutigt, unterstützt und gelobt werden.
– Das Bedürfnis die Welt zu begreifen: Sie möchten sie erkennen, sie erobern und erfolgreich in sie einwirken.
– Das Bedürfnis nach kooperativen Austauschbeziehungen: Sie möchten mit anderen zusammen sein, gemeinsam mit ihnen etwas tun.[11]

Die Autoren gehen weiter davon aus, dass Kinder irritiert und auffällig reagieren, wenn deren Grundbedürfnissen nicht entsprochen wird. Die Bindungstheorie weist auf die Bedeutung der Qualität der frühen Bindungserfahrungen für die psychische Entwicklung hin und beschreibt die Wirkung dieser Erfahrungen auf die Entwicklung des Menschen. Eine sichere Bindung bildet die Grundlage für die Fähigkeit stabile und intime Beziehungen zu anderen Menschen im Leben aufzubauen und aufrecht zu erhalten.[12]

---

10 *René Spitz*, Untersuchungen von 1945.
11 Vgl. *Mia Kellmer-Pringel*, The Needs of Children Hutchinson, London 1997.
12 *D. Glaaser / J. Heeren,* Theorie der Bindung www.uni-bielefeld.de/paedogogik/ Seminare/moeller02/07bindung2/sub/indea2.html, Abrufdatum: 6.12.2008, 18 Uhr.

Die Bindungstheorie wurde von dem britischen Psychiater John C. Bowlby[13] entwickelt und in langjähriger Zusammenarbeit mit der kanadischen Psychologin Mary S. Ainsworth[14] empirisch erhärtet. Bowlby vertrat die Auffassung, dass die spätere Entwicklung des Kindes durch die frühkindlichen Erlebnisse in der Beziehung zu den frühen Bezugspersonen bestimmt wird. Er sieht in dem Bedürfnis nach Bindung das angeborene Grundbedürfnis eines jeden Menschen sich verstanden zu fühlen in einer engen, von intensiven Gefühlen getragenen verlässlichen, d.h. zeitlich stabilen und nicht austauschbaren Beziehung. Innerhalb der ersten Lebensmonate entwickelt sich das Bindungsverhalten des Kindes, das zunächst unspezifisch ist und sich dann nur noch auf wenige Bezugspersonen richtet. Zu meist ist die biologische Mutter die primäre Bezugsperson. Es können aber auch andere Personen, die eine enge Beziehung zum Kind aufbauen, als Bindungsperson in Frage kommen.

Eine gelungene Beziehung zwischen dem Erwachsenen und dem Kind zeichnet sich durch Feinfühligkeit der Bindungsperson aus. Feinfühligkeit bedeutet, dass die Bezugsperson fähig ist, sich in die Lage des Kindes zu versetzen, es als eigenständige Person mit eigenen Bedürfnissen wahrnimmt und es anerkennt, sowie seine Absichten erkennt und auf diese vorhersehbar und angemessen reagiert.[15] Es geht dabei deutlich um mehr als ausschließlich um die materielle und funktionale Versorgung des Kindes. Es geht um die Kongruenz der unterschiedlichen Verhaltensebenen der Bezugsperson, des mimischen, des gestischen Verhaltens, dem Klang der Stimme, der Körperhaltung und der Körperbewegung im Bezug zum Kind. Wird die Pflegeperson als zuverlässige Bindungsperson wahrgenommen, die kompetent auf die Bedürfnisse des Kindes eingeht, wird sie vom Kind als sichere Basis der eigenen Selbstentwicklung wahrgenommen. Kompetent bedeutet, dass die Bezugsperson die Signale des Säuglings ohne Verzerrung durch eigene Bedürfnisse und Wünsche wahrnimmt und die altersgemäße Frustrationsspanne des Kindes bei dem Kontaktaufbau berücksichtigt. Bindungsverhalten ist ein interaktionistisches Geschehen. Eltern und Bezugspersonen müssen lernen, Signale des Kindes richtig zu interpretieren und auf das gezeigte Verhalten des Kindes entsprechend zu reagieren. Das Verhalten des Kindes wirkt sich dabei natürlich auch auf die Reaktion der Bezugsperson aus. Negative Bindungserfahrungen können daher nicht ausschließlich dem Fehlverhalten der primären Be-

---

[13] Vgl. *John Bowlby*, Bindung: Eine Analyse der Mutter-Kind-Bindung, München 1975.

[14] Vgl. *Mary Ainsworth*, Feinfühligkeit versus Unempfindlichkeit gegenüber Signalen des Babys, in: *K.E. Grossmann* (Hg.) Entwicklung der Lernfähigkeit in der sozialen Umwelt (Geist und Psyche, 98–107) München 1997.

[15] *D. Glaaser / J. Heeren*, Theorie der Bindung www.uni-bielefeld.de/paedogogik/ Seminare/moeller02/07bindung2/sub/indea2.html, Abrufdatum: 6.12.2008, 18 Uhr.

zugsperson zugeschrieben werden. Die individuelle Verhaltensbereit-schaft des Säuglings als kindlicher Beitrag zum interaktionalen Geschehen muss berücksichtigt werden.[16] Dieses Phänomen verdeutlicht die Bedeutung, die dem pränatalen Erleben des Kindes zuzumessen ist.[17] Eine gelungene Interaktion zwischen Bezugsperson und Kind ist die Grundlage einer tiefen Beziehung zwischen beiden und sorgt für die Herausbildung sichere Beziehungserfahrungen.

Neben dem Bindungsbedürfnis ist die kindliche Entwicklung durch sein Explorationsbedürfnis geprägt. Beide, Bindungsverhalten und Explorationsverhalten, stehen komplementär zueinander. In bekannten ungefährlichen Situationen, in denen sich das Kind sicher fühlt, wird das Explorationsverhalten gegenüber dem Bindungsverhalten überwiegen. Im Gegensatz dazu überwiegt der Wunsch nach Bindung bei Unsicherheit. In solchen Situationen wird die Nähe zur Bindungsperson vom Kind aktiv gesucht. Die sichere Bindungsbeziehung ist damit die Voraussetzung für die Entwicklung zweier wichtiger psychischer Grundbedürfnisse des Kindes, nämlich Autonomie und Kompetenz.[18]

Aus vielen Untersuchungen ist bekannt, dass ein sicheres Bindungsmuster ein Schutzfaktor für die Entwicklung des Kindes ist. Es reagiert mit größerer psychischer Widerstandskraft auf belastende Situationen. Ainsworth unterscheidet zwischen vier Bindungsqualitäten: der sicheren, unsicheren-vermeidenden, unsicher-ambivalenten und unsicher-desorganisierten / desorientierten Bindung.[19] Das unterschiedliche Bindungsverhalten der Bezugsperson führt zu unterschiedlichen Beziehungserfahrungen des Kindes. Auf der Grundlage der erfahrenen Bindungsmuster entwickelt das Kind spezifische innere Modelle von Bindungen. Bowlby spricht von »inneren Arbeitsmodellen«.[20] Er sieht in ihnen die individuellen und unbewussten mentalen Repräsentationen des »Selbst«, die es dem Individuum ermöglichen sich in der Welt zu orientieren, sie wahrzunehmen, sie zu deuten und auf die Zukunft gerichtete Handlungen zu entwerfen. Die erfahrenen Beziehungsmuster strukturieren die Wahrnehmung, die Reflexion und die Handlung des Kindes. Kinder mit unsicheren Bindungserfahrungen zeigen sich weniger kompetent, soziale Konfliktsituationen zu regeln. Sie reagieren weniger prosozial, zeigen aggressivere Verhaltensweisen gegenüber Gleichaltrigen, haben weniger Freundschaftsbeziehungen und leben

---

16 Vgl. *Karl-Heinz Brisch*, Bindungsstörungen – Von der Bindungstheorie zur Therapie, Stuttgart 1999, 49.
17 *Alessandra Piontelli*, Vom Fetus zum Kind, Stuttgart 1996.
18 Vgl. *Fabienne Becker-Stoll / M. Textor* (Hg), Die Erzieherinnen-Kind-Beziehung. Zentrum von Bildung und Erziehung, Mannheim 2007/2008.
19 Vgl. *Fabienne Becker-Stoll / M. Textor* (Hg), Die Erzieherinnen-Kind-Beziehung. Zentrum von Bildung und Erziehung, Mannheim 2007/2008, 23.
20 Vgl. *John Bowlby*, Bindung: Eine Analyse der Mutter-Kind-Bindung, München 1975.

daher eher isoliert. Bei unbearbeiteten traumatisch erlebten Bezie-
hungsereignissen – wie Vernachlässigung, Missbrauch, Misshandlung,
Verlust einer Bezugsperson – können starke Inkohärenzen auftreten
und im Verhalten dieser Personen dissoziale Phänomene beobachtet
werden. Kinder mit sicheren emotionalen Bindungserfahrungen zeigen
hingegen größere Empathiefähigkeit, sind kreativer bei Leistungsan-
forderungen, zeigen bessere kognitive Fähigkeiten und mehr Bewälti-
gungsmöglichkeiten bei schwierigen Situationen.
Neben den beschriebenen Mustern der Bindungssicherheit bzw. Bin-
dungsunsicherheit benennt die Bindungsforschung ausgeprägte Auffälligkeiten insbesondere psychosomatische Störungen, Aufmerksam-
keits- und Konzentrationsstörungen sowie normenverletzendes Verhalten von Kindern und Jugendlichen, die auf Bindungsstörungen zurückzuführen sind.[21] Mit Menschen dieser Personengruppe beschäftigen
sich therapeutische und soziale Fachleute. Sie sollten bei der Ausgestaltung der fachlichen Hilfe die evtl. verdeckten Beziehungswünsche
hinter dem gezeigten auffälligen Verhalten beachten. Bezugspersonen
und Fachleute handeln selbst vor dem Hintergrund ihrer eigenen Beziehungserfahrungen. Sie benötigen die Möglichkeit zur Selbstreflexion. Insbesondere Bezugspersonen mit traumatischen Bindungserfahrungen benötigen fachliche Hilfe, um ihre Aufgaben wahrzunehmen.
Die Ergebnisse der Bindungsforschung verdeutlichen die Notwendigkeit eines zuverlässigen, flexiblen und interessierten Engagements der
frühen Bezugsperson für die Entwicklung des Kindes. Es ist eine wesentliche Voraussetzung, das Bindung- und Explorationsbedürfnis des
Kindes zu fördern. Die Interaktion zwischen Bezugsperson und ihren
Kindern und Jugendlichen muss so gestaltet sein, dass die psychischen
Bedürfnisse nach Bindung, Kompetenz und Autonomie befriedigt
werden. Durch das erlebte interaktionistische Verhaltensmodell lernen
Kinder und Jugendliche die Fähigkeit des Aushandelns von Regeln,
Grundwerten, usw., die notwendig sind, ihre eigene Lebensplattform
im sozialen Miteinander zu formen.

2.4 Verfügbarkeit über Ressourcen

Menschen sind nach systemtheoretischen Annahmen Lebewesen, die
aufgrund vielfältiger energetischer und stofflicher Austauschbeziehungen ihrer personalen Elemente untereinander und zur Umwelt lebens-
fähig sind. Ressourcen sind daher für die Bewältigung alltäglicher Lebensaufgaben von zentraler Bedeutung. Was eine Ressource ist, kann
aus unterschiedlichen Richtungen definiert werden. Sie kann vom Individuum selbst definiert werden. Je nach persönlicher Stimmung, in-

---

[21] Vgl. *Karl-Heinz Brisch*, Bindungsstörungen – Von der Bindungstheorie zur
Therapie, Stuttgart 1999.

dividuellen Zielen und Werten wird mögliches vorhandenes Potential zur Ressource. Ressourcen werden aber auch definiert aufgrund von Bewertungen, die den einzelnen Merkmalen gesellschaftlich zugeschrieben werden sowie von dem Ergebnis der Aufgabe, die es zu erledigen gilt. Ein Kriterium der Bewertung kann z.b. deren Beitrag zur Bewältigung von »Leben« sein. (Sind die Ergebnisse eher lebenserhaltend/lebensverbessernd oder lebenseinschränkend/lebensbedrohend?) Ressourcen kommen aus den unterschiedlichen Wirklichkeitssphären des Menschen. Es können intrapersonelle, interpersonelle und externe Ressourcenquellen differenziert werden. Zu den intrapersonellen Quellen zählen der Organismus mit seiner biochemischen Steuerung, das psychische (Selbstwert) und kognitive (Bildung, Wissen, Intelligenz) System der Persönlichkeit.

Interpersonelle Beziehungen können zur Ressource werden. Die Bindungstheorie weist explizit darauf hin, dass der Mensch ein soziales Wesen ist. Er ist angewiesen auf die Zugehörigkeit zu sozialen Systemen, in denen er handelnd interagiert. Er benötigt soziale Ressourcen für eine souveräne Lebensführung. Es sind verlässliche Strukturen erforderlich. Diese müssen dem Entwicklungsstand des Kindes angemessene Herausforderungen, Hilfestellungen und Wahlmöglichkeiten beim Erwerb neuer Verhaltensstrategien beinhalten, sowie die Autonomie des Kindes unterstützen und schützen. Um sich als Regisseur/ Regisseurin der eigenen Lebenswelt zu erfahren ist die Verknüpfung und Einbindung in soziale Netze und deren Nutzung erforderlich.

Neben den Kategorien der intra- und interpersonellen Ressourcen sind als externe Quellen von Ressourcen das kulturelle System zu nennen, ein durch Werte und geistige Ideen bestimmtes System, daneben auch materielle Ressourcen. Die Fähigkeit zur Selbstorganisation kann nicht gelingen, wenn keine materiellen Sicherheiten, etwa in Form von Geld, Arbeit, Wohnung, Absicherungen in Krisen und technische Hilfsmittel, gegeben sind.

Im Zentrum Sozialer Arbeit stehen insbesondere Menschen aus unterprivilegierten sozialökonomischen Lebensverhältnissen. Sie verfügen im Vergleich zu sozioökonomisch besser gestellten Menschen über folgende Merkmale:

- weniger psychosoziales Wohlbefinden
- mehr körperliche Beschwerden und ernsthafte langjährige Krankheiten
- mehr psychosomatische und psychiatrische Auffälligkeiten
- niedrigeres Selbstwertgefühl
- mehr Gefühle der Hilflosigkeit und weniger Erfolge in sozialen Situationen
- weniger Zukunftsorientierung
- mehr Beziehung- und Familienprobleme
- schlechtere Arbeitsbedingungen

– schlechtere Wohnbedürfnisse
– mehr finanzielle Probleme[22]
Aus den empirischen Untersuchungen von Bowenkamp geht weiter
hervor, dass diese Probleme mit einem grundlegenden Zweifel verknüpft sind, selbst Einfluss auf den eigenen Lebenslauf nehmen zu
können. Diese Menschen sind bei der Suche nach Problemursachen
nicht nach innen orientiert. Sie vertreten zumeist die Überzeugung,
dass nicht das eigene Verhalten mit Ursache für ihre Probleme ist. Sie
zeigen sich überwiegend extern orientiert und sehen sich zumeist als
Opfer unkontrollierbarer Umwelteinflüsse.

3. Bearbeitung von Systemdysfunktionalitäten durch systemisch
    begründete Soziale Arbeit

Soziale Arbeit hat entsprechend ihrer professionellen Selbstdefinition
durch die Internationale Föderation of Social Workers als ihre originä-
re Aufgabe festgelegt, Menschen bei der Lösung sozialer Probleme zu
unterstützen. Soziale Systeme bestehen aus Kommunikation, die bezogen auf die Entwicklung und Erhaltung des Sinns des Systems organisiert sein muss, wenn sie funktional sein will. Entsprechend werden
funktionale und dysfunktionale Kommunikation unterschieden. Die
Bindungstheorie beschreibt feinfühliges Verhalten als funktional. Soziale Arbeit bezieht sich auf dysfunktionale Systeme. Sie unterscheidet
Systemdysfunktionalitäten.
– Funktionsausfall – Eine Funktion fällt aus, die notwendig ist, wenn
  der Zweck des Systems erfüllt werden soll. Es mangelt an förderli-
  chen Interaktionen zwischen den Systemangehörigen.
– Fehlfunktion – Das System erfüllt nicht den vom Systemsinn herzu-
  leitenden Systemzweck, weil entscheidende Systemangehörige
  nicht funktional handeln.
– Funktionskonflikt – Systemangehörige handeln gegeneinander. Es
  entsteht ein systeminterner Konflikt, der bewirkt, dass die System-
  entwicklung blockiert ist.[23]
Ihr Ziel der Sozialen Arbeit ist, soziale Problemsysteme bei der Entwicklung funktionaler Kommunikationsstrukturen zu unterstützen.
Beim Problemlösungsverhalten nimmt Soziale Arbeit vier Funktionen
wahr:[24]
– Mediatorische Funktion – Die Fachkraft vermittelt zwischen Angehörigen sozialer Systeme oder zwischen Sozialsystemen.

---

22 Vgl. *Roul Bouwkamp*, Kontext 36,2, Göttingen 2005, 150–165.
23 Vgl. *Peter Lüssi*, Praktisches Lehrbuch der Sozialberatung, Bern 1995.
24 Vgl. ebd.

- Kompensatorische Funktion – Die Fachkraft gleicht Mängel aus, die den Charakter sozialer Not aufweisen sie vermittelt mediatorisch zwischen Systemen.
- Protektive Funktion – Die Fachkraft vertritt eine Person gegenüber anderen Personen oder Institutionen, um die zu vertretende Person zu schützen.
- Motivatorische Funktion – Die Fachkraft unterstützt die Problembeteiligten ihre Lösungsvorstellungen umzusetzen. Sie wird, wenn es erforderlich, problemrelevante Dritte in den Lösungsprozess einbeziehen.

Soziale Arbeit ist ein gesellschaftlich etabliertes Funktionssystem und hat deshalb auf die Folgen gesellschaftlichen Wandelns zu reagieren. Gleichzeitig ist Soziale Arbeit aber auch selbst von diesem gesellschaftlichen Wandel betroffen. Phänomene der Differenzierung der Lebensverhältnisse, Individualisierung, Globalisierung betreffen gleichermaßen das Zusammenleben der Menschen untereinander sowie die Funktionsbestimmung gesellschaftlicher Institutionen. Dadurch, dass vereinbarte traditionelle Werte und Normen mehr und mehr verloren gehen, kann Soziale Arbeit nicht auf gesellschaftlich anerkannte Normen bei der Funktionserfüllung zurückgreifen. Die Situationen, denen sich Soziale Arbeit gegenüber gestellt sieht, sind auch hier mehrdeutiger und ambivalenter geworden. Sozialarbeiter/Sozialarbeiterinnen können nicht, wie es häufig von ihnen erwartet wird, funktionalistisch normativ vorgehen, sondern müssen im Prozess der Hilfe die jeweiligen für den Einzelfall gültigen Regeln und Situationskonstruktionen aushandeln. Das verlangt von Sozialarbeitern/Sozialarbeiterinnen die Bereitschaft zum Dialog, die Fähigkeit unterschiedlicher Wirklichkeitskonstruktionen anzuerkennen sowie die Fähigkeit, mit diesen unterschiedlichen Wirklichkeitskonstruktionen umgehen zu können. Sie wissen, dass instruktive Interventionen unwirksam sind. Um die Notwendigkeit des reflexiven Handelns zu steigern und um die Abhängigkeit der Klienten vom Sozialarbeiter zu verringern, bedarf es im Arbeitsfeld Zeit, Möglichkeiten kollegialer Zusammenarbeit und Coproduktionsstrukturen zwischen den Trägern der Sozialen Arbeit bei der Entwicklung individueller Hilfen sowie Supervision und Coaching. Mit Hilfe dieser Unterstützungssysteme ist es ihnen eher möglich, den Zwiespalt des Auftrags der Sozialen Arbeit zwischen Verändern/Helfen/Unterstützen/Aushandeln und Disziplinieren/Kontrollieren zu reflektieren.

Aufgrund des gesellschaftlichen Wandels ist die Arbeit der Sozial Arbeit differenzierter geworden. Die Theoriebildung der Sozialen Arbeit hat sich jedoch nicht angemessen entwickelt.[25] In dieser diffusen Si-

---

[25] Vgl. *Wolf Ritscher*, Systemische Modelle für die Soziale Arbeit, Heidelberg 2002.

tuation scheint es nicht zu überraschen, dass Sozialarbeiter/Sozial-
arbeiterinnen auf gesicherte Verfahren zurückgreifen. Sie verstärken
entweder die Normenkontrolle oder richten ihr Handeln an psychothe-
rapeutische Verfahren aus. So hat auch neben anderen psychologischen Verfahren die familientherapeutische Denkweise in die sozialar-
beiterische Praxis Einzug gehalten. Doch die Anwendung systemischer
Konzepte in der Sozialen Arbeit kann nicht gleichbedeutend sein mit
der Durchführung therapeutischer Sitzungen. In der Sozialen Arbeit
sind die Menschen nicht nur als besser oder schlechter kommunizie-
rende Bedeutungsträger zu sehen, wie es systemisch-konstruktivistische Beratungsansätze vertreten, sondern als Besitzende und Nicht-
Besitzende, als Inhaber von Status und Rollen, als gesellschaftlich integrierte oder ausgeschlossene Personen. Es sind Schritte in Richtung
einer systemisch begründeten Sozialen Arbeit erforderlich.

HANS-JÜRGEN BALZ

Gelungene Entwicklung trotz prekärer Lebenslagen – Das Resilienzkonzept in der Jugend- und Familienhilfe

1. Einleitung

In der institutionellen Jugend- und Familienhilfe begegnen sich der Unterstützungsauftrag des Gesetzgebers für Eltern und ihre Kinder mit dem Schutzauftrag zur Sicherung fördernder Entwicklungsbedingungen für Kinder und Jugendliche. Das Handeln der Mitarbeiterinnen und Mitarbeiter findet so im Spannungsfeld zwischen den Wünschen der Erziehungsberechtigten, ihrer Kinder und dem öffentlichen Interesse an Erziehung und Familie statt.

Auf der Ebene ethischer Prinzipien treffen sich hier der Grundsatz der Autonomie der Klienten und das Prinzip der Fürsorge. Einerseits gilt es dem Recht der Eltern und ihrer Kinder auf ein selbstbestimmtes Leben, andererseits dem fürsorglichen Auftrag der Öffentlichkeit (z.B. Schutz des Kindeswohls) zu entsprechen. Für die Frage der Interventionen spiegelt sich dies im Verhältnis von Eigen- und Fremdlösungen wider, Eigenlösungen als die Strategien der Klienten durch eigene Bemühungen zur Lösung beispielsweise von schulischen Leistungen- oder Erziehungsproblemen zu gelangen. Daneben werden auf der Basis gesetzlicher Grundlagen und professioneller Standards Interventionen des Jugendamtes vorgehalten. Damit sind die verschiedenen Maßnahmen der Kinder- und Jugendhilfe (z.B. Hilfen zur Erziehung) gemeint, im Sinne der gemachten Unterscheidung Fremdlösungen der Institutionsvertreter.

Bei der Unterscheidung in Eigen- und Fremdlösung handelt es sich um eine analytische Trennung, die an der Ausgangsmotivation, dem Problemverständnis und den Handlungszielen anknüpft bzw. dem entspringt. Keinesfalls muss dies zu einer prinzipiellen Unvereinbarkeit der Handlungsstrategien führen. Auch ist damit keine Bewertung der Rechtmäßigkeit und Wirksamkeit der Interventionen getroffen. Dennoch erscheint es lohnenswert beide Seiten der Lösungswege genauer zu betrachten, die Fragen ihres Ursprungs, der Vereinbarkeit bzw. Konfliktträchtigkeit sowie der wechselseitigen Aufeinanderbezogenheit zu erörtern.

In der Arbeit mit Kindern und Jugendlichen (z.B. in der Jugendhilfe) lässt sich beobachten, dass es einigen trotz belastender Lebensbedingungen gelingt, davon unbeschadet eine normale persönliche Entwicklung zu nehmen. Dieses Phänomen wird in der *Resilienzforschung* untersucht. Der Begriff geht auf das englische Wort »resilience« gleich Strapazierfähigkeit, Elastizität, Spannkraft zurück und beschreibt »(...) eine psychische Widerstandsfähigkeit von Kindern gegenüber biologischen, psychischen und psychosozialen Entwicklungsrisiken«[1]. Dieses Vermögen ist bei jeder Person und je nach den gestellten Entwicklungsanforderungen unterschiedlich ausgeprägt. Es handelt sich hier um – im Sinne der Zielsetzung einer gelingenden Entwicklung – wirksame Eigenlösungen. Können Fachkräfte der Sozialen Arbeit für ihre Arbeit von ihren Klienten, dies sind resiliente und zahlreicher noch nichtresiliente Kinder, Jugendliche und ihre Familien, etwas über den Umgang mit prekären Lebenslagen lernen?

Das Verhältnis von Eigen- und Fremdlösung bekommt im Kontext der Zukunftsdiskussion der Familienhilfe ihre Bedeutung, da im Kinder- und Jugendhilfegesetz (KJHG, jetzt SGB VIII) die Nutzerrechte (verglichen mit dem vorher gültigen Jugendwohlfahrtsgesetz) gestärkt sind und von einem »Partnerschaftskonzept« zwischen Klienten und professionellen Helfern ausgegangen wird.[2] Um in dieser Situation jedoch nicht unreflektiert Eigen- und Fremdlösungen nebeneinander zu stellen und in die konservative Politik von der Selbstverantwortung einzustimmen, ist die Analyse gelingenden Eigenlösungen auf einer empirischen Basis notwendig.

In dem vorliegenden Beitrag möchte ich mich schwerpunktmäßig mit den Eigenlösungen der Klienten und ihrer Anschlussfähigkeit an und Vereinbarkeit mit professionellen Hilfen, sowie dem in den Eigenlösungen liegenden Lernchancen für die professionellen Helfer beschäftigen. Dazu wird das kategoriale und semantische Verhältnis von Problem und Lösung betrachtet und das Konzept der Resilienz hierauf bezogen. Abschließend gilt es das Resilienzkonzept im Spannungsfeld von Eigen- und Fremdlösungen kritisch zu diskutieren und für die Praxis des Hilfeprozesses nutzbar zu machen.

2. Probleme als Lösungsversuche

Der Beginn eines professionellen Hilfeprozesses ist immer mit der Beschreibung von Problemen, Defiziten und Änderungswünschen verbunden. Klienten, die ihr Familienleben beim Erstkontakt in positiven Farben und als glücklich und erfüllend beschreiben, würden die Bera-

---

1　Zitiert nach *Corinna Wustmann*, Die Blickrichtung der neueren Resilienzforschung. Wie Kinder Lebensbelastungen bewältigen, Zeitschrift für Pädagogik, 51 (2005), 192–206.
2　Vgl. hierzu *Viola Harnach*, Psychosoziale Diagnostik in der Jugendhilfe, Stuttgart ⁵2007, 14f.

ter hilflos und recht schnell überflüssig machen (und dann wohl auch bald verlieren). Insofern stehen am Beginn von Hilfeprozessen Problemerörterungen.

Im lösungsorientierten Beratungsansatz[3] gehört es zu den beraterischen Grundsätzen, die Klienten nach den in der Vergangenheit liegenden Anstrengungen zur Beseitigung des Problems (Eigenlösungen) zu fragen. Wenn Beraterinnen/Berater danach fragen, so fußt dies auf einigen Annahmen über das Wesen von Problem und Lösung. Bei den folgenden Ausführungen lasse ich mich von diesen Grundannahmen leiten:[4]

a) Verhalten ist immer motiviert (z.b. Streben nach Selbsterhaltung, Erlangung von Autonomie),

b) Menschen haben ein begrenztes Repertoire für Problemlösungen,

c) ein Symptom stellt ein wiederholt gezeigtes Verhalten dar,

d) jedes Symptom hat einen gesellschaftlich unerwünschten und/oder vom sozialen Umfeld unerwünschten Bestandteil (z.b. Selbst- oder Fremdgefährdung) und einen energetischen und intentionalen Teil (z.B. Reduktion des Leidens).

Ältere familientherapeutische Konzepte gehen davon aus, dass Probleme in Systemen erzeugt und Problemverhalten beibehalten wird, um ein bis dahin bestehendes und durch aktuelle Ereignisse bedrohtes Gleichgewicht (Homöostase[5]) zu erhalten. So kann beispielsweise die Geburt eines Kindes für einzelne Familienmitglieder eine als bedrohlich empfundene Veränderung bedeuten. Das ältere Geschwisterkind empfindet möglicherweise die Aufmerksamkeit für das Neugeborene und die geringere Zuwendung für sich als bedrohlichen Verlust und wird um die Aufmerksamkeit der Eltern bemüht sein. Ob dies nun auf eine sozial akzeptierte Weise geschieht oder es zur Ausbildung von Symptomen (z.B. erneutes Einnässen/Einkoten; Aggression gegen das Neugeborene) kommt, hängt von den erzieherischen Kompetenzen der Eltern und der Persönlichkeit des Kindes sowie seiner Problemlösekompetenz ab. Für das Kind, das die beschriebenen Symptome ausbildet, ist das von den Eltern als Problem beschriebene Verhalten die Lösung bzw. ein bestmöglicher Lösungsversuch (im Sinne der eigenen Bedürfnisse).

Besondere Herausforderungen für das familiäre Gleichgewicht stellen biographische Übergänge (z.B. die Einschulung, das Jugendalter) und die Veränderung der inneren Struktur der Familie (z.B. Geburt eines

---

3 Einen guten Überblick zu diesem Ansatz geben: *John L. Walter / Jane E. Peller*, Lösungs-orientierte Kurzzeittherapie, Dortmund 2005, sowie *Günther G. Bamberger*, Lösungsorientierte Beratung. Praxishandbuch, Weinheim ³2005.
4 Zur beziehungsgestaltenden Kraft von Symptomen s. auch *Klaus Mücke*, Probleme sind Lösungen, Potsdam 2001, 35.
5 Zum Begriff der Homöostase s. auch *David J. Krieger*, Einführung in die Allgemeine Systemtheorie, Stuttgart 1996, 26.

Kindes, eine lebensbedrohliche Erkrankung) dar. Symptome in diesem
Sinne sind ein Versuch die in Frage gestellte Funktionsfähigkeit oder
die Identität der Familie zu erhalten bzw. wiederherzustellen. »Sym-
ptomatisches Verhalten hat oft einen Doppelcharakter: es ist zum
Problem geworden und zugleich zur Lösung. Es verursacht Leiden und
verhindert zugleich anderes (als von den Beteiligten als noch schlim-
mer phantasiertes) Leid«.[6]
Symptome besitzen – jenseits der gesellschaftlichen Bewertung – eine
(persönliche) Bedeutung für die Systemmitglieder. Die Aufrechterhaltung des Symptoms kann einen psychologischen »Gewinn« bringen
(z.b. Entlastung, Sich-nicht-ändern-müssen). So organisieren sich das
soziale Leben und die Interaktion um das Symptom »herum«. In diesem Sinne entsteht ein »Unterstützungssystem« meist bestehend aus
Familie und professionellen Helfern. Insbesondere bei lang andauern-
den Symptomen werden die Helfer in den »erweiterten Familienkreis«
aufgenommen, sie ersetzen ein kleiner werdendes Beziehungsnetz.
Indem die Interaktion der Familie um das Symptom »herum« organisiert wird, bekommt der »Symptomträger« Einfluss und Macht. In Abhängigkeit von seinem Eigenempfinden (z.B. Stärke der Migräne;
Ausmaß des Wutausbruchs) sind die anderen Familienmitglieder zu
Rücksichtsnahme und anderen Formen des Problemlösungsverhaltens
aufgefordert.
Ein derartiges Muster in familiären Beziehungen wird im Konzept der
Triangulation beschrieben.[7] Ausgangspunkt ist dabei eine konflikthafte
Zweierbeziehung. Bei der Suche nach Problemlösungen wird von den
Beteiligten eine dritte Person einbezogen. Durch diese Person wird
(bewusst oder unbewusst) versucht den Konflikt zu entschärfen oder
aber zu verdecken. Salvador Minuchin, Bernice Rosman und Lester
Baker[8] beschrieben diese Konstellation als »starre Triade« und untersuchten diese am Beispiel der Anorexia Nervosa (Magersucht). Zu einer Triangulation kann es kommen, wenn die Eltern bei einem Ehe-
partnerkonflikt versuchen die Kinder für sich zu gewinnen und von
ihnen Unterstützung gegen den anderen Elternteil zu bekommen. Die
Kinder geraten dadurch in einen Loyalitätskonflikt, möglicher Ausgangspunkt für Rollen- und Selbstunsicherheit. In der Triangulation ist
der Lösungsversuch der Eltern der Ausgangspunkt für das Problem. In
diesem Sinne wäre die Lösung das Problem.
Das Verschwinden dieses Unterstützungssystems nach Lösung des
Eingangsproblems kann für einzelne Familienmitglieder als Verlust

---

6   *Arist von Schlippe / Jochen Schweitzer*, Lehrbuch der systemischen Therapie
und Beratung, Göttingen [10]2007, 109.
7   Zum Begriff der Triangulation s. *Fritz B. Simon / Helm Stierlin*, Die Sprache
der Familientherapie. Ein Vokabular, Stuttgart [2]1992, 366f.
8   *Salvador Minuchin / Bernice L. Rosman / Lester Baker*, Psychosomatic families: anorexia nervosa in context, Michigan 1978.

empfunden bzw. sogar als bedrohlich erlebt werden (z.b. Rollenunsicherheit, Einsamkeit).

Weitere Beispiele für die beziehungsgestaltende Kraft von Symptomen sind:

- eine an Migräne erkrankte Frau kann sich bei Symptom-Präsenz leichter vor (aus ihrer Sicht) unangemessenen Erwartungen von Familienangehörigen »schützen«.
- der 35-jährige Psychotiker, der bei seinen Eltern lebt, bleibt den Eltern treu und grenzt sich gleichzeitig ab.

Im Sinne der Ressourcenorientierung stellt sich die Frage, wie sich aus dem Problem der intentionale bedürfnisorientierte Teil ableiten lässt. An den Bedürfnissen, Wünschen und Zielen der Klienten anzusetzen, diese im Dialog herauszuarbeiten und bewusst zu machen, fördert die Chancen für (sozial angepasstere) Kompromisse zwischen Eigen- und Fremdlösungen von Klienten und ihren professionellen Helfern.

Schauen wir uns beispielhaft die Beratungssituation mit einer magersüchtigen Jugendlichen an. Eine ressourcenorientierte Haltung lässt sich in der Frage: Wann hast Du Dich das erste Mal entschieden zu hungern? ausdrücken.

Kommentar:

Das Hungern wird in dieser Frage als aktive Handlung angenommen/ unterstellt und damit als Willensäußerung und Stärke der Jugendlichen. Die Jugendliche ist so selbst Handelnde in der Gestaltung ihres Essverhaltens und nicht das Opfer der Magersucht.

Ausgangspunkt für die Ressourcensuche bildet die Grundhaltung der Beraterin bzw. des Beraters, dass die Klienten mit Ressourcen ausgestattet sind und sie einen Handlungs- bzw. Gestaltungsspielraum im Umgang mit dem benannten Problem haben. Im Gegensatz zur externen normativen Beurteilung von Verhalten wird von dieser Grundhaltung ausgehend versucht, die Bedeutung des Symptomverhaltens zu erschließen.[9] In jedem Verhalten drückt sich eine Intention, ein menschliches Bedürfnis (z.B. nach Anerkennung, nach Selbstverwirklichung) aus.

Weitere Elemente auf dem Weg vom Symptom zum »Ressourcen-Kern« sind:

1) der Bedeutungsgehalt des Symptomverhaltens für die Person und die Familie

(Wie erklären sich die Mitglieder der Familie das Verhalten? Wen stört es am meisten? Wen am wenigsten? Was wäre, wenn das Problem (plötzlich) weg wäre?)

2) die Analyse der beziehungsgestaltenden Kraft des Symptoms

---

[9] Von Milton H. Erickson stammt das Prinzip der Utilisation des Symptoms für die Problemlösung.

(Was hat sich an den Beziehungen in der Familie, seitdem das Problem da ist, verändert? Was haben die einzelnen Familienmitglieder anders gemacht?)

3) das Aufweichen der Bedeutungsgebung für das Symptomverhalten (Wofür steht das Problemverhalten? Welche Bedeutung geben ihm die einzelnen Familienmitglieder? Was könnte es noch bedeuten?)

4) die Erarbeitung neuer Handlungsstrategien zur Realisierung des Motivs bzw. neuer Denkweisen über das (ursprünglich) symptomatische Verhalten.

(Wie könnten die sich im Problem äußernden Bedürfnisse anders befriedigt werden? Welche anderen Handlungen wären noch möglich? Was würden sie dann anders machen/ anders denken / anders fühlen?)

Bei den Klienten der Jugend- und Familienhilfe stehen wir manchmal vor unabänderlichen Lebenssituationen. So wird beispielsweise bei Trennungskindern über Jahrzehnte eine defizitorientierte Perspektive eingenommen, d.h. es wurde die Hypothese von den schädigenden Faktoren auf die kindliche Entwicklung verfolgt. Eileen M. Hetherington und John Kelly[10] fanden demgegenüber in ihrer Untersuchung, dass über zwei Drittel der Kinder nach der belastenden Lebensphase der Trennung zu einer guten Anpassung an die veränderte Lebenssituation finden. Dies bestärkt die Notwendigkeit einer veränderten Sichtweise im Sinne einer Chancen-Risiken-Abwägung unter stärkerer Einbeziehung der Bewältigungsperspektiven.

Bei der Beschreibung der beziehungsgestaltenden Funktion symptomatischen Verhaltens handelt es sich keineswegs um einen Prozess des bewussten Herstellens eines Beziehungsmusters durch eine Person. Dies würde die hier stattfindenden psychischen Prozesse simplifizieren, die Person völlig überhöht mächtig machen und die Gefahr in sich tragen der Person eine »Schuld« (im Sinne des Verursachers) zu geben. Vielmehr handelt es sich um einen interaktionellen Prozess, oft auch ein exploratives Suchen und Erproben von Lösungen, die sich dann pragmatisch im Familienalltag etablieren. Ihre Aufrechterhaltung braucht einen bedürfnisbefriedigenden Charakter für mehr als nur eine Person (z.B. komplementäres Muster aus von einer Person erlebtem Zuspruch und von einer anderen Person erlebten Wichtigkeit als Helfer). Auch müssen diese Beziehungsmuster dazu beitragen, Kernfunktionen des Zusammenlebens in der Familie (s.o.) mehr oder weniger gut zu erfüllen.

Bevor nun auf das Resilienzkonzept eingegangen wird und es dann gilt den Unterschied zwischen ineffektiven und effektiven Eigenlösungen und deren Anschlussfähigkeit an institutionelle Fremdlösungen professioneller Helferinnen bzw. Helfer zu erörtern, soll der aus der Sozial-

---

10 *S. Eileen M. Hetherington / John Kelly*, Scheidung. Die Perspektive der Kinder, Weinheim 2003.

wissenschaft stammenden Begriff prekäre Lebenslage beschrieben und auf seinen beziehungsgestaltenden Gehalt untersucht werden.

3. Zum Begriff der prekären Lebenslage

Wenn von prekärer Lebenslage gesprochen wird, so ist dies ein Sammelbegriff dessen sich soziale Fachkräfte bedienen, um eine Vielfalt von Lebenslagen ihrer Klienten zu beschreiben. Ausgangspunkt ist dabei die Einkommensarmut bzw. eine armutsnahe Lebenslage. Aussagefähige Indikatoren, so die Studie »Familie in prekären Lebenslagen« vom Deutschen Jugendinstitut,[11] sind hierfür die Anzahl der Erwerbstätigen in einer Familie und die Vermögens-Schulden-Bilanz. Insofern markiert der Begriff einen sozialpolitischen Tatbestand. Der Begriff findet Verwendung in der Sozialberichterstattung, im Armutsbericht der Bundesregierung und der Sozialforschung.

Prekäre Lebenslagen lassen sich *normativ* und *funktional* bestimmen. Die normative Bestimmung des Begriffs leitet sich aus gesellschaftlichen Normalitätsvorstellungen ab, d.h. welcher Standard (z.b. von Einkommen, Wohnraum) wird in unserer Gesellschaft als durchschnittlich angesehen und worin bestehen relevante Abweichungen. Dies ist empirisch messbar, wichtiger noch sind jedoch die im politischen Diskurs und in der Gesetzgebung festgelegten Standards. Insofern handelt es sich um einen historisch geprägten und sozialpolitisch abgeleiteten Begriff.

Prekäre Lebenslagen von Familien können andererseits unter funktionalen Gesichtspunkten bestimmt werden, d.h. als Ziel-Mittel-Relation. Als zentrale Funktionen bzw. Ziele von Familie beschreibt Manfred Cierpka die Alltagsbewältigung (insbesondere basale Aufgaben der Sicherung von Ernährung, Gesundheit und Wohnen), die Entwicklungsförderung der Kinder (insbesondere Sicherung altersentsprechender Entwicklung durch Erziehung und Unterstützung) und das intime Zusammenleben (Sicherheit, Affekttoleranz und Regressionsmöglichkeiten). Dies bildet sich auf den verschiedenen interpersonellen Beziehungsebenen von Partnerschaft, Elternschaft, der Ebene der Geschwisterdyade und der Beziehung zur Außenwelt ab.[12]

In der funktionalen Bestimmung braucht es einen Bezug zu den Grundfunktionen der Familie. Zwar ist beispielsweise das Verständnis von Erziehung jeweils nach Kultur und nach sozialer Schicht sehr verschieden, auch gibt es heute keine einheitlichen Standards an denen »richtige« Erziehung sich bestimmen lässt.[13] Dennoch ist eine funktio-

---

[11] 2004 im Band 12 der Reihe DJI-Familiensurvey veröffentlicht.

[12] *Manfred Cierpka*, Handbuch der Familiendiagnostik, Berlin [2]2003, 23.

[13] Vgl. hierzu *Viola Harnach*, Psychosoziale Diagnostik in der Jugendhilfe, Stuttgart [5]2007, 61ff.

nale Bestimmung von Familie eher in der Lage an den von einer Familie selbstgesteckten Zielen anzuschließen. Eine normative Bestimmung prekärer Lebenslagen käme demgegenüber mit aus dem allgemeinen gesellschaftlichen Bezugsrahmen abgeleiteten Normalzuständen aus. Welchen Zugang wählt die Psychologie zum Thema prekärer Lebenslagen? Was ist der psychologische Gehalt von prekären Lebenslagen? Prekäre Lebenslagen bilden ein erhöhtes Risiko für die Bewältigung spezifischer Entwicklungsaufgaben in der Biographie.[14] Dies leitet sich aus einem relativen Mangel an materiellen Ressourcen und einem erhöhten Maß an belastenden Ereignissen (z.b. erhöhtes Konfliktpotential durch beengte Wohnverhältnisse).

Die Frage des subjektiven Leidens ist in diesem Zusammenhang ein zweites und davon getrennt zu betrachtendes Thema. Das Gelingen biographischer Anforderungen wird klassischerweise normativ gemessen, d.h. als Bildungs- und Berufserfolg, Eingehen einer stabilen Partnerschaft/Ehe, dem nicht in Anspruchnehmen von Sozialleistungen, psychischer Gesundheit und Straffreiheit. Daneben gibt es eine subjektive Seite zu der Lebenszufriedenheit, Zufriedenheit mit Partnerschaft, Beruf und Selbstwert gehört. Diese steht in engem Zusammenhang mit dem Erleben von Sinn, Bedeutung und Selbstwert.

Bezieht man die getroffene Unterscheidung zwischen Eigen- und Fremdlösungen auf prekäre Lebenslagen, so sind die institutionellen Fremdlösungen meist normativ bestimmt und in Rechtsbegriffe eingebracht (z.B. der Begriff des Kindeswohls nach § 27 und 8a KJHG). Andere gesetzliche Reglungen zeigen eine stärker funktionale Bestimmung. Dies gilt beispielsweise für die Erziehungsfähigkeit der Eltern, deren Konkretisierung stark von den jeweiligen Zielen in der Erziehung abgeleitet wird.

Es gilt hier also den familien- und entwicklungspsychologischen Gehalt prekärer Lebenslagen genauer zu bestimmen. Eine Linearität im Sinne einer linearen Wirkung von objektiven prekären Lebensumständen auf die Zufriedenheit mit dem eigenen Leben ist nicht zu ziehen. In der Stress- und Krisenforschung sind die Situationseinschätzung (Bedrohung vs. Herausforderung) und die zur Verfügung stehenden Ressourcen und Bewältigungskompetenzen von zentraler Bedeutung.[15] Zur Erörterung des entwicklungspsychologischen Gehalts prekärer Lebenslagen soll nun das Konzept der Resilienz herangezogen werden.

---

[14] In der Psychologie werden die Konzepte Stress, Krise und kritische Lebensereignisse diskutiert. S. *Sigrun-Heide Filipp*, Kritische Lebensereignisse, Weinheim ³1995.

[15] S. dazu auch *Hans-Jürgen Balz*, Prekäre Lebenslagen und Krisen. Strategien zur individuellen Bewältigung, in: *Ernst-Ulrich Huster / Jürgen Boeckh / Hildegard Mogge-Grotjahn* (Hg.), Handbuch Armut und soziale Ausgrenzung, Wiesbaden, 2008, 422ff.

4. Das Konzept der Resilienz

Schon lange wird Fragen nach der Bewältigung von Stress, Krisen und kritischen Lebensereignissen nachgegangen. Die ersten Vorläufer stammen aus der Biologie und Physiologie, insbesondere sind hier Walter Cannon, der mit seinen Studien den Anfang der Stressforschung markierte, und Hans Selye zu nennen. Beide bilden in ihren Modellen den Verlauf innerpsychischer Reaktion des Individuums auf belastende Ereignisse ab und untersuchten relevante Einflussfaktoren.[16]

In den 70er Jahren wurde das Vulnerabilitätskonzept (vulnerabel = verwundbar) insbesondere im Kontext der Schizophrenieforschung entwickelt.[17] Das Konzept will die Unterschiede im Erleben eines belastenden Lebensereignisses erklären. Die Vulnerabilität stellt ein der Person innewohnendes Vermögen (genetische Ausstattung, Persönlichkeitsmerkmale u.a.) zum Schutz vor belastenden Lebensereignissen und Erkrankungsrisiken dar. Dieses Vermögen soll situationsübergreifend wirken, eine Generalisierbarkeit seiner Wirkung an der zahlreich die Kritik ansetzte.

Als situations- und entwicklungssensitiver hat sich das Konzept der Resilienz erwiesen. Resilienz bedeutet, »(...) dass man gegen ungünstige Bedingungen erfolgreich angeht, sich durch sie hindurchkämpft, aus den Widrigkeiten lernt und darüber hinaus versucht, diese Erfahrungen in das Gewebe seines Lebens als Individuum und in der Gemeinschaft zu integrieren.«[18] Ausgangspunkt der Forschung sind drei Phänomene:

1. das Bewältigen von altersspezifischen Entwicklungsaufgaben trotz hohem Risiko-Status (z.B. wirtschaftliche Notlage der Familie, psychischer Erkrankung oder Drogenabhängigkeit der Eltern),
2. Erhalten der Kompetenz der Kinder und Jugendlichen trotz kritischer Lebensereignisse (z.B. Zerrüttung der Ehe der Eltern, Verlust eines Geschwisters) und
3. schnelle Erholung bzw. Bewältigung von traumatischen Ereignissen (z.B. von Naturkatastrophen, Gewalterfahrungen).[19]

---

[16] Zum Stand der Stress-Coping-Forschung s. *Virginia H. Rice*, Stress und Coping: Lehrbuch für Pflegepraxis und -wissenschaft, Bern 2005.
[17] S. z.B. *Joseph Zubin / Bonnie J. Spring*, Vulnerability – a new view of Schizophrenia. Journal of Abnormal Psychology, 86 (1977), 103–126.
[18] Zitiert aus *Froma Walsh*, Ein Modell familialer Resilienz und seine klinische Bedeutung, in: *Rosemarie Welter-Enderlin / Bruno Hildebrand* (Hg.), Resilienz – Gedeihen trotz widriger Umstände, Heidelberg, 2006, 43f.
[19] Vgl. *Emmy E. Werner*, Wenn Menschen trotz widriger Umstände gedeihen – und was man daraus lernen kann, in: *Rosemarie Welter-Enderlin / Bruno Hildebrand* (Hg.), Resilienz – Gedeihen trotz widriger Umstände, Heidelberg 2006.

Die Resilienzforschung untersucht die Frage nach der Bewältigung von bzw. dem Schutz vor belastenden Lebensereignissen deskriptiv, d.h. es wird bei den »erfolgreichen Bewältigern« danach gesucht, in welchen Persönlichkeitsmerkmalen, Verhaltensbereichen und wie sich ihre soziale Situation von anderen Gleichaltrigen unterscheidet. Die Suche gilt Ressourcen in der Person und der Situation über die die resilienten Personen verfügen. Auch wird der Frage nachgegangen, wie diese Ressourcen von den Personen genutzt werden. Was ist innovativ an dem Resilienzkonzept?

a) von der Defizit- zur Ressourcenorientierung
Die Resilienzforschung nimmt Forschungsfragen auf, die weg von einer Orientierung auf Probleme und Defizite, hin zu Fragen nach der Meisterung von Entwicklungsaufgaben durch Kinder und Jugendliche führen.[20] Die Resilienzforschung sieht Kinder und Jugendliche als aktive Gestalter ihrer Biographie. Diese Sichtweise hat sich seit Piaget – der Kinder als kleine Forscher beschrieb – auch im Menschenbild der Entwicklungspsychologie durchgesetzt, ist allerdings in einigen Feldern der Klinischen Psychologie und Psychopathologie noch wenig verbreitet. Darin liegt eine optimistische Sicht auf die Gestaltbarkeit von Lebensbedingungen durch die in ihnen lebenden Personen.

b) vom passiven Opfer äußerer Ereignisse zum aktiven Gestalter seiner Lebensgeschichte
Die empirischen Ergebnisse der Resilienzforschung belegen die enge Wechselwirkung zwischen individuellem Verhalten (z.B. in Belastungssituationen) und den unterstützenden und fördernden Bezugspersonen innerhalb und außerhalb der Familie.
In der Forschung zur Resilienz dominieren deskriptive Ansätze, die die resilienten Kinder und Jugendlichen auf bei ihnen stärker bzw. anders ausgeprägte Merkmale hin betrachten. Hier ist eine theoretische Analyse der lebensgeschichtlichen Prozesse notwendig. Ein erstes Rahmenkonzept, das die bisher vorliegenden Befunde zu integrieren versucht, liegt von Karol L. Kumpfer[21] vor. Insbesondere ist dabei die Frage nach der Wirkungsrichtung, der Generalisierbarkeit von Schutzfaktoren und den -mechanismen zu stellen.

---

[20] In gleiche Richtung geht das Denken in systemischen Konzepten beispielsweise in der Sozialarbeitswissenschaft (s. *Wolf Ritscher*, Systemische Modelle in der Sozialen Arbeit, Heidelberg 2002).
[21] *Karol L. Kumpfer*, Factors and processes contributing to resilience: The resilience framework, in: *Meyer D. Glantz / Jeanette L. Johnson* (Hg.), Resilience and development: Positive life adaptations, 179–224, New York 1999.

c) die Expertenrolle der Betroffenen

In der Professionsdebatte der Sozialen Arbeit ist das Verhältnis von Professionellen zu ihren Klienten intensiv diskutiert worden. Bereits Urie Bronfenbrenner warnte in den 70er Jahren vor der Entmündigung der Klienten durch eine Expertenrolle ausgestattet mit Definitions- und Vollzugsmacht. In zahlreichen Ansätzen wird die Notwendigkeit der Ermächtigung der Klienten (Empowerment) und der Suche nach den besonderen Kompetenzen der Klienten verfolgt. Ob dies jedoch eine auch in der Alltagsbewältigung tragfähige Kompetenz ist, ließen die jeweiligen Ansätze in ihrer empirischen Prüfung jedoch vermissen. Hier leistet der Resilienzansatz mit seiner konsequent empirischen Orientierung einen wichtigen Beitrag.

d) der Einfluss des Sozialen in der Bewältigungsforschung

In der Beschreibung der eigenen Lebenssituation durch die resilienten Kinder und Jugendlichen integrieren sich persönliche Merkmale (Kompetenzen, Motivation, Werte u.a.) und Aspekte des sozialen Lebens, d.h. es lässt sich eine ganzheitliche Beschreibung der Biographie über die Lebensspanne vornehmen. Durch den Charakter der »Real-Experimente« der erlebten Belastungen und ihrer Bewältigung lässt sich eine höhere Gültigkeit (Validität) der Ergebnisse (z.B. im Vergleich zu Laborexperimenten) erreichen. Methodische Probleme werfen jedoch insbesondere retrospektive Beschreibungen der eigenen Lebensgeschichte auf, hier stellen sich zahlreiche methodische Fragen um aussagekräftige Daten über die biographische Entwicklung zu erhalten.

5. Empirische Studien zu Resilienzfaktoren

Die Studie von Emmy E. Werner & Ruth S. Smith[22] gilt als Pionierarbeit der Resilienzforschung. In ihr wurden 698 Kinder eines kompletten Geburtsjahrganges der Hawaianischen Insel Kanai (Geburtsjahrgang 1955) über 40 Jahre in ihrer Entwicklung untersucht. Bei knapp 30 % (N = 210) der Untersuchungsgruppe fanden sich belastende Stressoren bzw. Krisen (in Armut aufgewachsen, familiäre Konflikte, Scheidung, drohende Psychopathologie der Eltern u.a.). Ein Drittel dieser Kinder, die in den ersten beiden Lebensjahren vier oder mehr dieser Risikofaktoren ausgesetzt waren, zeigten keine Verhaltensauffälligkeiten und Lernprobleme und hatte mit 40 Jahren einen Arbeitsplatz, waren nicht mit dem Gesetz in Konflikt geraten und nahmen keine Sozialleistungen in Anspruch. Auch waren die

---

[22] S. *Emmy E. Werner / Ruth S. Smith*, Journeys from childhood to midlife: Risk, resilience, and recovery, Ithaca 2001.

Scheidungsrate, die Sterblichkeit und das Ausmaß chronischer Erkrankungen bei diesen Personen signifikant niedriger als bei den ebenfalls unter belastenden Lebensumständen aufwachsenden Gleichaltrigen.
Die resilienten Kinder und Jugendlichen wiesen drei Bündel von Schutzfaktoren auf:

1. Schutzfaktoren des Individuums
Bereits als Kinder wurden die Personen als aktiv, aufgeschlossen, freundlich und gesellig beschrieben. Im weiteren Leben zeichneten sich diese Kinder durch eine höhere sprachliche, motorische und praktische Problemlösekompetenz aus. Im Jugendalter war ihre Überzeugung von der eigenen Wirksamkeit stärker ausgeprägt und die eigenen schulischen und beruflichen Erwartungen realistischer.

2. Schutzfaktoren in der Familie
Resiliente Kinder und Jugendliche hatten zu einer emotional stabilen, kompetenten Person in der Familie (z.B. Großeltern, Tante, Onkel) eine enge Bindung aufgebaut.

3. Schutzfaktoren im sozialen Umfeld
Häufig wirkten ein Lieblingslehrer oder fürsorgliche Nachbarn, Jugendleiter oder Pfarrer als emotionaler Unterstützer oder Ratgeber. Resiliente Jugendliche holten sich aktiver als andere bei Älteren bzw. Gleichaltrigen Hilfe.
Darüber hinaus gab es auch bei den gefährdeten Männern und Frauen im dritten und vierten Lebensjahrzehnt Chancen zu dauerhaft positiven Veränderungen. Dazu tragen u.a. berufliche Qualifizierungsmaßnahmen, die Teilnahme an Bildungsmaßnahmen, der Militärdienst der Männer, die Ehe mit einem stabilen Partner bzw. Partnerin und das Engagement in einer Glaubens- oder Kirchengemeinde bei.[23]
Aus der Analyse weiterer angloamerikanischer und europäischer Studien fasst Wustmann übereinstimmende Resilienzfaktoren zusammen:

---

[23] *Emmy E. Werner* Wenn Menschen trotz widriger Umstände gedeihen – und was man daraus lernen kann, in: *Rosemarie Welter Enderlin / Bruno Hildebrandt* (Hg.) Resilienz – Gedeihen trotz widriger Umstände, Heidelberg 2006, 31ff.

Tabelle 1: Ressourcen resilienter Kinder[24]

Tab. 1: **Personale und soziale Ressourcen**	
Personale Ressourcen	*Kindbezogene Faktoren* ● Positive Temperamentseigenschaften, die soziale Unterstützung und Aufmerksamkeit bei den Betreuungspersonen hervorrufen (flexibel, aktiv, offen) ● Erstgeborenes Kind ● Weibliches Geschlecht (in der Kindheit) *Resilienzfaktoren* ● Problemlösefähigkeiten ● Selbstwirksamkeitsüberzeugungen ● Positives Selbstkonzept/Hohes Selbstwertgefühl ● Fähigkeit zur Selbstregulation ● Internale Kontrollüberzeugung/Realistischer Attribuierungsstil ● Hohe Sozialkompetenz: Empathie/Kooperations- und Kontaktfähigkeit/ Soziale Perspektivenübernahme/Verantwortungsübernahme ● Aktives und flexibles Bewältigungsverhalten (z.B. die Fähigkeit, soziale Unterstützung zu mobilisieren, Entspannungsfähigkeiten) ● Sicheres Bindungsverhalten (Explorationslust) ● Optimistische, zuversichtliche Lebenseinstellung (Kohärenzgefühl) ● Talente, Interessen und Hobbys
Soziale Ressourcen	*Innerhalb der Familie* ● Mindestens eine stabile Bezugsperson, die Vertrauen und Autonomie fördert ● Emotional positives, unterstützendes und strukturierendes Erziehungsverhalten (autoritativer Erziehungsstil) ● Zusammenhalt (Kohäsion), Stabilität und konstruktive Kommunikation in der Familie ● Enge Geschwisterbindungen ● Unterstützendes familiäres Netzwerk (Verwandtschaft, Freunde, Nachbarn) ● Hoher sozioökonomischer Status *In den Bildungsinstitutionen* ● Klare, transparente, konsistente Regeln und Strukturen ● Wertschätzendes Klima (Wärme, Respekt und Akzeptanz gegenüber dem Kind) ● Hoher, aber angemessener Leistungsstandard ● Positive Verstärkung der Leistungen und Anstrengungsbereitschaft des Kindes ● Positive Peerkontakte/Positive Freundschaftsbeziehungen ● Förderung von Basiskompetenzen (Resilienzfaktoren) ● Zusammenarbeit mit dem Elternhaus und anderen sozialen Institutionen *Im weiteren sozialen Umfeld* ● Kompetente und fürsorgliche Erwachsene außerhalb der Familie, die Vertrauen und Zusammengehörigkeitssinn fördern und als positive Rollenmodelle dienen (z.B. Großeltern, Nachbarn, Freunde, Erzieherinnen, Lehrer) ● Ressourcen auf kommunaler Ebene (z.B. Angebote der Familienbildung, Gemeindearbeit) ● Vorhandensein prosozialer Rollenmodelle, Normen und Werte in der Gesellschaft (gesellschaftlicher Stellenwert von Kindern/Erziehung/Familie)

[24] *Corinna Wustmann*, Die Blickrichtung der Resilienzforschung. Wie Kinder Lebensbelastungen bewältigen. Zeitschrift für Pädagogik 51 (2005), 192–206, hier: 196.

Die Resilienzforschung bietet empirisch fundierte Hinweise zur Gestaltung von Unterstützungsprozessen.[25] Grundsätzlich können Interventionen auf zwei Ebenen angesiedelt werden:
1. Reduzierung der Belastungs- bzw. Risikofaktoren (risiko-zentriert)
2. Stärkung der Resilienzfaktoren im Person-Umwelt-Kontext (ressourcen-zentriert).

Differenziert man dies weiter auf, so geht es darum:
a) die Auftretenswahrscheinlichkeit von Belastungs- und Risikofaktoren zu verringern
b) die Ressourcen im sozialen Umfeld der Kinder und Jugendlichen zu stärken
c) die Möglichkeit stabile soziale Bindungen zu schaffen bzw. zu fördern
d) die Kompetenzen der Kinder und Jugendlichen zu entwickeln.[26]

Ein methodisches Problem der Resilienzforschung liegt in der Heterogenität der Kriterien für resilientes Verhalten. Als Kriterien finden sich in Studien beispielsweise die Abwesenheit von psychischen Störungen, die Bewältigung altersspezifischer Entwicklungsaufgaben und das Herausbilden von relevanten Kompetenzen. Zum Zwecke besserer Vergleichbarkeit braucht es hier einen Diskurs an dessen Ende eine größere Vereinheitlichung der Kriterien steht.

Systematisiert man die in Studien zur Resilienz verwendeten Faktoren für eine gelingende biographische Entwicklung, so finden sich hier normative Faktoren (Berufs- und Schulabschluss, Straffreiheit u.a.) und funktionale Gesichtspunkte (z.B. Aufnahme einer Arbeitstätigkeit, psychische Gesundheit). In diesem Sinne handelt es sich zahlreich um Sozialdaten, die Ergebnisse eines Entwicklungsprozesses sind und in diesem Sinne Outputvariablen darstellen.

Es ist hier kritisch zweierlei anzumerken. Zum einen fehlen hier Variablen, die eine Aussage über die persönliche Deutung der Biographie zulassen und so ein Abbild psychischer Prozesse liefern (Sinnhaftigkeit, Lebenszufriedenheit, Selbstwertgefühl). Zum zweiten gilt es neben der Untersuchung der Outputvariablen in Studien stärker resilienzfördernde Prozesse zu erforschen. Nur so lassen sich auch Aussagen über das Zustandekommen und Ineinandergreifen verschiedener Variablen zur gelingenden Biographie machen.

Auf ein weiteres Problem verweisen Doris Bender und Friederich Lösel. Risiko- und Schutzfaktoren können ein »Doppelgesicht«[27] aufwei-

[25] *Günther Opp / Michael Fingerle* (Hg.), Was Kinder stärkt: Erziehung zwischen Risiko und Resilienz, München ²2007.
[26] *Corinna Wustmann*, Resilienz. Widerstandsfähigkeit von Kindern in Tageseinrichtungen fördern, Weinheim 2004, 122.
[27] *Doris Bender / Friederich Lösel*, Von generellen Schutzfaktoren zu spezifischen protektiven Prozessen: Konzeptuelle Grundlagen und Ergebnisse der Resi-

sen, d.h., dass beispielsweise ein befriedigendes soziales Netzwerk und die Unterstützung durch Freunde bei Jugendlichen (in Studien zumeist als Schutzfaktoren nachgewiesen) auch zu gegenteiligen Effekten führen können. So geht von der Gleichaltrigengruppe sozialer Druck aus, sich an gemeinsamen Aktivitäten zu beteiligen. Diese schließen möglicherweise dissoziales Verhalten ein (z.B. Kleinkriminalität, Drogenkonsum). Doris Bender & Friederich Lösel[28] diskutieren dieses Phänomen der Multifinalität (gleiche Bedingungen führen zu unterschiedlichen Entwicklungsergebnissen) auch für das Geschlecht und die bisher noch wenig untersuchten resilienzrelevanten biologischen Faktoren. Darüber hinaus zeigen sie auf, dass unterschiedliche Bedingungen zu gleichen Verhaltensproblemen führen können (Equifinalität). Insofern braucht es differenzierte Studien, die nicht nur protektive Bedingungen, sondern auch die zur Resilienz führenden Prozesse untersuchen.

7. Der Beitrag der Resilienzforschung zum Verhältnis von Eigen- und Fremdlösungen

In der Resilienzforschung finden wir zahlreiche Beispiele erfolgreicher Eigenlösungen. Insofern kann dies den Optimismus stärken, dass uns die Klienten im Unterstützungsprozess relevante Beiträge zur Lösung liefern. Diese Eigenlösungen gehen jedoch häufig über den engen Rahmen der Familie hinaus, sodass sich in diesem Lichte die Familienförderung immer auch auf eine Stärkung des sozialen Umfeldes zu richten hat. Es gilt ein unterstützendes soziales Netzwerk zu schaffen, in dem – beispielsweise bei Ausfall eines Elternteils – relevante andere Bezugspersonen durch die Kinder und Jugendlichen gefunden werden können. Insofern liefern die Strategien resilienter Personen Hinweise auf die Wirksamkeit professioneller Unterstützungsangebote und helfen so auch eine mögliche Kluft zwischen Eigen- und Fremdlösungen (und damit verbundene Akzeptanzprobleme) zu verringern.

In der Familienhilfe finden sich zahlreich die nicht resilienten Klienten. Ein Problem der Kluft zwischen deren Eigen- und den institutionellen Fremdlösungen liegt in der Wirksamkeit kurz- und langfristiger Bewältigungsstrategien. In einer akuten Krisensituation können emotionsorientierte Strategien (z.B. Leugnung, Rationalisierung, Gebrauch von Drogen) wirkungsorientiert durchaus hilfreiche Strategien sein (im Sinne einer Symptomlinderung). Diese Strategien, zeitgleich fortgeschrieben, führen jedoch als Vermeidungsstrategien zu einem Ausbleiben von Lernprozessen und Problembearbeitung. Beratung hat so im-

lienzforschung, in: *Günther Opp / Michael Fingerle* (Hg.), Was Kinder stärkt: Erziehung zwischen Risiko und Resilienz, München [2]2007, 64.
[28] Ebd.

mer die innerpsychische Regulation in kurzfristigen Prozessen (der Krisen) und mittel- und langfristige Entwicklungsziele und deren Verfolgung zu betrachten.[29] Eine Kluft zwischen Eigen- und den institutionellen Fremdlösungen entsteht oft bei einem fortgeschrittenen Prozess der Entwicklung von Gefährdung des Kindeswohls. Dann findet entsprechend der gesetzlichen Vorgaben eine Krisenintervention statt (häufig verbunden mit Inobhutnahme), zumeist lässt sich dann der Elternwunsch nur wenig angemessen berücksichtigen. Eltern fühlen sich vom Jugendamt übergangen, ungerecht behandelt und bevormundet. Neben anderen in der Praxis eingeführten Aspekten der Verfahrensgerechtigkeit (z.b. Möglichkeit der Anrufung des Familiengerichts) ist m.E. die Einbeziehung einer fachkundigen Person wichtig, die die Interessen der Klienten vertreten, ihnen beistehen und ihnen Verfahrensabläufe erklären. Diese Person sollte in dem Verfahren keine Eigeninteressen mitbringen und konsequent auf eine Konfliktlösung verpflichtet sein.

Es sollte – unter Bezug auf systemisches Denken – gezeigt werden, dass nur eine größere Offenheit gegenüber der Dynamik von Problem und Lösung Chancen bietet das Problem für die Lösungssuche nutzbar zu machen. So kann sich die Sicht auf das als problematisch beschriebene Verhalten ändern und den Klienten wird ein wohlwollenderer bzw. wertschätzenderer Blick auf die eigene Familiengeschichte und das tägliche Ringen um ein gelingendes Familienleben ermöglicht. Durch ein derartiges Beraterinnenverhalten lässt sich auch eine größere Stabilität/Belastbarkeit der Helfer-Klient-Beziehung erreichen.

Ähnlich wie auch in anderen Lernsettings ist eine Beziehung, die von wechselseitigem Lernen getragen wird, auch für die Klienten eher annehmbar, bietet ihnen die Chancen sich nicht nur als Hilfeempfänger zu erleben, sondern einen eigenen Beitrag liefern zu können. Dies wirkt sich in der Regel selbstwertstärkend aus und erhöht auch die Verbundenheit mit den in der Beratung getroffenen Vereinbarungen.

8. Fazit

Mit der Frage von Fremd- und Selbsthilfe beschäftigt sich die Sozialarbeit eigentlich seit ihrem Bestehen. Ein zentraler Arbeitsgrundsatz liegt in der Hilfe zur Selbsthilfe. Die Resilienzforschung bietet einen forschungsmethodischen Ansatz, der dazu geeignet ist, biographische Eigenlösungen der Klienten auf ihre Erfolgsaussichten zu prüfen. Neben dem Optimismus in die Eigensuche tragfähiger Lösungen für eine gelingende Biographie verweisen die Befunde für die Familienhilfe auf

---

[29] Dies gilt insbesondere für stark situationsorientiert handelnde Personen z.B. mit Suchterkrankung.

das Ineinandergreifen von familiären und Umfeldbedingungen, die es präventiv zu fördern gilt. Vor einer überstarken Betonung der Verantwortung und Zuständigkeit der Ursprungsfamilie als »Hort« einer gelingenden Entwicklung ist insofern zu warnen.

Die Resilienzforschung ist in der Lage, empirisch gestützte Hinweise für die Gestaltung von Präventionsprogrammen zu liefern. Zu relevanten Schutzfaktoren geben Resilienzstudien Hinweise, über die Prozesse (den Weg – das Wie dorthin) liegt noch vergleichsweise wenig Wissen vor. Hier sind microanalytische Untersuchungen resilienzrelevanter Prozesse im Bindungsverhalten[30] oder spezifischen Settings (z.B. Trainingsmaßnahmen) notwendig, um die gesamtbiographischen Analysen durch kleinschrittige Analyseprozesse zu ergänzen.

Auch liegt eine Chance darin, Ergebnisse der Resilienzforschung mit den Erkenntnissen der Stress- und Krisenforschung zu konfrontieren und dies für die Weiterentwicklung des derzeit dominanten transaktionalen Stressmodells von Richard S. Lazarus[31] zu nutzen. Diese Integrationsarbeit steht noch aus.

Corinna Wustmann[32] betont die Bedeutung von Präventionsprogrammen, die auf der individuellen und auf der Elternebene ansetzen. Im Sinne primärer Prävention geht es um die Stärkung der Problemlösungskompetenzen und der Widerstandskräfte der Person und die Herstellung protektiver Umfeldbedingungen, die das Auftreten von Belastungen reduzieren bzw. kompensieren.

Auf der Elternebene geht es um die Stärkung der sozialen, kommunikativen und der Erziehungskompetenzen. Beispielsweise wäre dies die Anleitung der Eltern zu einer auf ihr Kind zugeschnittenen einfühlsamen Beziehungsgestaltung. In diesem Sinne werden Video-Home-Trainings genutzt, um unter dem Blick auf relevante Resilienzfaktoren eine entwicklungsfördernde Eltern-Kind-Beziehung zu entwickeln.[33]

Thomas Gabriel (2005) weist auf die Gefahr einer Missinterpretation des Resilienzkonzeptes hin, wenn die Resilienz im Sinne einer Anlage bzw. eines Persönlichkeitsmerkmals gesehen wird. »Resilienz ist ohne unterstützende Interaktionen im Sozialen nicht denkbar. Umso entscheidender ist es deshalb, der impliziten Gefahr vorzubeugen, gesell-

---

[30] S. hierzu auch den Beitrag von Katja Nowacki in diesem Buch.
[31] S. dazu *Hans-Jürgen Balz*, Prekäre Lebenslagen und Krisen. Strategien zur individuellen Bewältigung, in: *Ernst-Ulrich Huster / Jürgen Boeckh / Hildegard Mogge-Grotjahn* (Hg.), Handbuch Armut und soziale Ausgrenzung, Wiesbaden 2008, 424f.
[32] *Corinna Wustmann*, Resilienz. Widerstandsfähigkeit von Kindern in Tageseinrichtungen fördern, Weinheim 2004, 125ff.
[33] Ann S. Masten benennt in ihrem Beitrag weitere prozesszentrierte Strategien (u.a. auf der Ebene von sozialen Bindungen und Selbstregulation). S. *Ann S. Masten*, Resilienz in der Entwicklung: Wunder des Alltags, in: *Gisela Röper / Cornelia von Hagen / Gil Noam*, Entwicklung und Risiko: Perspektive einer klinischen Entwicklungspsychologie, Stuttgart 2001.

schaftliche Probleme in ein je individuelles Defizit an Charakter, Moral, Erziehung, Bildung oder aber Resilienz umzudefinieren.«[34]
Die Ergebnisse der Resilienzforschung werten auch die klassischen Bildungsinstitutionen und die Fachkräfte der Familienhilfe auf. Dies gilt insbesondere für eine vertrauensvolle, verlässliche und unterstützende »Beziehungsarbeit« der Pädagoginnen. Darüber hinaus bekommen Kindertagesstätten und Schulen für Kinder in prekären Lebenslagen eine Bedeutung als Erfahrungs- und Schutzraum.[35]
Die im Beitrag gestellte Anfangsfrage würde ich bejahen. Fachkräfte der Sozialen Arbeit können bei resilienten Kindern, Jugendlichen und ihren Familien »in die Lehre gehen«, um selbst ein tieferes Verständnis für den Umgang mit prekären Lebenslagen, die hierbei wirksamen Bewältigungsstrategien und relevante Unterstützungsangebote zu erlangen.

[34] *Thomas Gabriel*, Resilienz – Kritik und Perspektiven. Zeitschrift für Pädagogik, 51 (2), 2005, 213.
[35] S. *Günther Opp / Michael Fingerle* (Hg.), Was Kinder stärkt: Erziehung zwischen Risiko und Resilienz, München ²2007.

Carola Kuhlmann

Wirksamkeit in der Jugendhilfe – Forschungsergebnisse in Bezug auf den Resilienzfaktor »Beziehung«

Die Familie scheint der ideale Ort zum Aufwachsen von Kindern zu sein. Hier finden sie in der Regel Geborgenheit, Förderung und lebenslange Beziehungen zu Erwachsenen, die sich für sie verantwortlich fühlen. Kinder brauchen diese fürsorglichen und fördernden Beziehungen zu ihren Müttern und Vätern für eine positive Entwicklung, das hat die tiefenpsychologische, die bindungstheoretische[1] und sozialisationstheoretische Forschung[2] deutlich erwiesen. Auch die aus der Medizin kommenden Resilienzforschung bestätigt dies. Sie hat positive und negative Krankheitsverläufe verglichen und die Besonderheiten der Biographien der positiven Verläufe untersucht. Sie kam unter anderem zu dem Ergebnis, dass Menschen, die über positive soziale Netzwerke verfügen sowie über Kindheitserfahrungen, in denen sie sich wertgeschätzt fühlten und einen »signifikanten Anderen« in ihrem Leben erlebten, besser mit Krankheiten umgehen können.[3] Allerdings können offenbar nicht nur die leiblichen Eltern, sondern auch andere Erwachsene diese positive Rolle in der Kindheit übernehmen.

Jugendhilfemaßnahmen, besonders stationäre Hilfen im Rahmen von Heimerziehung, gelten seit es sie gibt, als der im Vergleich zur Familie schlechtere Ort des Aufwachsens von Kindern. Eine Unterbringung in einem Heim wird daher meistens als »ultima ratio« verstanden, als Maßnahme, die nur im äußersten Notfall und möglichst für kurze Zeit ergriffen werde sollte. Dies wurde und wird vor allem damit begründet, dass Erziehung und Bildung in Heimen im Rahmen einer Institution mit festen ökonomischen, rechtlichen und administrativen Regelungen stattfinden, die für die Entwicklung von Kindern nicht förderlich sind. Vor allem die Tatsache, dass oftmals feste Bindungspersonen fehlen, da das Erziehungspersonal gegen Bezahlung nach vorher festgelegten Dienstplänen arbeitet, dass es für sie einen Feierabend, Urlaubstage und Kündigungsmöglichkeiten gibt, eben dass ihr Privatleben außerhalb des Lebens der Kinder, die sie erziehen, stattfindet, dies

---

[1] Vgl. *John Bowlby / Mary Aisnworth*, Frühe Bindung und kindliche Entwicklung, München 2001.
[2] Vgl. *George Herbert Mead*, Geist, Identität und Gesellschaft aus der Sicht des Sozialbehaviorismus, Frankfurt a.M. 1995.
[3] Vgl. *Hans-Jürgen Balz* in diesem Band.

alles steht im Gegensatz zu den Bedingungen, die Kinder in Familien
vorfinden.
Wenn man Kinder und Jugendliche befragt, wie es in Jugendstudien
immer wieder geschieht,[4] so betonen fast alle befragten Jugendlichen
die besondere Bedeutung, welche die Familie als Ort des Aufwachsens
für sie hat. Und Befragungen von Kindern oder ehemaligen Kindern
aus Heimen ergeben, dass die meisten lieber in einer Familie aufgewachsen wären. Allerdings ergeben dieselben Befragungen auch, dass
es nur in den seltensten Fällen in der eigenen Herkunftsfamilie gewünscht oder möglich gewesen wäre. Die eigene Herkunftsfamilie erscheint den meisten als der im Vergleich schlechtere Lebensort gewesen zu sein.[5]
Die Gründe für die rückblickende Verurteilung der eigenen Herkunftsfamilie ähneln sich sehr: es waren alkoholabhängige Eltern, nicht an-
wesende Väter, minderjährige Mütter, es gab familiäre Beziehungsdy-
namiken mit krankmachenden Übertragungen und Projektionen und
oft eine ungerechte und undemokratische Arbeits- und Machtvertei-
lung zwischen den Geschlechtern und Generationen. Im schlechtesten
Fall waren die Familien Orte des Hasses, der Gleichgültigkeit und der
Gewalt, Orte, an denen Vernachlässigung, Missbrauch oder Misshand-
lungen stattfanden. Empirisch nachweisbar ist, dass in den Herkunftsfamilien von Kindern, die ins Heim kamen und kommen – mit Bourdieu gesprochen – ein deutlicher Mangel an materiellem, an kulturellem und an sozialem Kapital herrscht, der zwar nicht allein ursächlich
für die oben genannten Probleme ist, aber meistens verschärfend hinzu
kommt.[6]
Wer den Satz unterschreibt, dass die schlechteste Familie besser ist, als
das beste Heim, der leugnet zugleich das Elend, welches Kinder in
Familien manchmal zu erleiden haben. Allerdings ist die Entscheidung
darüber, wann der Zeitpunkt gekommen ist, ein Kind aus seiner Herkunftsfamilie zu nehmen, eine der schwersten im Bereich der Sozialen
Arbeit. Denn gerade das Gelingen einer längerfristigen Beziehung ist
im Rahmen von Erziehungshilfen zwar nicht unmöglich, aber doch
auch nicht zu garantieren, weder in eine Pflegefamilie (da 1/3 aller
Pflegeverhältnisse scheitert),[7] noch in einem Heim.

---

4   Vgl. *Klaus Hurrelmann*, Jugend 2006. Eine pragmatische Generation unter
Druck (15. Shell Jugendstudie), Frankfurt a.M. 2006.
5   Vgl. *Carola Kuhlmann*, »So erzieht man keinen Menschen« Lebens- und Berufserinnerungen aus der Heimerziehung der 50er und 60er Jahre, Wiesbaden
2008.
6   Vgl. BMFSFJ (Bundesministerium f. Familie, Senioren, Frauen und Jugend,
Hg.), Leistungen und Grenzen von Heimerziehung. Ergebnisse einer Evaluationsstudie stationärer und teilstationärer Hilfen, Stuttgart 1998, BMFSFJ, Effekte erzieherischer Hilfen, Stuttgart 2002.
7   Vgl. *Josef Faltermeier*, Verwirkte Elternschaft? Fremdunterbringung – Herkunftseltern – Neue Handlungsansätze, Münster 2001.

Trotz des Wandels in den letzten 30 Jahren hin zu mehr familienunterstützenden Hilfen, erlebnispädagogischen Projekten, professionellen Pflegefamilien, Kleinstheimen und Jugendwohngemeinschaften, stellt bis heute das klassische Heim mit einer zentralen Leitung und Gruppen, in denen die Erziehung im Schichtdienst organisiert ist, in Deutschland statistisch noch die Mehrheit der stationären Erziehungshilfen dar.[8] In den Heimen haben sich – wie auch in Familien – die Erziehungsvorstellungen in den letzten Jahren hin zu einem partnerschaftlichen und demokratischen Umgang mit Kindern gewandelt. Trotzdem bleibt die Frage relevant, ob es erkennbare und vermeidbare negative oder erkennbare und herstellbare positive Wirkungen im Bereich der in dieser Weise institutionalisierten Erziehung gibt und inwieweit der Faktor einer verlässlichen und gelungenen Beziehungsarbeit nachweisbar eine Rolle für erfolgreiche Erziehung spielt.

Um diese Frage zu beantworten soll zunächst ein Blick auf die bisherigen quantitativen und qualitativen Forschungsergebnisse zu der Frage von positiven und negativen Wirkungen der Heimerziehung gerichtet werden, um dann in einem zweiten Schritt neuere Forschungen zur Wirksamkeit erzieherischer Hilfen in bezug auf den »Resilienzfaktor« einer gelungenen Beziehung näher zu betrachten. Auch wenn die unten stehenden Forschungen sich nicht direkt auf die Resilienzforschung beziehen so sind sie doch in bezug auf ihre Fragestellung und in bezug auf einen Teil der Ergebnisse vergleichbar.

Ergebnisse der quantitativen und qualitativen Forschung zu positiven und negativen Wirkungen von Heimerziehung

Die Frage, welche Erfolge oder auch Misserfolge Jugendhilfemaßnahmen aufweisen, beschäftigten Fachleute und WissenschaftlerInnen schon seit langem.[9] Eine Forschungsrichtung stellt dabei bis heute die vergleichende Forschung dar, in der vorrangig Entwicklungsverläufe von Kindern in Familien, Pflegefamilien und Heimen verglichen

---

8 Vgl. *Eric van Santen*, Kinder- und Jugendhilfe in Bewegung – Aktion oder Reaktion? Eine empirische Analyse, München 2003.
9 Vgl. *Johann Heinrich Wichern*, Erziehungsresultate in Rettungsanstalten, in: *Peter Meinhold* (Hg.), Johann Hinrich Wichern – Sämtliche Werke, Bd. VII, Die Schriften zur Pädagogik, 1975, 535–541; *Otto Wehn*, Die Straffälligkeit Minderjähriger nach Beurlaubung oder Entlassung aus der Fürsorgeerziehung, Leipzig 1930; *Hermann Stutte*, Grenzen der Sozialpädagogik. Ergebnisse einer Untersuchung praktisch unerziehbarer Fürsorgezöglinge, Hannover (AFET), Stuttgart 1958. Vgl. dazu auch *Carola Kuhlmann*, Erbkrank oder erziehbar? Jugendhilfe zwischen Zuwendung und Vernichtung in der Fürsorgeerziehung in Westfalen 1933–1945, Weinheim und München 1989.

wurden.[10] Eine andere Perspektive richtete und richtet sich auf die kriminalitätspräventive Wirkung der Heimerziehung, dies sind vor allem Studien zur »Legalbewährung« und zu einer erfolgten oder nicht erfolgten Integration in den Arbeitsmarkt.[11]
Insgesamt existieren bis heute ungefähr 80 Studien zu Lebensläufen ehemaliger »Heimkinder« und sie kommen immer wieder zu ähnlichen empirischen Ergebnissen, d.h. unabhängig davon, welche Kriterien die Studien zugrunde legten und wie die Forscherinnen und Forscher »Erfolg« einstuften, findet sich der Befund, dass ungefähr zwei Drittel der früheren Kinder und Jugendlichen aus Heimen eine positive oder vorwiegend positive Entwicklung nahmen, während ein Drittel nach Ansicht der Forscher dies nicht tat. Zwar fehlen in fast allen Studien Vergleichszahlen von Kindern, die in Familien aufwuchsen, aber sie können wenigsten das allgemeine Vorurteil entkräften, dass sich die Mehrheit ehemaliger Kinder und Jugendlicher aus Heimen im späteren Leben nicht in die Gesellschaft integrieren kann.
Besonders Studien, die quantitativ Legalbewährung, Schulerfolg oder Verringerung psychosozialer Belastungen erhoben, kamen zu dem Ergebnis, dass stationäre Jugendhilfe positive Wirkungen in bezug auf die Vermittlung von Bildungschancen und auf die Verbesserung des Legalverhaltens hatte (Schüpp 1982, n = 246: 74 % Legalbewährung, 86 % schulische/berufliche Integration; Bürger 1990, n= 222: 49 % Legalbewährung, 81 % schulische/ berufliche Integration).[12]
Auch Studien, welche die Wirkung auf die Persönlichkeitsentwicklung quantitativ erhoben (Hansen 1994, n = 489/384)[13] stellten fest, dass die

---

[10] Vgl. *Annemarie Dührssen*, Heimkinder und Pflegekinder in ihrer Entwicklung. Eine vergleichende Untersuchung an 150 Kindern in Elternhaus, Heim und Pflegefamilie – (Praxis der Kinderpsychologie und Kinderpsychiatrie; 1), Göttingen 1958; *Gerd Hansen*, Die Persönlichkeitsentwicklung von Kindern in Erziehungsheimen: ein empirischer Beitrag zur Sozialisation durch Institutionen der öffentlichen Erziehungshilfe, Weinheim 1994 u.a.
[11] Vgl. *Johann Heinrich Wichern*, Erziehungsresultate in Rettungsanstalten, in: *Peter Meinhold* (Hg.), Johann Hinrich Wichern – Sämtliche Werke, Bd. VII: Die Schriften zur Pädagogik, 1975, 535–541; *Lieselotte Pongratz / Hans-Odo Hübner*, Lebensbewährung nach öffentlicher Erziehung. Eine Hamburger Untersuchung über das Schicksal aus der Fürsorge-Erziehung und Freiwilligen Erziehungshilfe entlassener Jugendliche, Darmstadt 1959; *Ulrich Bürger*, Heimerziehung und soziale Teilnahmechancen, Paffenweiler 1990; *Klaus Hartmann*, Lebenswege nach Heimerziehung. Biographien sozialer Retardierung, Freiburg 1996.
[12] *Dieter Schüpp / Hermann Buyken*, Wirkungsanalyse von Heimerziehung und wissenschaftlicher Begleitung außenfürsorgerischer Erziehungshilfen. Ergebnisse der Wirkungsanalyse von Heimerziehung und der wissenschaftlichen Begleitung der nachgehenden Intensivbetreuung in »Haus Sommerberg«, Bonn 1982; *Ulrich Bürger*, Heimerziehung und soziale Teilnahmechancen, Paffenweiler 1990.
[13] *Walter Gehres*, Das zweite Zuhause: institutionelle Einflüsse, Lebensgeschichte und Persönlichkeitsentwicklung von dreißig ehemaligen Heimkindern, (Reihe: Focus soziale Arbeit; Bd. 2) 1994.

Persönlichkeitsmerkmale ehemaliger Kinder aus dem Heim nur geringfügig von den Persönlichkeitsmerkmalen von Familienkindern abwichen. In einer Studie von Gehres wurde 87 % der ehemaligen Kinder aus Heimen eine positive Persönlichkeitsentwicklung bescheinigt (Gehres 1997, n= 30).[14] Hebborn-Brass ergänzte diese positiven Befunde, indem sie in ihrer Studie in Bezug auf Verhaltensauffälligkeiten zu dem Ergebnis kam, dass bei 57 % die zuvor diagnostizierten Störungen »weitgehend behoben«, bei 35 % immerhin zum Teil behoben werden konnten und dass nur 8 % als weitgehend unverändert galten.[15]

Gegen diese positiven Befunde steht allerdings eine zahlenmäßig vergleichbare Gruppe von Untersuchungen, die negative Wirkungen hervorheben. Diese Studien sind auch forschungsmethodisch anders orientiert. Sie sind nicht quantitativ oder testpsychologisch ausgerichtet, sondern qualitativ angelegt und greifen die Bewertungen der ehemaligen Kinder aus Heimen selbst auf, bzw. untersuchen in konkreten Einzelfällen intensiv die Langzeitfolgen einer Heimunterbringung.

Die negativen Wirkungen wurden in diesen Untersuchungen vorrangig in den Bereichen der Identitätsbildung und des Selbstwertgefühls festgestellt. So kam Baas zu dem Ergebnis, dass die Mehrheit der von ihr befragten 60 ehemaligen Kinder aus Heimen ein negatives Selbstbild hatte.[16] Landenberger/Trost[17] konstatierten, dass den von ihnen untersuchten Jugendlichen eine Identitätsbildung nur durch die Identifikation mit der zum Großteil kriminellen Subkultur im Heim gelang und Lambers[18] wies nach, dass vor allem bei mangelnder Berücksichtigung des Herkunftssystems eine Destabilisierung des kindlichen Selbstwertgefühls erfolgte. Auch Baur[19] stellte in seiner Studie negative Langzeitwirkungen einer institutionalisierten Kindheit fest und zwar vor allem im Bereich der Unfähigkeit, für sich selbst zu sorgen, d.h. konkret, sich eigenständig um Wohnmöglichkeiten zu kümmern, diese in-

---

14 *Walter Gehres*, Das zweite Zuhause: institutionelle Einflüsse, Lebensgeschichte und Persönlichkeitsentwicklung von dreißig ehemaligen Heimkindern, (Reihe: Focus soziale Arbeit ; Bd. 2) 1997.

15 Vgl. *Ursula Hebborn-Brass*, Verhaltensgestörte Kinder im Heim – eine empirische Längsschnittuntersuchung zu Indikation und Erfolg, Freiburg 1991.

16 Vgl. *Gudrun Baas*, Auswirkungen von Langzeitunterbringungen im Erziehungsheim – Untersuchungen zum Selbstbild und zu Lebensbewältigung ehemaliger Heimkinder, Dissertation, Frankfurt a.M. 1986.

17 Vgl. *Georg Landenberger*, Rainer Trost, Lebenserfahrungen im Erziehungsheim, Frankfurt a.M. 1988.

18 Vgl. *Helmut Lambers*, Heimerziehung als kritisches Lebensereignis: eine empirische Längsschnittuntersuchung über Hilfeverläufe im Heim aus systemischer Sicht, Münster 1996.

19 Vgl. *Werner Baur*, Zwischen Totalversorgung und Straße. Langzeitwirkungen öffentlicher Erziehung. Eine qualitative Studie zu Lebenslauf, Individuallage und Habitus eines ehemaligen Heimzöglings, Langenau-Ulm 1996.

standzuhalten und sich mit Nahrung, Kleidung und anderen wichtigen
Dingen des Alltags zu versorgen.

Neuere Studien zur Wirksamkeit von Erziehungshilfen

Seit einigen Jahren hat sich neben den Auswertungen der Kriminalsta-
tistik, neben Lebenslaufstudien und retrospektiven qualitativen Interviews ein neuer Ansatz in der Forschung etabliert, der genauer die Bedingungen von wirksamen (teil-)stationären Erziehungshilfen untersucht. Am Beispiel von zwei sehr verschiedenen Studien, die beide
vom BMFSFJ gefördert wurden, sollen die Ergebnisse in bezug auf
den Resilienzfaktor der Beziehung dargestellt werden. .
Die erste – wesentlich von einem Forschungskreis um Hans Thiersch
entworfene JULE-Studie – fragte vor allem nach einem Zusammenhang zwischen gelungenen Hilfen und einem professionellem Handeln
im Jugendamt, bzw. in den stationären und ambulanten Erziehungshilfen. Um die Fragestellung zu beantworten wurden einzelne Hilfeverläufe rekonstruiert (durch Aktenanalysen) und in bezug auf lebens-
weltorientierte Kriterien (Partizipation, Vernetzung, Prävention) sowie
in Bezug auf die subjektive Bewertung von ehemals Betroffenen und
von Fachkräften ausgewertet (mit Hilfe von Interviews). Insgesamt
wurden in der JULE-Studie 284 Erziehungshilfen aus verschiedenen
Jugendämtern erfasst, von den Hilfen waren 197 stationär in Heimen
erbracht worden. Die Hilfeverläufe wurden im Bereich der Heimerziehung zu 29 % positiv, zu 8 % in Ansätzen positiv, in 32 % unverändert
und 29 % negativ bewertet. Im Vergleich dazu wurden die Erziehungshilfen insgesamt positiver bewertet, nämlich zu 48 % positiv und
zu 24 % in Ansätzen positiv, unverändert nur in 16 % der Fälle und
negativ nur in 11 % der Fälle. In Bezug auf die Fragestellung, wie eine
förderliche Beziehung auf eine positive Entwicklung der Kinder wirken kann, ist hier besonders hervorzuheben, dass die Heimerziehung in
den Fällen überdurchschnittlich, nämlich zu 59 % positiv gewirkt hatte, wo die Unterbringung länger als ein Jahr gedauert hatte.
Die Persönlichkeitsentwicklung der Kinder wurde insgesamt ebenfalls
höher bewertet, nämlich zu 60 % positiv, zu 15 % in Ansätzen positiv,
bei 15 % der Kinder hatte keine Veränderung stattgefunden und 10 %
wurden negativ beurteilt. Wie in vielen vorherigen Studien hat die
JULE-Studie auch die Legalbewährung ermittelt und zwar 2 ½ Jahre
nach dem Ende der Erziehungshilfen. Dabei waren 40 % der Stichprobe bereits vor dem Beginn der Hilfen mit dem Gesetz in Konflikt geraten, danach waren es noch 25 %, davon allerdings 8 % erstmalig. Auch
wenn die Zahl hoch erscheint, so muss auch dieses Ergebnis mit dem
Blick auf die Ausgangsbedingungen positiv gewertet werden. Interessant an der JULE-Studie ist daneben der Befund, dass als gut beurteil-

tes fachliches Handeln (Einhaltung der im KJHG vorgeschriebenen fachlichen Standards wie kollegiale Beratung, Partizipation im Hilfeplanverfahren etc.) deutlich mit positiven Hilfeverläufen korrelierte. Negative Verläufe zeichneten sich jedoch nicht nur durch schlechtes fachliches Handeln aus, sondern auch dadurch, dass ein bestehendes Problem nicht benannt und/oder behandelt wurde (Drogensucht, Migration, sexueller Missbrauch etc.). In diesen Fällen empfiehlt die Studie spezialisierte Hilfen. Die positiven Hilfeverläufe zeichneten sich dagegen nicht nur dadurch aus, dass die professionellen Helfer fachlich kompetent handelten. Gelungene Hilfen – und das ist für die Resilienzforschung interessant – waren vor allem die Fälle, in denen ein tragfähiges, längerfristiges und belastbares Betreuungssetting gefunden und aufrechterhalten werden konnte.

Im Unterschied zur JULE-Studie konzentrierte sich die Jugendhilfe-Effekte-Studie (JES-Studie) auf messbare Verhaltens- oder Erlebensunterschiede der betroffenen Kinder und Jugendlichen vor und nach einer Maßnahme der Erziehungshilfe. Hier wurde »Wirksamkeit« vorrangig an psychiatrischen Kategorien (ICD 10) und Verhaltensbeobachtungen festgemacht.[20] In der JES-Studie (n = 233, davon 49 Heimerziehung) wurden ausschließlich verhaltensauffällige Kinder aus verschiedenen Jugendamtsbezirken in bezug auf ihre Ressourcen und ihre psychosozialen Belastungen mithilfe von standardisierten Fragebögen befragt. Die JES-Studie kam zu dem Ergebnis, dass in den untersuchten Fällen die kind-, eltern- und familienbezogenen Ziele zu 56 % erreicht wurden und dass sich die Auffälligkeiten um 34 % reduzierten. Dabei erzielte die Heimerziehung die besten Effekte bei der Besserung der kindbezogenen Problematik und bei der Hebung des »Funktionsniveaus« (diese beinhaltet vor allem die schulische Leistung). Im letzteren Bereich konnten die Kinder und Jugendlichen ihre Kompetenzen um 34 % steigern (sofern die Hilfen abgeschlossen werden konnten). Auch in der JES-Studie wurden die gelungenen Hilfeverläufe genauer untersucht. Sie zeichneten sich durch eine gute Kooperation mit dem Kind und mit den Eltern aus, ebenfalls – so war auch der Befund der JULE-Studie – durch eine hohe »Prozessqualität«, d.h. ein hohes Maß an Professionalität im Hilfeprozess. Daneben bescheinigte die Studie den Institutionen, die unter klinischen Gesichtspunkten arbeiteten, die höchsten Effekte.

In Anlehnung an das Forschungsdesign der JES-Studie wurden im Rahmen der EVAS-Studie (Evaluationsstudie erzieherischer Hilfen), einem längerfristigen Forschungsprojekt des Mainzer Instituts für Kinder- und Jugendhilfe, insgesamt 11.500 Fälle untersucht. Erhoben wurden unter anderem die Daten eines Aufnahme- und Abschlussbo-

---

20 Vgl. BMFSFJ (Bundesministerium für Familie, Senioren, Frauen und Jugend, Hg.), Effekte erzieherischer Hilfen, Stuttgart 2002.

gens sowie die Anzahl der Hilfeplangespräche, die Kooperationsbereitschaft der Eltern und der »Schweregrad der Gesamtauffälligkeit«. Aus diesen Daten wurden ein »Ressourcenindex« und ein »Defizitindex« berechnet, mit dessen Steigen, bzw. Absinken Aussagen über die Qualität der »Leistungserbringung« gemacht wurden. Auch wenn diese Art des Berechnungsverfahrens viele Fragen offen lässt und die verheißene Aussagekraft dieser Indizes infrage zu stellen ist, so sind sie doch insoweit interessant, als dass sie im Ergebnis die JES- und JULE-Studien bestätigen. Dies gilt nicht nur in Bezug auf die Bedeutung des fachlichen Umgangs mit dem Einzelfall (d.h. z.B. gut dokumentierte Hilfepläne), welche wieder korrelieren mit positiven Verläufen, sondern vor allem für das folgende Ergebnis: je kontinuierlicher die Betreuung und je besser die Qualität der Beziehung zwischen ErzieherInnen und Kindern war, desto positiver verliefen die Hilfen.[21]

Fazit

Zusammenfassend kann festgehalten werden, dass stationäre Hilfen besser sind als ihr eingangs skizzierter Ruf. Sie sind und können mehr sein als »letzte Maßnahmen« und sollten deshalb nicht erst dann erwogen werden, wenn vorangegangene Hilfen gescheitert sind. Insbesondere sind stationäre Hilfen im Vergleich mit ambulanten eher in der Lage, die schulische und berufliche Entwicklung von Kindern und Jugendlichen zu fördern (auch in der Selbsteinschätzung ehemaliger Kinder aus Heimen).[22]
Empirisch nachweisbar verbessert Heimerziehung aber nicht nur Bildungschancen, sie kann bei stabilen Betreuungssettings auch zur Verringerung psychosozialer Belastung beitragen. Dies hängt jedoch vor allem davon ab, ob es gelingt, in stationären Maßnahmen eine Atmosphäre zu schaffen, in der sich die Kinder und Jugendlichen nicht wie Objekte in einer Institution fühlen. Es hängt wesentlich davon ab, ob sie – manchmal erstmals im Leben – tragfähige Beziehungen aufbauen können. Das Gelingen einer vertrauensvollen Hilfebeziehung ist die wesentliche Vorbedingung für das Gelingen von Erziehungshilfen. Dabei gehören solche notwendigen, exklusive Beziehungen (zu signi-

---

21 Vgl. *Michael Mascenaere / Eckhart Knab*, Evaluationsstudie erzieherischer Hilfen (EVAS) – Eine Einführung, Freiburg i.Br. 2004.
22 Vgl. *Lieselotte Pongratz / Hans-Odo Hübner*, Lebensbewährung nach öffentlicher Erziehung. Eine Hamburger Untersuchung über das Schicksal aus der Fürsorge-Erziehung und Freiwilligen Erziehungshilfe entlassener Jugendliche, Darmstadt: 1959; *Annette Lützke*, Öffentliche Erziehung und Heimerziehung für Mädchen 1945 bis 1975: Bilder »sittlich verwahrloster« Mädchen und junger Frauen. Elektronische Ressource, in: http://miless.uni-essen.de/servlets/DerivateServlet/Derivate-11226/luetzke.pdf, 06.06.2002; *Julia Fontana*, Fürsorge für ein ganzes Leben? Spuren der Heimerziehung in den Biographien von Frauen, Opladen 2007.

fikanten Anderen) in der Heimerziehung zwar zu den Erfolgsfaktoren, möglich werden sie jedoch nur mit einem hohen Personalschlüssel und gut ausgebildeten sozialpädagogischen Fachkräften, welche sich nicht durch die z.T. massiven Abwehrhaltungen oder Grenzüberschreitungen der Kinder irritieren lassen, zu leisten. Tragfähige Beziehungen in Heimen werden in unserem Jugendhilfesystem leider zusätzlich oft dadurch erschwert, dass sich das Jugendamt in die widersprüchlichen und zum Teil krankmachenden Beziehungsmuster der Herkunftsfamilie verstrickt, welche gelingende stabile Beziehungen ihrer Kinder außerhalb ihrer eigenen nicht zulassen und sabotieren (vgl. zum Anteil des Helfersystem an der Produktion der »schwierigen« Fälle Ader 2006).[23]

Die Wirksamkeitsforschung im Bereich der Jugendhilfe bestätigt jedoch einmal mehr die Bedeutung einer längerfristigen, positiven Beziehung im Bereich erzieherischer Verhältnisse. Diese Beziehungen können zwar weder verordnet noch erzwungen werden, sie können aber durch institutionelle Rahmenbedingungen gefördert werden. Hierbei sollte beachtet werden, dass erzieherische Beziehungen am besten gelingen, wenn Kinder und Jugendliche einen Anteil daran haben können, sich die BetreuerInnen, zu denen sie eine nähere und in ihrem Erleben exklusive Beziehung eingehen wollen, zu wählen. Wie wichtig diese Wahl und wie wichtig das Gefühl ist, zu einem verantwortlichen Erwachsenen eine besondere Beziehung zu haben, das hat Wieland[24] in seiner Studie über die Lebensentwürfe von ehemaligen Jugendlichen aus dem Heim überzeugend dargestellt. Es bestätigt auch aus der Perspektive der Betroffenen die Befunde, welche die Resilienzforschung und die Wirksamkeitsstudien nahe legen.

---

[23] Vgl. *Sabine Ader*, Was leitet den Blick? Wahrnehmung, Deutung und Intervention in der Jugendhilfe, Weinheim 2006.
[24] Vgl. *Norbert Wieland*, Ein Zuhause – kein Zuhause. Lebenserfahrungen und -entwürfe heimentlassener junger Erwachsener, Freiburg i.Br. 1992.

MICHAEL WENDLER

Zur Bedeutung von Bewegung und Körperlichkeit im Kontext von Bildung und Entwicklung

Das Fachgebiet Psychomotorik geht in ihrer theoretischen Grundlegung von dem Hauptleitgedanken aus, »(…) dass Persönlichkeitsentwicklung durch Handeln, also durch die tätige Auseinandersetzung mit der materialen und sozialen Umwelt geschieht. In diesem Prozess bilden kindliche Bewegungs- und Wahrnehmungstätigkeit, Erleben und Kognition eine untrennbare Einheit.«[1] Damit versteht sich diese Disziplin heute eindeutig als Entwicklungstheorie geleitete Handlungswissenschaft mit Ausrichtung auf die Erforschung der dynamischen Person-Umwelt-Interaktionen.[2] Psychomotorik als Fachgebiet[3] sieht Bewegung als Grundkategorie menschlicher Existenz, in der Bewegung als Bedeutungsträger des Individuums verstanden wird. Seewald[4] sieht in der Bewegung die Möglichkeit zur Selbsterfahrung und somit als identitätsunterstützendes Element. Die Auseinandersetzung mit dem eigenen Körper und Leib sowie die Beziehung zu anderen Menschen dienen als Grundlage der Persönlichkeitsentwicklung. In diesem Kontext wird der Körper, der sich selbst erleben kann, Erlebnisse speichert und eine innere Repräsentation von sich und seiner Umwelt besitzt, als Leib bezeichnet. In der Auseinandersetzung des Körpers und Erspüren des Leibes wird der

---

[1] *Friedhelm Schilling*, Das Konzept der Psychomotorik – Entwicklung wissenschaftlicher Analysen, Perspektiven, in: *Gerhard Huber* u.a. (Hg.), Psychomotorik in Theorie und Pädagogik, Dortmund 1990, 55–77, zit. in: *Klaus Fischer*, Einführung in die Psychomotorik, München 2004, 6.

[2] Vgl. *Klaus Fischer*, Einführung in die Psychomotorik, München 2004.

[3] Innerhalb der vergangenen 50 Jahre hat sich aus der psychomotorischen Übungsbehandlung eine Vielfalt an unterschiedlichen Ansätzen (kompetenztheoretische, kindzentrierte, psychoanalytisch-orientierte, kommunikationstheoretische, neoreichanische Ausrichtungen sowie systemisch-konstruktivistische und eine expressive Sichtweisen) der Psychomotorik entwickelt, die solide theoretisch begründet sind und sich in den verschiedenen Arbeitsfeldern praktisch bewährt haben (*Richard Hammer / Helmut Köckenberger*, Lehrbuch der Psychomotorik. Ansätze und Arbeitsfelder, Dortmund 2004, 10), so dass von *der* Psychomotorik im engeren Sinne nicht gesprochen werden kann. Vielmehr werden hier unter der Begriffsfassung Grundpositionen wiedergegeben.

[4] Vgl. *Jürgen Seewald*, Durch Bewegung zur Identität?, 2000, in: Motorik, 23, 94–101.

Körper/Leib Grundlage zum Erlangen einer leiblichen sowie persona-
len Identität.[5] Auf dieser Basis bilden sich emotionale und kognitive
Strukturen im Austausch mit der Lebenswelt durch Wahrnehmen und
Handeln.

Aufbau personaler und sozialer Kompetenzen als Teil kindlicher Bildungs- und Entwicklungsprozesse

Die psychomotorische Fachwelt formuliert den Aufbau eines positiven
Selbstkonzepts als zentrales Anliegen in der Arbeit mit ihrer Klientel.
Unter dem *Selbstkonzept* lassen sich alle Einstellungen und Überzeu-
gungen zur eigenen Person fassen, die das Individuum aus den bisherigen Lebenserfahrungen gezogen hat.[6] Das Konstrukt beschäftigt sich
im Kern mit den Fragen:»Wer bin ich?« bzw.»Wer bin ich im Vergleich zu anderen?«[7] Zimmer[8] differenziert das Konstrukt des Selbstkonzepts in zwei Teilkomponenten, die als *Selbstbild* und *Selbstwertgefühl* bezeichnet werden. Das Selbstbild gilt dabei als kognitive
Komponente und beinhaltet ein neutrales Wissen über die eigene Person (Ich bin sehr groß; Ich kann gut zeichnen; Singen kann ich nicht so
gut). Das Selbstwertgefühl bzw. die Selbstwertschätzung stellt hingegen eine bewertende, affektive Komponente dar. Hier kommt zum
Ausdruck wie zufrieden das Kind mit seinen Fähigkeiten ist. Beim
Aufbau des Selbstkonzepts greift das Kind auf unterschiedliche Infor-
mationsquellen zurück. Zimmer[9] geht dabei von den folgenden vier
Bereichen aus:
- Informationen über die Sinnessysteme (das Körperselbst oder das
  sensorische Selbst),
- Erfahrungen der Wirksamkeit des eigenen Verhaltens,
- Folgerungen aus dem Sich-Vergleichen und Sich-Messen mit ande-
  ren,
- Zuordnung von Eigenschaften durch andere.
Die Informationen über das Körperselbst können als elementar be-
zeichnet werden, da diese als Basis zur Bewusstwerdung der eigenen
Person notwendig sind. Das Kind lernt durch diese Wahrnehmungen
zwischen Ich und Nicht-Ich (Umwelt) zu differenzieren. Die Körper-
lichkeit des Kindes gewinnt als Bindeglied zwischen »innen« und »außen« die zentrale Bedeutung im Identitätsbildungsprozess.[10] Als ent-

---

5 Vgl. *Jürgen Seewald*,»Entstörungsversuche« – Bewegung motologisch verstehen, Schorndorf 1995.
6 Vgl. *Renate Zimmer*, Handbuch der Psychomotorik, Freiburg 2000, 52.
7 Vgl. ebd.
8 Vgl. *Renate Zimmer*, Handbuch der Psychomotorik, Freiburg 2000/2006.
9 Vgl. *Renate Zimmer*, Handbuch der Psychomotorik, Freiburg 2000, 62.
10 Vgl. *Renate Zimmer*, Handbuch der Psychomotorik, Freiburg 2000, 63.

scheidender Aspekt beim Aufbau des Selbstkonzepts repräsentiert die *Selbstwirksamkeit* das Gefühl der Gewissheit einer Person, Kontrolle über das eigene Leben zu haben und sich seiner Kompetenzen zur Bewältigung möglicher Probleme gewahr zu sein. Kontrollüberzeugungen bzw. Selbstwirksamkeiten entstehen, wenn Kinder sich selbst als *»Urheber von Handlungen«* oder als *»Verursacher von Handlungseffekten«* erleben. Durch sein Handeln kann das Kind sich ein Bild von seinen persönlichen Möglichkeiten machen, »ein erstes Konzept eigener Fähigkeiten« konstruieren.[11]

Durch das Lösen von Bewegungsaufgaben erfahren Kinder ihre Selbstwirksamkeit und lernen ihre eigene Leistungsfähigkeit realistisch einzuschätzen. Mit zunehmender Bewegungssicherheit steigert sich das Selbstwertgefühl, so dass Bewegungsanlässe und der Umgang mit dem eigenen Körper Kindern einen guten Zugang zu sich selbst ermöglicht, was sich in einem positiven Selbstkonzept niederschlägt.

Durch intrinsische und von außen initiierte Motivation wird bei den Kindern die Neugierde geweckt, unbekannte Dinge auszuprobieren und sich auf neue Angebote einzulassen. Die Aktivitätsbereitschaft und Bewegungsfreude wird gestärkt und Freude am Zusammenspiel in der Gruppe kann erlebt werden. Auch können in diesem Rahmen soziale Beziehungen geschult und gestärkt werden. Dazu zählen zum Beispiel Fähigkeiten wie Teamgeist und Kooperationsfähigkeit, die Inhalt von Bewegungs- und Problemlöseaufgaben sein können. Ein weiterer wichtiger Aspekt der sozialen Beziehungen ist das gemeinsame Aufstellen und Erlernen von Regeln und deren Einhaltung. In diesem Zusammenhang ergeben sich gute Gelegenheiten, um Fairness und Rücksichtnahme ebenso zu erproben wie Interaktions- und Kommunikationsformen zu entwickeln und anzuwenden. Psychomotorische Sprachförderung, die die Zusammenhänge von Bewegung, Wahrnehmung und Sprache betont, bietet seit Längerem theoretisch gut fundierte und praktisch nachhaltige Konzepte komplexer Sprach- und Kommunikationsförderung.[12]

Die Kognition und Sprachentwicklung des Kindes wird gefördert, indem neue Bewegungsideen durch Phantasie und Kreativität entstehen, ausprobiert und reflektiert werden können. Auch das Wiederholen bestimmter Bewegungsabläufe und das Wissen über den sachgerechten Umgang mit Materialien und Geräten unterstützten die kognitive Entwicklung. Durch das wachsende Wissen über den Zusammenhang von Bewegung, Ernährung und Gesundheit, kann eine Steigerung des Wohlbefindens erreicht werden. Im weiteren Verlauf einer psychomo-

---

11 Vgl. *Klaus Fischer*, Bewegung ist Leben – Leben ist Bewegung: Anmerkungen aus psychomotorischer Sicht. Vortrag im Studiengang Motopädagogik und Psychomotorik, Krems 2004.
12 Vgl. *Birgit Lütje-Klose / Josef Olbrich*, Schwerpunktheft psychomotorische Sprach- und Kommunikationsförderung, in: Motorik, 27, 4., 2004, 1f.

torischen Entwicklungsförderung können Bewegungshandlungen beispielsweise dazu genutzt werden, um Gefühle auszudrücken, die eigenen Impulse zu kontrollieren oder die innere Ausgeglichenheit zu stärken.

Auch soziale Ressourcen haben eine Relevanz für die individuelle Entwicklungsbalance. Faltermaier[13] versteht darunter etwa die Unterstützung durch Freunde, Verwandte und durch professionelle Hilfeeinrichtungen (z.b. Beratungsstellen) und die Einbindung in ein soziales Netzwerk (z.b. in einen Sportverein). Grundvoraussetzungen für den Aufbau sozialer Beziehungen sind soziale Kompetenzen, wie Kommunikationsfähigkeit, Sensibilität, Toleranz, Kontakt- und Kooperationsfähigkeit. Diese vermittelt die Psychomotorik über das Themenfeld der Sozialerfahrungen.[14] Für Fischer[15] ist es ein konstitutiver Bestandteil des psychomotorischen Konzepts, dass Förderung in der Regel in Kleingruppen von drei bis acht Kindern stattfindet. In der Interaktion mit anderen Kindern und der GruppenleiterIn erlernt das Kind Grundqualifikationen für das Leben in der sozialen Gemeinschaft. Im gemeinschaftlichen Spiel erwirbt es ein Regelbewusstsein und beteiligt sich bei Gestaltungsprozessen. Es muss sich mit anderen Kindern und der Gruppenleiterin über Inhalt und Gestaltung der Förderstunde verständigen und lernt so Kompromisse zu schließen, Konflikte zu lösen, nachzugeben oder auch eigene Interessen durchzusetzen, ohne Andere dabei zu verletzen. Diese frühen Erfahrungen zeitigen maßgebliche Auswirkungen auf die Fähigkeit soziale Beziehungen bzw. soziale Netzwerke aufzubauen, auf die in Problemsituationen zurückgegriffen werden kann.[16]

Als Grundkategorie vermittelt Bewegung soziale und körperliche Erfahrungen. »Über seinen Körper erlebt das Kind seine Fähigkeiten, aber auch seine Grenzen; es lernt sie zu akzeptieren oder sie durch Üben zu erweitern. Seine zunehmende Geschicklichkeit, Kraft und Schnelligkeit erweitern seinen Bewegungsraum und damit seine Handlungsmöglichkeiten«.[17] Im Rahmen der Motorik befriedigen Kinder ihren elementaren Bewegungsdrang und machen vielfältige Bewegungserfahrungen. Sie können ihre motorischen und koordinativen Fähigkeiten ausprobieren und verfeinern und erkennen die eigenen körperlichen Grenzen, die sie durch weiteres Erproben und Üben erwei-

---

13 Vgl. *Toni Faltermaier*, Die Salutogenese als neue Perspektive in der Gesundheitspsychologie, in: Störfaktor 10, 1, 1997, 37–58.
14 Vgl. *Klaus Fischer*, Bewegung ist Leben – Leben ist Bewegung: Anmerkungen aus psychomotorischer Sicht. Vortrag im Studiengang Motopädagogik und Psychomotorik, Krems 2004, 20ff.
15 Ebd.
16 *Jürgen Seewald*, Der verstehende Ansatz in Psychomotorik und Motologie, München 2007.
17 *Renate Zimmer*, Handbuch der Bewegungserziehung, Freiburg 2002, 76.

tern können. In diesem Prozess entwickeln Kinder zunehmend ein eigenes Körperbewusstsein und Körpergefühl, die ihnen eine bessere Orientierung und Einschätzung ermöglichen.

In den vielfältigen psychomotorisch initiierten Bewegungssituationen bezieht sich das Kind immer auf seinen eigenen Körper als »Nullpunkt eines Koordinatensystems, von dem aus es seinen Bewegungs- und Handlungsraum entfaltet. Die zunehmende Orientierung im Raum bezogen auf den eigenen Körper kann deshalb als »Schlüsselqualifikation« für gelingende Entwicklungs- und Lernprozesse angesehen werden. In der Diskussion frühkindlicher Bildungskonzepte sieht auch Schäfer[18] den Körper als Ausgangspunkt für (frühkindliche) Bildung an, weil er alle sensorischen und motorischen sowie das menschliche Denken begründet und als Werkzeug im Umgang mit der Welt dient, im Kontext von Empfinden und Wahrnehmen, Bewegen und Handeln.

Zur Bedeutung der menschlichen Bewegung

»Bewegung ist ein Grundphänomen menschlichen Lebens, der Mensch ist von seinem Wesen her darauf angewiesen«.[19] Die Bewegungsentwicklung des Menschen beginnt bereits im Mutterleib und erst mit dem Tod hört jede Bewegung des Menschen auf. Bewegung ist die Grundkategorie der durch Wahrnehmen, Erleben und Empfinden erlangten Erkenntnisgewinnung und wird somit zum Medium der Selbst- und Umwelterfahrung.[20]

Mit dem Terminus Bewegung werden nicht nur Fortbewegungsarten und sportliche Betätigungen bezeichnet, sondern auch Tätigkeiten wie z.B. Malen oder ein Instrument spielen; außerdem fallen Gefühle als eine Art »innere« Bewegung und körpereigene Prozesse wie der Herzschlag und das Kreisen des Blutes unter diesen Begriff. In Abhängigkeit von den Lebensbedingungen, dem Lebensalter und der jeweiligen Situation kommen der Bewegung unterschiedliche Bedeutungen zu. Gerade für Kinder in der frühen Kindheit ist der explorativ-erkundende Bewegungsaspekt bedeutsam, weil es sich auf der Basis sensomotorischen Handelns in der Erkundung und Auseinandersetzung die Gegebenheiten der Umwelt aneignet. Kinder machen Erfahrungen, die ihnen etwas über sich selbst und ihren Körper und über die materielle und personale Beschaffenheit der Umwelt verraten. Nicht nur in der spielerischen Auseinandersetzung des Kindes mit der Umwelt, sondern

---

[18] Vgl. *Gerd Schäfer*, Bewegung als Grundlage von Bildung und Geburt, in: *Klaus Fischer / Eckhart Knab / Melanie Behrens* (Hg.), Bewegung in Bildung und Gesundheit, Lemgo 2006, 291–305.
[19] *Renate Zimmer*, Handbuch der Psychomotorik. Theorie und Praxis der psychomotorischen Entwicklungsförderung von Kindern, Freiburg 2004, 17.
[20] Vgl. *Astrid Krus*, Mut zur Entwicklung, Schorndorf 2004, 24.

ebenso in den notwenigen Anpassungsleistungen aufgrund wechselnder Umweltbedingungen sowie körperlichen Veränderungen im Alter, sind materiale Erfahrungen ebenso von zentraler Bedeutung[21] wie die interaktionale Dimension. Denn die interaktionale Bedeutung, die der Bewegung immanent ist, macht sie zu einem Medium der Förderung von Kommunikation und Integration, von sozialen Kontakten und gesellschaftlicher Eingebundenheit und Partizipation. Für Kinder stellt Bewegung also einen wesentlichen Zugang zur Welt dar: Durch das Medium Bewegung erwerben sie vielseitige Erfahrungen über sich selbst und die Umwelt und erweitern so ihre Handlungsfähigkeit. Für die Entwicklung von Kindern werden folgende Funktionen der Bewegung differenziert (s. Abb. 1).[22]

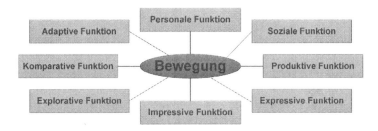

Abb. 1: Funktionen der Bewegung

»Personale Funktion«: Den eigenen Körper und damit sich selbst kennen lernen; sich mit den körperlichen Fähigkeiten auseinandersetzen und ein Bild von sich selber entwickeln.
»Soziale Funktion«: Mit anderen gemeinsam etwas tun, mit und gegeneinander spielen, sich mit anderen absprechen, nachgeben und sich durchsetzen.
»Produktive Funktion«: Selber etwas schaffen, herstellen, mit dem eigenen Körper etwas hervorbringen (z.B. eine Bewegungsfertigkeit wie auf Händen stehen oder einen Ball auf ein Ziel werfen).
»Expressive Funktion«: Gefühle und Empfindungen in Bewegung ausdrücken, körperlich ausleben und ggf. verarbeiten.
»Impressive Funktion«: Gefühle wie Lust, Freude, Erschöpfung und Energie empfinden, durch Bewegung spüren.
»Explorative Funktion«: Die dingliche und räumliche Umwelt kennen lernen und sich erschließen, sich mit Objekten und Geräten auseinander setzen und ihre Eigenschaften erkunden, sich den Umweltanforderungen anpassen bzw. sich eine Situation passend machen.

---

21 Vgl. *Marianne Phillippi-Eisenburger*, Bewegungsarbeit mit älteren und alten Menschen, Schorndorf 1990, 15f.
22 *Renate Zimmer*, Handbuch der Psychomotorik. Theorie und Praxis der psychomotorischen Entwicklungsförderung von Kindern, Freiburg 2004, 17.

»Komparative Funktion«: Sich mit anderen vergleichen, sich mit anderen messen, wetteifern und dabei sowohl Siege verarbeiten als auch Niederlagen ertragen lernen.
»Adaptive Funktion«: Belastungen ertragen, die körperlichen Grenzen kennen lernen und die Leistungsfähigkeit steigern, sich selbstgesetzten und von außen gestellten Anforderungen anpassen«.[23]

Die Differenzierung der Funktionen von Bewegung ist eine rein analytische Trennung, die Aspekte ergänzen sich zum Teil und mit ein und derselben Tätigkeit können mehrere Funktionen verbunden sein. Das Bewusstsein und die Kenntnis dieser Funktionen haben jedoch Konsequenzen für die Auswahl der Bewegungsangebote im Hinblick auf die Bedürfnisse der Zielgruppe und die Ziele der Förderung.[24]
Die Bewegung hängt also immer mit dem Subjekt selbst, welches ihr in jeder Situation einen individuellen Sinn verleiht, ebenso zusammen wie mit der Umwelt/Gesellschaft, die durch die jeweils aktuellen Werte und Normen den Rahmen und die Bewertung der Bewegung beeinflusst oder sogar übernimmt. Das gilt besonders für das Sich-Bewegen von Menschen mit Beeinträchtigungen, bei denen subjektive und gesellschaftliche Lebenswirklichkeit häufig in einem Spannungsfeld liegen.
Bewegung hat nach Gruppe/Krüger[25] eine instrumentelle Dimension für das Individuum, d.h. dass Körper und Bewegung als eine Art Werkzeug benutzt werden. So werden hier alle Techniken wie die zur Fortbewegung (Gehen, Laufen) und auch die erlernten Kulturtechniken wie Sprechen, Schreiben, Rechnen aber auch Essen und Körperpflege erfasst, in denen der Körper funktionell gebraucht wird, um die Ziele zu verwirklichen, die außerhalb der Bewegung liegen. Der Körper steht uns mit seinen Bewegungen meist so selbstverständlich zur Verfügung, dass uns erst beim Nicht-Gelingen von Handlungen eben diese bewusst werden.

Das Spiel als Verwirklichungsmoment

Im Kindesalter sind Spiel und Bewegung eng miteinander verwobene Variablen kindlicher Tätigkeiten und bilden die Stützpfeiler der Persönlichkeitsentwicklung.[26] »Das Spiel stellt für Kinder die wichtigste

---

[23] *Renate Zimmer*, Handbuch der Psychomotorik. Theorie und Praxis der psychomotorischen Entwicklungsförderung von Kindern, Freiburg 2004, 19.
[24] Vgl. Renate Zimmer; Handbuch der Psychomotorik. Theorie und Praxis der psychomotorischen Entwicklungsförderung von Kindern, Freiburg 2004, 20.
[25] *Vgl. Ommo Gruppe / Michael Krüger*, Einführung in die Sportpädagogik, Schorndorf 1997, 209.
[26] Vgl. *Astrid Krus*, Mut zur Entwicklung, Schorndorf 2004, 24.

Tätigkeit dar, mit der sie die Welt begreifen, Beziehungen zu anderen aufbauen und sich selbst kennen lernen«.[27] Dies geschieht nicht, um ein bestimmtes Ziel zu erreichen, sondern um seiner selbst willen und bereitet dem Kind Freude. Das Spiel wird »(…) als Quelle der Entwicklung betrachtet, durch die neue Handlungsschemata erworben werden sowie die Handlungsfähigkeit flexibler wird«.[28] Das Spiel ist somit für eine kindgerechte Förderung der Persönlichkeitsentwicklung und Handlungskompetenz als ein essentielles Medium zu betrachten.[29] In bestimmten Altersspannen des Kindes dominiert eine andere Art des Spiels. Die frühste Form des Spieles ist das Funktionsspiel der Kleinkinder (0–2 Jahre); sie entdecken die Lust an eigenen Bewegungen und am Funktionieren eines Gegenstandes. Im Alter von zwei bis vier Jahren bevorzugen Kinder Konstruktions- und Fiktions-/Illusionsspiele, bei denen schöpferische Fähigkeiten, praktisches Problemlösen und symbolische Handlungen im Vordergrund stehen. Im Kindergartenalter (ca. vier bis sechs Jahre) dominieren Rollenspiele, in denen die Kinder Rollen und Tätigkeiten ihrer Bezugspersonen nachahmen und sich mit ihnen identifizieren. Ab einem Alter von fünf bis sechs Jahren beginnen die Kinder meist mit Regelspielen, die durch das Miteinander- und Zusammenspielen gekennzeichnet sind. Die Kinder erkennen, dass Spielregeln soziale Vereinbarungen sind, die unter Zustimmung aller Beteiligten verändert werden können. Regeln geben den Kindern Sicherheit in Form eines erlaubten Handlungsspielraums. Sie verlangen aber auch dem Kind gewisse Verhaltensvorschriften, die Übernahme von Rollen (z.B. Fänger oder Läufer sein) und gewisse Fertigkeiten (z.B. werfen, laufen) ab.[30]

Das bewusste Einsetzen von Regelspielen in der Arbeit mit Kindern geschieht meist, um Fähigkeiten zu optimieren sowie Handlungsstrategien zu erwerben und zu erweitern, vor allem vor dem Hintergrund, dass der Alltag der Kinder von Regeln, z.B. in der Schule und zu Hause, geprägt ist.[31] Wettkampfspiele, bei denen Kinder endgültig aus einem Spiel ausscheiden oder Letzter werden können, sollten wohl dosiert durchgeführt werden, da häufiges Verlieren das Selbstkonzept des Kindes negativ beeinflussen und Störverhalten provozieren können. Allerdings können Wettkampfspiele auch zur Stabilisierung des Selbstwertgefühls beitragen, weil das Kind lernt, mit Erfolg und Miss-

---

27 *Renate Zimmer*, Handbuch der Psychomotorik. Theorie und Praxis der psychomotorischen Entwicklungsförderung von Kindern, Freiburg 2004, 88.
28 *Astrid Krus*, Mut zur Entwicklung, Schorndorf 2004, 21.
29 Vgl. *Gabriele Hanne-Behnke*, Klinisch-orientierte Psychomotorik, München 2001, 214f.
30 Vgl. *Renate Zimmer,* Handbuch der Psychomotorik. Theorie und Praxis der psychomotorischen Entwicklungsförderung von Kindern, Freiburg 2004.
31 Vgl. *Gabriele Hanne-Behnke*, Klinisch-orientierte Psychomotorik, München 2001, 227.

erfolg, Sieg und Niederlage umzugehen.[32] Das freie und keinem äußeren Zweck untergeordnete Spiel ist die dominierende Tätigkeit des
Kindes und wird als wichtigste Quelle der kindlichen Entwicklung betrachtet. Im Spiel verbinden sich emotionale, kognitive und soziale
Entwicklung des Kindes.[33] Das Spiel ist also ein geeignetes Medium,
um Zugang zum Kind zu finden und die Ziele der Psychomotorik (positives Selbstkonzept, Ich-, Sach- und Sozialkompetenz) zu verwirklichen.

Bewegung, Körperlichkeit und frühkindliche Bildung

Vor allem in der Kindheit bilden Bewegungshandlungen die Basis, um
sich die Welt räumlich-dinglich und in ihren personellen Bezügen zu
erschließen,[34] so dass der kognitive und kommunikative Kompetenz-
erwerb auf der subjektbezogenen Erlebnis- und Erfahrungswelt des
Individuums basiert und zunächst an Bewegungshandlungen und damit
an den eigenen Körper gebunden ist. Als Grundkategorie vermittelt
Bewegung soziale und körperliche Erfahrungen.»Über seinen Körper
erlebt das Kind seine Fähigkeiten, aber auch seine Grenzen; es lernt sie
zu akzeptieren oder sie durch Üben zu erweitern. Seine zunehmende
Geschicklichkeit, Kraft und Schnelligkeit erweitern seinen Bewegungsraum und damit seine Handlungsmöglichkeiten«.[35] Zeitlebens
erhält das Körperkonzept seine spezifische Bedeutung als Träger von
Aneignungsprozessen, in denen Individuen (Subjekte) Daten aus der
Umwelt in ihre subjektiven Erlebniswelten transferieren. In diesen
Prozessen steht der Körper eines Menschen immer – physisch wie
psychisch – an der Nahtstelle zwischen Person und Außenwelt.[36] Damit erhält das Körperkonzept eine tragende Rolle und bleibende Bedeutung für das Selbstkonzept als Teil der eigenen Identität.[37] Ist beispielsweise einem Kind mit mangelnder Körperorientierung nicht bewusst, wo sich welche Extremitäten wie befinden, so besteht nur eine
diffuse Vorstellung über die Raumbegriffe vor, hinter, neben, auf oder
in. Sind diese Ortsangaben nicht mit konkreten Erfahrungen des eigenen Körpers verbunden, erscheint es einleuchtend, dass sie auch nicht

---

[32] Vgl. *Renate Zimmer*, Handbuch der Psychomotorik. Theorie und Praxis der
psychomotorischen Entwicklungsförderung von Kindern, Freiburg 2004, 106. Vgl.
Gabriele Hanne-Behnke, Klinisch-orientierte Psychomotorik, München 2001, 227.
[33] Vgl. *Astrid Krus*, Mut zur Entwicklung, Schorndorf 2004, 21.
[34] Vgl. *Klaus Fischer*, Psychomotorik: Bewegungshandeln als Entwicklungshan-
deln, in: Sportpädagogik, Seelze 2006, 27.
[35] *Renate Zimmer*, Handbuch der Bewegungserziehung, Freiburg 2002, 76.
[36] Vgl. *Klaus Fischer*, Einführung in die Psychomotorik, München 2004, 56.
[37] Vgl. *Dietrich Eggert / Christina Reichenbach / Sandra Bude*, Das Selbstkonzept Inventar (SKI) für Kinder im Vorschul- und Grundschulalter, Dortmund
2003, 32.

auf den persönlichen und sozialen Raum transportiert werden können und die mangelhaften Orientierung beim Kind Unsicherheiten im Lernen (Orientierung im Schreib- oder Zahlenraum) oder bei Sozialkontakten hervorrufen kann.

Die »Beherrschung« des Körpers und das Wissen über die damit verbundenen Fähigkeiten kann somit als die Grundlage für die Entwicklung der eigenen Identität eines Menschen gesehen werden und bildet den Ausgangspunkt für jegliche Erfahrung (affektiv wie kognitiv, bewusst wie unbewusst). Einfluss auf das Körperkonzept haben zwei verschiedene Funktionsbereiche: Das Körperschema (Kognition) und das Körpergefühl (Emotion). Das Körperschema setzt sich zusammen aus dem Körperwissen, der Körperausdehnung, dem Körper in Raum und Zeit sowie aus der Körperorientierung. Körperwissen kennzeichnet die Kenntnisse über den eigenen Körper, dessen Bau und Funktionen. Die Körperausdehnung hingegen beschreibt die Einschätzung der Grenzen des Körpers auf rein kognitiver Ebene. Der Körper in Raum und Zeit beschreibt nach Eggert et al. »(...) den Umgang des Menschen mit räumlichen und zeitlichen Strukturen«.[38] Die Körperorientierung ist die Kopplung von den Erfahrungen am Körper mit anderen Faktoren, Erfahrungen und Informationen.

Das Körpergefühl orientiert sich im Gegensatz zu dem Körperschema an emotionalen Inhalten und befasst sich mit dem Körperausdruck, dem Körperbewusstsein, der Körpereinstellung und der Körperausgrenzung. Die Körpereinstellung zeigt, wie der Mensch zu seinem Körper steht, der Körperausdruck zeigt hingegen, was der Mensch mit seinem Körper ausdrückt bzw. ausdrücken möchte und wie dies von anderen verstanden wird. Wenn ein Mensch sich mit seinem Körper bewusst auseinandersetzt, ihn erlebt und wahrnimmt, nennt man das Körperbewusstsein, während Körperausgrenzung die Fähigkeit beinhaltet, seinen Körper als eigen und unabhängig von der Umwelt betrachten zu können.

Voraussetzung für die Wahrnehmung des eigenen Körpers ist die Bereitschaft zu sinnlichen Erfahrungen, während die mit dem eigenen Körper gemachten Erfahrungen wiederum die Bereitschaft beeinflussen, mit der Umwelt in Kontakt zu treten und sich neuen Erfahrungen zu stellen. Erst durch sinnliche Aufgeschlossenheit kann ein Individuum wahrnehmen, was in seinem Körper und im Umgang mit der Umwelt geschieht. Körpererfahrungen sind daher eng gebunden an die Sensibilität für das, was in Bewegungshandlungen geschieht, und setzen somit auch die Bewusstmachung von taktil-kinästhetischen, visuellen und akustischen Sinneswahrnehmungen voraus.[39] Das bewusste

38 *Dietrich Eggert / Christina Reichenbach / Sandra Bude*, Das Selbstkonzept Inventar (SKI) für Kinder im Vorschul- und Grundschulalter, Dortmund 2003, 33.
39 Vgl. *Renate Zimmer / Cicurs Zimmer*, Psychomotorik. Neue Ansätze im Sportförderunterricht und Sonderturnen, Schorndorf 1993, 66.

und unbewusste Verarbeiten von körperbezogenen Empfindungen,
Vorstellungen und Gefühlen ist für die positive Einstellung zum eigenen Körper von besonderer Bedeutung. Über ihn verfügen und bestimmte Handlungsziele erreichen zu können, ist eine unabdingbare
Voraussetzung für Zufriedenheit und ein positives Selbstbild.
Körperbezogene Eigenaktivitäten des Kindes müssen daher als Schar-
nierstelle (vor-) schulischer Bildungsprozesse und Entwicklungsde-
terminanten betrachtet werden, denn im Umgang mit dem eigenen
Körper (Leib) erschließt sich dem Individuum eine identitätsbildende
und erkenntnisstrukturiende Perspektive zugleich.

Der Körper als Fundament des Lernens

Im Folgenden werden die Meilensteine in der Entwicklung der Raumpräsentation beim Kind dargestellt und ihre Bedeutung im Lernprozess
der Kulturtechniken aufgezeigt: Die Repräsentation des Raumes lässt
sich allgemein als eine Entwicklungslinie von der Orientierung am eigenen Körper (Körperraum) über eine Orientierung vom eigenen Körper aus (egozentrischer und topologischer Raum) zu einer außerkörper-
lichen Raumpräsentation (euklidischer Raum) charakterisieren. Medium dieser qualitativen Differenzierung ist die Bewegung(-shandlung).
Im Verlauf ihrer Entwicklung lernen Kinder Reize aus dem eigenen
Körper und aus ihrer Außenwelt bezüglich ihres Informationsgehaltes
zu interpretieren. Das Kind baut sich durch Wahrnehmung und Bewegung ein räumlich-zeitliches Orientierungssystem auf und entwickelt
so seine praktische und begriffliche Intelligenz.[40] Die Art und Weise,
wie sich Kinder Räume erschließen bzw. sich in ihnen orientieren und
sie erleben, ist grundlegend in Bezug ihrer Gesamtentwicklung zu sehen. Diesen entwicklungsabhängigen Prozess beschreibt Bertrand[41] in
drei Entwicklungsstadien. Zunächst ist die Entwicklung auf den eigenen Körper/Leib bezogen, die sich zunehmend nach außen auf die
Umwelt richtet. Die Entwicklung des Körper-Leibraumes ist für die
Erschließung der Umwelt und die Orientierung darin von großer Bedeutung.
Auf unterster Ebene lernt das Kind sich selbst, seinen Körper und seine Empfindungen kennen. Über taktil-kinästhetische Sinneskanäle
nimmt es den eigenen Körper zunehmend differenzierter wahr, was
ihm ermöglicht, seine Bestandteile im Sinne einer Architektur des
Körpers zu unterscheiden. Leboulch[42] beschreibt diesen Zeitraum von

---

[40] *Vgl. Esther Vortisch / Michael Wendler*, Vom Körperraum zum Lebensraum.
In: Sportunterricht, 42, Lemgo 1993, 113.
[41] Vgl. *Lucien Bertrand*, Die Entwicklung des Raum-Zeitbegriffs beim Kinde, in:
Motorik, 1982.
[42] In: ebd.

drei bis sechs Jahren als Phase des perzeptiven Unterscheidens. Nicht nur die Diskriminationsfähigkeit verschiedener Körperwahrnehmungen, sondern auch Richtungsangaben, -unterscheidungen wie zur Seite, hinauf/hinab, vor/zurück, rechts und links, sowie Raumangaben wie auf, in, neben und Ausdehnungen des Raumes in lang/breit, hoch/niedrig, nahe/fern/weit verschmelzen zu einem gesamträumlichen Wahrnehmungskonzepts.[43]

Zum repräsentierten Raum gelangt das Kind indem es »lernt«, mit seinem Körper umzugehen und die Kontrolle über sich zu haben. Erst wenn diese Erfahrungen ausreichend gemacht sind und in ein sinnvolles Bild eingeordnet werden können (verinnerlicht sind), ist es dem Kind möglich, sich ungehindert nach außen wenden zu können. Der Raum wird in seiner Begrenzung, seiner Enge und Weite, Höhe und Tiefe, Nähe und Ferne durch Geräusche und Klang, durch Ausgehen, Auslaufen, Kriechen, Rollen und Fahren wahrgenommen. Durch Bewegung und Wahrnehmung erlernt ein Kind die oben bereits erwähnten Raumrichtungen wie oben-unten, rechts-links vorn-hinten etc. und damit feste Bezugsgrößen für die Lage von dreidimensionalen Objekten im Raum. Die Lagebeziehungen des eigenen Körpers im Raum können begriffen werden, Entfernungen eingeschätzt, Richtungen erkannt und ein Weg eingeteilt bzw. unterteilt sowie in Raum und Zeit eingeordnet werden.

Mit dem Phänomen Raum untrennbar verbunden ist der Zeitbegriff, der an allen Wahrnehmungsbereichen beteiligt und auch von grundlegender Bedeutung ist.[44] Das Kind lernt allmählich, dass eine Handlung einem zeitlichen Verlauf untergeordnet ist und dass verschiedene Ereignisse sowohl gleichzeitig als auch nacheinander geschehen können. Das abstrakte Phänomen Zeit umreißt drei Komplexe, die in unterschiedlicher Weise hohe Anforderungen an Kinder stellen: Wahrnehmung von zeitlichen Folgen, Schätzungen von Zeitstrecken und Orientierung in der Zeit.

Körperwahrnehmungen und Raum-Zeiterfahrungen sind Voraussetzung für die Orientierung des Kindes in allen Lebenssituationen, zu Hause, auf dem Spielplatz oder auf der Straße, in der Turnhalle oder auf dem Weg zum Kindergarten. Neben der Bewältigung des Lebensalltages hat die Entwicklung der Raum-Zeitbegriffe auf der Basis einer genauen Körperkenntnis entscheidende Bedeutung für einen erfolgreichen Schulstart und den weiteren Lernerfolg.

---

[43] Vgl. *Esther Vortisch / Michael Wendler*, Vom Körperraum zum Lebensraum, in: Sportunterricht, 42, Lemgo 1993, 114.
[44] Vgl. *Lucien Bertrand*, Die Entwicklung des Raum-Zeitbegriffs beim Kinde, in: Motorik, 1982; *Dietrich Eggert / Lucien Bertrand*, RZI – Raum-Zeit-Inventar, Dortmund 2002.

Bedeutung der Körper-Raumerfahrungen für die Kulturtechniken
Lesen, Schreiben und Rechnen

Lesen und Schreiben vollziehen sich im europäischen Kulturkreis von
links nach rechts und von oben nach unten. Die räumliche Struktur ist
damit genau vorgegeben, so dass Kinder eine bestimmte Reife in der
körperlich-räumlichen Strukturierungsfähigkeit erlangt haben müssen,
um sich den Regeln der Kulturtechniken anpassen zu können. In Bezug auf die Symbolfunktion muss ein Kind feststellen(lernen), dass das
schriftliche Zeichen einen sich in der Zeit erstreckenden Laut repräsentiert. Besondere Probleme bereitet es daher vielen Kindern zu Beginn
des Schriftspracherwerbs, die Länge von Wörtern oder Vokalen einzuschätzen. Auf die Frage, ob »Auto« oder »Regenwurm« länger sei,
stimmen viele Kinder für Auto, weil sie noch kein Bewusstsein für die
zeitliche Dauer von Wörtern entwickelt haben. Vielmehr fällt die Entscheidung nach der räumlichen Größe des benannten Objekts.[45]
Auch das bloße Abschreiben eines Symbols oder eines Buchstaben
(z.B. b, d, p, q) birgt ähnliche Schwierigkeiten: die einzelnen räumlich
gleichzeitig dargebotenen Schriftzeichen müssen optisch in der richtigen Stellung im Raum (also vom eigenen Körper aus) wahrgenommen
und zeitlich nacheinander in eine schreibmotorische Bewegung umgesetzt werden, so dass sie wieder als ein räumliches Nebeneinander auf
dem eigenen Blatt Papier erscheinen. Zuvor muss ein Kind erst die
räumliche Struktur realer Dinge begreifen, d.h. durch die Handhabung
von Gegenständen wie rund oder klein erfahren, bevor es diese Quali-
täten in zweidimensionalen Abbildungen wieder erkennen kann. Das
Abzeichnen einer geometrischen Form wie z.B. eines Rechtecks verlangt vom Kind raum-zeitliche Übersetzungsleistungen. Das vorgelegte Rechteck, also eine simultane Darbietung im Raum, hat keine zeitliche Erstreckung, auch wenn das Kind durch fortwährendes Anschauen
die Darbietungszeit verlängert. Das Kind kann nicht alle vier Rechteck-
seiten gleichzeitig zeichnen, sondern muss bei der Reproduktion die simultane Darbietung in eine zeitliche Abfolge übersetzen, in dem es eine
Linie nach der anderen zieht, bis das Rechteck vollständig ist.[46]
Als Folge der frühkindlichen Bildungsprozesse in Bewegung und mit
dem Körper entwickeln Kinder Vorstellungen davon, wie und was sie
in ihrem Umwelt wahrnehmen, denken und aussprechen können.[47]
Vorschulisch erarbeiten sich Kinder ein Gespür für die Möglichkeiten
der Kommunikation, die sie in Körper-, in Verbalsprache oder später
in bildnerische und schriftsprachliche Aufzeichnungen ständig erwei-

[45] Vgl. *Ralph Brügelmann*, in: *Dietrich Eggert / Lucien Bertrand,* RZI – Raum-
Zeit-Inventar, Dortmund 2002.
[46] Vgl. *Dietrich Eggert / Lucien Bertrand,* RZI – Raum-Zeit-Inventar, Dortmund
2002, 167.
[47] Vgl. *Gerd Schäfer* (Hg.), Bildung beginnt mit der Geburt, Weinheim 2003, 73.

tern und weiter ausbilden. Kinder erkennen Sprache in ihren Varianten als Möglichkeit:
- Der Mitteilung, sich verständlich zu machen, etwas wiederzugeben (z.b. etwas Erlebtes oder eine Begebenheit von Zuhause zu erzählen, sich mit jemanden auszutauschen),
- der Betonung und Erklärung (z.b. Regeln besprechen, einen Ablauf zu klären, seine eigene Position zu vertreten),
- und zunehmend auch über das Malen und Schreiben als Möglichkeit des Festhaltens und Bewahrens (z.b. eines Ereignisses, eines Spiels u.a.).[48]

In der Versprachlichung werden die Dinge und Gegebenheiten aus der Auseinandersetzung mit der Umwelt begrifflich fassbar und kommunizierbar. Dabei gibt es eine äußere Sprache mit einem konkreten Kommunikationspartner und ein inneres Sprechen ohne einen anwesenden Partner.[49] Die Sprache hat daher zwei wichtige Funktionen: Sie dient als Medium und als Werkzeug zugleich: In ihr werden Informationen übermittelt und sie stellt ihrerseits das Werkzeug bereit, um diese Informationen zu ordnen, aufeinander zu beziehen oder voneinander abzugrenzen. Genau hier ist die Schnittstelle zu den erkenntnisstrukturierenden, im engeren Sinne kognitiven Systemen in der Entwicklung von Kindern: Erkenntnisse sind an Erfahrungen gebunden, die wiederum auf den Körper, seine Sinnesfähigkeit, sein (Bewegungs-)Handeln und Sich-bewegen angewiesen sind. Durch Handeln differenzieren Kinder zwischen Handlung und Handlungseffekt bzw. Sequenz und Konsequenz: In der Handlung erfahren sie sich als Urheber der Aktivitäten (Subjekte), die ihr Interesse auf Ziele und Objekte richten.[50] In diesen Tätigkeiten erlangen Kinder nicht nur das Bewusstsein für die Dinge ihrer Umwelt, sondern konstruieren auch ihr Tun im Kopf, d.h. sie bilden Hypothesen und erfinden Modelle, um ihre Erfahrungen zu verstehen, sie stimmig zu machen und um erfolgreich zu handeln, um für sie wichtige Ziele zu erreichen.[51] Denken, das aus diesen Erfahrungen hervorgeht, trägt stets den Stempel des Körpers. »Wissen, das nicht mit Erfahrung gebunden werden kann, bleibt beliebig, belanglos und sinnlos für die eigene Lebensführung«.[52]

---

48 *Karin Meiners*, Eine Spur hinterlassen. Wie gelangen Kinder zur Schrift?, in: motorik, 29, 2006, 150.
49 Vgl. *Marie-Cécile Bertau / Angelika Speck-Hamdan*, Förderung der kommunikativen Fähigkeit im Vorschulalter, in: *Faust, G.* u.a. (Hg.), Anschlussfähige Bildungsprozesse im Elementar- und Primarbereich, Bad Heilbronn 2004, 111.
50 Vgl. *Klaus Fischer*, Händigkeit als Basiskompetenz für den Schriftspracherwerb, in: motorik, 3, 2006, 100.
51 Vgl. *Hans Brügelmann*, Kinder lernen anders, Lengwil 1998, 17.
52 Vgl. *Gerd Schäfer*, Bewegung als Grundlage von Bildung und Geburt, in: *Klaus Fischer / Eckhart Knab / Melanie Behrens* (Hg.), Bewegung in Bildung und Gesundheit, Lemgo 2006, 305.

Fazit

Bewegung und eigene, körperliche Aktivität des Kindes sind weitgehend als Träger von Entwicklungs- und Partizipationsprozessen anerkannt (WHO) und leisten einen weitreichenden Beitrag innerhalb von Entwicklungs- und Bildungsprozessen. Diese Erkenntnis hat sich jedoch noch nicht flächendeckend in der Praxis der Bildungs- und Familieneinrichtungen durchgesetzt.

III

Praxisbeispiele und Handlungsansätze

ULRIKE BAVENDIEK

Verwahrloste Kinder als Eltern von morgen?

Vorbemerkung

Seit mehr als 30 Jahren arbeite ich in den verschiedenen Feldern (ambulant, teilstationär, stationär) der Erziehungshilfe. In dieser Zeit gab es wichtige fachlich – politische Entwicklungen, die die Ausrichtung der Arbeit wesentlich beeinflusst haben. Der für mich wichtigste Veränderungsprozess wurde durch die Einführung des Kinder- und Jugendhilfe-Gesetzes 1990 initiiert. Ging es bislang darum (im bis dahin geltenden Jugendwohlfahrtsgesetz), die Erziehungsunfähigkeit der Eltern nachzuweisen und Kinder zu »retten«, indem sie in stationäre Heimerziehung kamen, so änderte sich mit dem KJHG die Sichtweise vollkommen. Es ging und geht heute noch darum, Eltern in ihrer Erziehungsfähigkeit zu unterstützen und so möglichst den Verbleib des Kindes in der Familie zu sichern.

In den 90-iger Jahren entwickelten sich vielfältige ambulante Formen (aufsuchende Einzelfallarbeit für Kinder und Jugendliche, Familienaktivierungsmanagement etc.) in der Erziehungshilfe. Verbunden mit systemischem Denken veränderte sich die Arbeit mit den Eltern. Elterngespräche wurden weniger Anleitungsgespräche denn mehr Beratungsgespräche, in denen das System Familie und der Kontext des Systems wichtig wurden. Über die Entwicklung von neuen Denkansätzen zu und über konkrete familiäre Situationen wurde im Bereich der Elternarbeit die Erziehungshilfe mehr und mehr eine erzieherische Hilfe in Form von Beratung des jeweiligen Familiensystems. Eltern wurden mehr wahrgenommen. Der Wert des Familienerhaltes für das Kind wurde deutlich. Erziehungshilfe veränderte sich. Sie war nicht länger primär für die Erziehung des Kindes zuständig, sondern sie sah sich zunehmend als Hilfe für die Familie. Erziehungshilfe wurde Familienhilfe mit vielfältigen Angeboten.

Ende der 90-iger Jahre zeigte sich immer massiver, dass Elternberatungsgespräche nicht mehr ausreichten. Eltern verstanden immer weniger, was die in den Familien tätigen Fachkräfte mit ihnen besprachen und dann in der Umsetzung erwarteten. Ein »elterlicher Wissensverlust« auf breiter Ebene wurde deutlich und von der Politik verstanden. Dies spiegelt sich sowohl im 11. als auch im 12. Kinder- und Jugendbericht wieder,[1] in dem soziale Infrastrukturen eingefordert werden, die Eltern ganz praktisch in ihrer Erziehung unterstützen, wie zum Beispiel durch mehr Kita-Plätze und vermehrte Beratungsangebote. Der folgende Beitrag beschäftigt sich aus Sicht einer Praktikerin der Erziehungshilfe mit den Ursachen dieses »elterlichen Wissensverlustes« und zeigt Möglichkeiten auf, wie Eltern heute für die Erziehung ihrer Kinder zu gewinnen sind. Die Antwort auf die Frage »verwahrloste Kinder als Eltern von morgen?« scheint zunächst sehr einfach zu sein. Natürlich werden ein Teil der Kinder von heute Eltern von morgen sein. Es ist die Frage, wie die Eltern von morgen ihre Elternrolle ausfüllen. Das »wie« hängt in großem Maße davon ab, wie die Kinder von heute ihre Eltern in ihrer Rolle als Eltern erleben, wie die gesellschaftliche Vorstellung von »Eltern sein« ist.

Gesellschaftliche Entwicklungen

Dazu einige Anmerkungen. Ich beziehe mich dabei auf einen sehr interessanten Artikel aus der Rheinischen Post vom Dezember 2005 »Lehrlinge des Lebens«.[2] In den 60-iger Jahren entsprach das Leben noch weitgehend dem »linearen Modell«. Es gab einen klaren gesellschaftlichen Konsens in Bezug auf die Lebensplanung (jeder wusste, was üblich war). Es gab die Gewissheit, das Richtige zu tun, wenn man sich an den gesellschaftlichen Konsens hielt. Die Erreichung von Lebensstationen wie Kindheit, Schulzeit, Ausbildung, Beruf, Heirat, Familie, Pension gaben Sicherheit. Daten oder äußere Werte machten das Erwachsensein aus: Gesellenprüfung, Heirat, Eigenheim etc. Auftretende Probleme wurden gelöst, indem der Person zurück in die »Spur« geholfen wurde. Elternsein war klar definiert, die Ausrichtung der Erziehung war gesellschaftlicher Konsens.

Im Gegensatz dazu sehen die aktuellen Ideen über Lebensplanung und Leben heute anders aus. Man spricht vom »zyklischen Modell«. Anders als beim linearen Modell gibt es heute eine anerkannte Vielfalt in Bezug auf die Lebensplanung. Jeder hat im Grundsatz die Freiheit, sich für etwas aus der gesellschaftlich anerkannten Vielfalt zu entscheiden. Die Erreichung von Lebensstationen wie Kindheit, Schulzeit, Ausbildung, Heirat, Familie bedeuten eine jeweils neue Entschei-

---

1 Vgl. *BMFSFJ* (Hg.), 11. Kinder- und Jugendbericht. Bericht über die Lebenssituation junger Menschen und die Leistungen der Kinder- und Jugendhilfe in Deutschland. »Aufwachsen in öffentlicher Verantwortung«, Bonn 2002, Deutscher Bundestag, Drucksache Nr. 14/8181; *BMFSFJ* (Hg.), 12. Kinder- und Jugendbericht. Bericht über die Lebenssituation junger Menschen und die Leistungen der Kinder- und Jugendhilfe in Deutschland. »Bildung, Betreuung und Erziehung vor und neben der Schule«, Berlin 2006, Deutscher Bundestag, Drucksache Nr. 15/6014.
2 »Lehrlinge des Lebens« Dezember 2005 in: www.Rheinische-Post.de.

dung, wie es weitergeht und nicht das Erreichen eines Meilensteines, der die Sicherheit gibt, auf dem »richtigen« Weg zu sein. Daten und äußere Werte sind keine Voraussetzung für das Erwachsen sein. Unabhängig von einer Ausbildung und einer ausgeübten Berufstätigkeit kann man ein Geschäft eröffnen, unterschiedliche Status-Symbole wie große Autos, teure Uhren etc. erwerben. Auftretende Probleme sind heute eher komplex und werden »gemanagt«. Gleichzeitig können sie Auslöser für einen Richtungswechsel in Bezug auf die individuelle Lebensplanung sein.

Diese gesellschaftlich und auch politisch gewollte Art der Lebensplanung, der Lebensgestaltung hat Konsequenzen für jeden Einzelnen. Leben heute heißt:

– Permanente Veränderung in allen Lebensbereichen, alles kann hinterfragt und zur »Disposition« gestellt werden.
– Der Mensch heute muss äußerlich sehr flexibel sein bei gleichzeitiger hoher innerer Festigkeit, er braucht ein starkes Skelett aus Normen, Werten und sozialen Kompetenzen, um sich immer wieder innerlich ausrichten zu können
– Die gesellschaftliche Tendenz heute heißt »lieber jung sein, vieles ausprobieren, möglichst wenig Verantwortung übernehmen –Ich will Spaß!«
– Die Selbstfindung dauert ein Leben lang – es ist heute normal, sich seine Identität immer wieder neu zusammenzusetzen, sich sozusagen »neu« zu erfinden
– Erwachsen sein heute bedeutet Zutrauen in die eigenen Fähigkeiten zu haben, Gelassenheit in der Alltagbewältigung zu zeigen, zufrieden sein zu können, unabhängig von den Einflüsterungen anderer sein zu können, d.h. eigene Werte, Normen und Standpunkte zu haben
– Erwachsen ist, wer sich selbst gewachsen ist.

Die Anforderungen an das Individuum sind heute enorm im Vergleich zu früher. Es ist letztlich mehr auf sich selbst gestellt. Dennoch ist nach wie vor die Familie die Kraftquelle für die innere Festigkeit, die emotionale Stärke, wie verschiedenste Studien (z.B. die aktuelle Shellstudie) immer wieder feststellen. Viele Menschen haben den Wunsch, in einer Familie zu leben. Familie wird definiert als *»emotionaler Rückhaltsort und Aushandlungsort«.*[3]

Familie und Elternschaft

Es ist zu beobachten (und durch wissenschaftliche Forschungen von Schneewind und Petzhold belegt), dass die Ge- und Ausgestaltung von

---

[3] Vgl. *BMFSFJ* (Hg.), 11. Kinder- und Jugendbericht. Bericht über die Lebenssituation junger Menschen und die Leistungen der Kinder- und Jugendhilfe in Deutschland, Bonn 2002, Deutscher Bundestag, Drucksache 14/8181.

»Familie« in den letzten Jahrzehnten einen erheblichen Wertewandel beinhaltet. Beispielsweise nimmt die Anzahl der Stieffamilien und der Patchworkfamilien zu. Es gibt immer mehr Familiensysteme, die nur für eine begrenzte Zeit zusammenbleiben.
Wie jemand Familie definiert, hängt immer mehr davon ab, wie er selbst Familie erlebt hat. Heutzutage setzt sich die Biografie des Einzelnen immer mehr aus unterschiedlichen Familienzuständen zusammen. Eine durchgehende Biografie, beruhend auf dem Aufwachsen in *einem* Familiensystem (Originalfamilie: Vater, Mutter, Kind), beruhend auf *einer* Werte- und Normenvermittlung sowie auf *einer kontinuierlichen, längerfristigen Erziehungstätigkeit der Eltern* beruhend wird seltener.
Zusammengesetzte Biografien mit all den sich daraus ergebenden Brüchen werden häufiger. Dies wiederum macht es natürlich wesentlich schwieriger, eine eigene Identität zu entwickeln. Eine eigene Identität und prozesshafte Weiterentwicklung dieser ist die Voraussetzung für die Entwicklung einer Elternidentität. Es ist zu beobachten, dass immer mehr Eltern die Elternidentität fehlt. Drastisch formuliert heißt dies: Immer mehr Eltern fehlt das Wissen um die Aufzucht und Haltung von Kindern! Sie wissen nicht (mehr), was ihre elterlichen Aufgaben sind.
Annegret Sürringhaus-Bünder hat es in dem Buch »Coaching von Eltern«,[4] wie folgt beschrieben. Sie benutzt dabei den Begriff Entwicklungsaufgaben von Eltern.
Es ist Entwicklungsaufgabe von Eltern,
– das Kind mit Nahrung, Kleidung und Hygiene zu versorgen,
– das Kind zu betreuen und zu beschützen,
– dem Kind Beziehungssicherheit zu vermitteln, ihm das Gefühl von Wertschätzung und Anerkennung als Person und Zugehörigkeit zu geben, um darüber eine sichere Bindung zu ermöglichen,
– die konkreten Entwicklungsbedürfnisse des Kindes zu erkennen,
– ihm bei der Erfüllung behilflich zu sein und ihm darüber zu ermöglichen, die in unserer Kultur gültigen Entwicklungsnormen zu verinnerlichen.
Um diesen Entwicklungsaufgaben gerecht zu werden, braucht es bestimmte Kompetenzen, die bereits im Kindesalter erworben werden sollten.
Der Deutsche Städtetag hat schon 2003 einen so genannten »Kinderschutzbogen«[5] entwickelt, der sehr konkret eine auf die Alltagsbewäl-

---

4 *Annegret Sürringhaus-Bünder*, in: *Cornelia Tsirigotis / Arist von Schlippe / Jochen Schweitzer* (Hg.), Coaching von Eltern, Mütter, Väter und ihr »Job«, Heidelberg 2006.
5 Empfehlungen des Deutschen Städtetages zur Festlegung fachlicher Verfahrensstandards in den Jugendämtern bei akut schwerwiegender Gefährdung des Kindeswohls, 2003; Das Jugendamt der Landeshauptstadt Stuttgart hat in einem Projekt zur Weiterentwicklung der Kinderschutzarbeit im ASD einen Erhebungs-

tigung ausgerichtete Liste von elterlichen Kompetenzen erhält, die ich als Grundlage für das Arbeiten mit Eltern für sehr hilfreich halte.

Es geht um personale Kompetenzen wie
- Aggression und Wut kontrollieren können,
- depressiven Stimmungen etwas entgegensetzen können,
- Ängste überwinden können,
- destruktive Selbstkritik reduzieren und das eigene Selbstwertgefühl stärken können und
- Enttäuschungen verkraften können.

Es geht um interpersonale Kompetenzen wie
- eigene Gefühle und Bedürfnisse wahrnehmen können,
- eigene Bedürfnisse, Gefühle, Interessen und Meinungen ausdrücken und angemessen vertreten können,
- aufmerksam sein, sich einem anderen zuwenden und zuhören können,
- mit anderen nach Problemlösungsmöglichkeiten suchen und aushandeln können,
- anderen sagen können, wie man ihr Verhalten wahrnimmt und dies auch von anderen ertragen können und
- den Willen sowie die Grenzen anderer respektieren können.

Es geht um lebenspraktische Kompetenzen wie
- Zeit und Tätigkeiten planen und ausführen können,
- früh aufstehen, pünktlich sein und Verabredungen einhalten können,
- Ausdauer haben, genau sein können,
- sich regelmäßig waschen, saubere Kleidung tragen,
- sich ausreichend und gesund ernähren,
- Einnahmen und Ausgaben bilanzieren und ökonomisch wirtschaften können,
- sich allein beschäftigen und das Zusammensein mit anderen gestalten können,
- Lesen, Schreiben und Rechnen können
- Kochen, Waschen, Putzen und eine Wohnung gestalten können.

Es ist ein Irrtum, zu glauben, diese Kompetenzen könne man noch voraussetzen. Sie müssen heute oft mühselig von Erwachsenen, die Eltern sind, erst erworben werden.

Sozialpädagogisches Arbeiten mit Eltern

Eltern nehmen Erziehungshilfe – mehr oder weniger freiwillig – in Anspruch, weil sie mit ihrem Kind nicht mehr zurechtkommen. Nach

bogen zur systematischen Erfassung und Verwertung relevanter Informationen in einer Familie bei Kindeswohlgefährdung entwickelt. Mehr hierzu in: Der Stuttgarter Kinderschutzbogen – ein Diagnoseinstrument, in: *Maja Heiner* (Hg.) Diagnostik und Diagnosen in der sozialen Arbeit, Frankfurt a.M. 2004.

§ 27 KJHG haben Eltern oder andere Sorgeberechtigte bei der Erziehung eines jungen Menschen Anspruch auf Hilfe zur Erziehung, wenn eine dem Wohl des jungen Menschen entsprechende Erziehung nicht gewährleistet ist und die Hilfe für seine Entwicklung geeignet und notwendig ist. Der individuelle Auftrag der Sozialpädagogik im Rahmen der Erziehungshilfe geht vom Klienten aus. Eltern sehen sich durch Alltagsanforderungen stark belastet und können eine von ihnen als problematisch empfundene Situation aus eigener Kraft nicht ändern. Sie fühlen sich hilflos und ohnmächtig. In diesem Auftrag findet sich der Wunsch nach Entwicklung von Handlungsfähigkeit und Autonomie als Voraussetzung für eine (Wieder-)Herstellung der Erziehungsfähigkeit. Der Hilfesuchende strebt nicht nach Integration, sondern versucht, seine individuelle Entwicklung ohne einschränkende Grenzen anzugehen.[6]

Es geht letztlich darum, dass die Hilfesuchenden, die Sorgeberechtigten, entsprechende Kompetenzen erwerben, damit die Erziehung ihres Kindes wieder gewährleistet ist. Die Aufgabe der sozialpädagogischen Fachkräfte ist es, die Eltern zu gewinnen, etwas anders zu tun als bisher. Es ist eindeutig nicht die Aufgabe der pädagogischen Fachkräfte, Eltern zu erziehen.

Die neuere Lernforschung zeigt, dass Lernerfahrungen, die intrinsisch motiviert erfolgen, eine höhere Qualität und Persistenz zuzuordnen sind als solche Lernerfahrungen, die extrinsisch motiviert sind. Der Hilfeprozess ist ein Lernprozess. Dieser kann effektiv verlaufen, wenn Eltern diesen Lernprozess verantwortlich mit gestalten können, um so aus innerer Motivation die Dinge lernen, die für ihren individuellen Alltag nützlich sind.

Pädagogisches Handeln ist soziales Handeln, also auf das Handeln anderer Menschen bezogen. Professionelle pädagogische Kompetenz erwächst daher maßgeblich aus der Qualität der jeweiligen pädagogischen Beziehung und darf sich nicht allein auf die Regeln einer pädagogischen Methodik stützen.[7] Eine Beziehung, gleich welcher Art – in diesem Falle eine Arbeitsbeziehung – bedeutet ein Aufeinandertreffen, bisweilen ein Aufeinanderprallen zweier unterschiedlicher Individuen mit unterschiedlichem Erfahrungshintergrund und demzufolge auch mit unterschiedlichen Werten. Konflikte und Spannungen stellen einen wesentlichen Teil der Beziehung dar. Daraus kann Entwicklung für das Individuum erwachsen. Sie bietet die Möglichkeit der Persönlichkeitsreifung. »Beziehung bedeutet nicht Auflösung, sondern Gewinn von Identität, nicht schulterklopfende Verbrüderung, sondern respektvolle

---

6 Vgl. *Verena Wittke / Christiane Solf*, Elternbeteiligung in der Tagesgruppe, IGFH Internationale Ges. f. erzieherische Hilfen 2007.
7 Vgl. *Hermann Giesecke*, Die pädagogische Beziehung, Weinheim/München 1999, 14; vgl. auch *Hermann Giesecke*, Pädagogik als Beruf, Weinheim/München 1996.

Auseinandersetzung, die Anerkennung ebenso inkludiert, wie Abgrenzung und Zuweisung.«[8]
Müller[9] definiert die Beziehung gleichzeitig als Objekt und Teil des Bildungsvorganges: Wichtig sei vor allem das Anbieten von Verbindlichkeit und Distanz, von Entwicklungsmöglichkeiten, auch durch Verweigerung und durch Widerstand. Die Aufarbeitung alter Beziehungserfahrungen wird innerhalb der neuen Beziehung angeregt. Durch neue Strukturelemente werden sozusagen neue Entwicklungsaufgaben eingebracht und damit werden neue Lernerfahrungen möglich. Neues wird handelnd erfahren. Ich weise in diesem Zusammenhang auf das integrierte Modell der sozial-kognitiven Informationsverarbeitung nach Lemerise/Arseni,[10] hin. Es ist ein für die handlungsorientierte Praxis sehr hilfreiches Modell.

Konsequenzen für die Erziehungshilfe

Es braucht eine neue Haltung, die letztlich eine alte heilpädagogische Haltung ist.
»Nicht gegen den Fehler, sondern für das Fehlende arbeiten« empfahl schon Paul Moor vor vielen Jahren. Für die moderne Erziehungshilfe bedeute es: nicht am einzelnen Problem herum doktern und sich daran festbeißen, sondern vielmehr gemeinsam mit den Eltern herausfinden, welche Kompetenzen schon vorhanden sind und welche noch erworben werden sollten, damit die Erziehung des Kindes wieder gewährleistet ist. Dafür ist zielorientiertes, am Gelingen orientiertes Arbeiten erforderlich.
Die Zielorientierung muss ausgerichtet sein an dem, was das Individuum heute individuell an Kompetenzen, Fertigkeiten und Fähigkeiten braucht, um halbwegs im Leben zurechtzukommen. Dabei geht es um die Teile, die für das Individuum wichtig sind, nicht um das, was die pädagogische Fachkraft gern hätte. Das ist echte Beteiligung, das wäre Zusammenarbeit auf Augenhöhe. Auf dem Vorhandenen aufbauen bedeutet konsequent ressourcenorientiert denken und handeln, bedeutet aber auch, Vorhandenes zu sehen und wertzuschätzen.
Die Erziehungshilfe muss lebenspraktische Übungsfelder bieten, damit Eltern, aber auch junge Menschen, durch praktisches Tun Fähigkeiten Fertigkeiten und Kompetenzen erwerben können. Sie brauchen ein

---

8 *Toni Reinelt*, Beziehung und Deutung im psychotherapeutischen Prozess, Berlin 1989, 2.
9 *Burkhard Müller*, Die Last der großen Hoffnungen, Weinheim/München 1991, 95ff.
10 *Elisabeth Lemerise / William Arsenio*, Integrate model of emotion and cognition in social information processing in child development, 2000, 71, 107, 118.

fehlerfreundliches Setting, das einen Fehler nicht als Versagen, sondern als einen Lernversuch sieht, der optimiert werden kann. Die Fachkräfte in der Erziehungshilfe benötigen ein den neuen Anforderungen entsprechendes Selbstverständnis. Sie sind nicht mehr die »Macher«, die zeigen, wie es geht, und den Eltern die Verantwortung abnehmen. Dieses Verhalten führt häufig dazu, dass Eltern sich als hilflos und ohnmächtig erleben. Sie werden passiv und verhalten sich bestenfalls angepasst.[11] Ein echtes Lernen, ein Kompetenzgewinn kommt so nicht zustande.

Pädagogische Fachkräfte heute haben die Aufgabe, individuelle lernund fehlerfreundliche Settings zu entwickeln, zu begleiten, zu coachen, sich als Modell zur Verfügung zu stellen. Die pädagogische Kunst besteht darin, über die bereits beschriebene Arbeitsbeziehung jemanden zu motivieren, neue Perspektiven zu entwickeln, auf dieser Grundlage gemeinsam Ziele zu erarbeiten. Die pädagogische Kunst besteht auch darin, für die für die Zielerreichung notwendigen Schritte lernfreundliche, am individuellen Bedarf und am jeweiligen Alltag ausgerichtete Settings zu kreieren.

Handlungsorientiertes Arbeiten in der Erziehungshilfe

Handlungsorientiertes Arbeiten in der Erziehungshilfe ist einerseits individuelle Pädagogik, braucht andererseits einen klaren Rahmen, in dem individuelle Pädagogik stattfindet. Die Arbeitsfelder stationäre und teilstationäre Erziehungshilfe bieten von der Grundkonstruktion her schon einen Gruppenrahmen. Häufig werden der Gruppenrahmen und die damit verbundenen Gruppenregeln als Richtschnur für das Verhalten eines jeden Gruppenmitgliedes genutzt. Das Einhalten des Gruppenrahmens und der Regeln gilt als Erziehungserfolg. Individuelle Entwicklung im jeweiligen individuellen Tempo wird der Gruppenentwicklung und dem Gruppentempo untergeordnet. Abweichungen werden oft sanktioniert, unabhängig davon, ob der betreffende junge Mensch in seiner bisherigen Sozialisation überhaupt die für die Einhaltung der Gruppenstrukturen und Regeln notwendigen Fertigkeiten, Fähigkeiten und Kompetenzen schon erwerben konnte. Moderne stationäre und teilstationäre Erziehungshilfe bietet individuelle Pädagogik = Entwicklungshilfe und Erziehung in einem Gruppenrahmen, der Sicherheit und Kontinuität bietet und gleichzeitig fehlerfreundliches Übungsfeld ist. Das Arbeitsfeld ambulante Erziehungshilfe hat von der Grundkonstruktion her einen individuell auszuhandelnden Rahmen, der jedoch auch feste Eckpunkte hat. Dies sind: die ver-

---

[11] Vgl. *Verena Wittke / Christiane Solf*, Elternbeteiligung in der Tagesgruppe, IGFH Internationale Ges. f. erzieherische Hilfen 2007.

fügbare Stundenzahl, die Zeit, die die Fachkraft in und mit der Familie arbeitet, die Tageszeiten, an denen gemeinsam gearbeitet wird, der Ort, an dem gearbeitet wird, die Personen, die miteinander arbeiten, die Themen, die zu bearbeiten vereinbart wurden.

Auch hier ist es wichtig, das individuelle Lern- und Entwicklungstempo des einzelnen zu beachten und das entsprechende Setting zu entwickeln, welches durchaus auch außerhalb der Wohnung der Familie sein kann und welches Elemente beinhaltet, die in dem bisherigen häuslichen Rahmen der Familie nicht vorhanden waren. Es werden lebenspraktische Übungsfelder geschaffen, die den Horizont des Einzelnen und der Familie erweitern und ihren Handlungsspielraum vergrößern.

Zum Beispiel ist der gemeinsame Ausflug mit öffentlichen Verkehrsmitteln zu kostenfreien Parks und Spielplätzen, zur Bücherei, zum Bahnhof, der Besuch eines Schwimmbades, eines Museums für viele Familien ein echtes Abenteuer, da sie kaum aus ihren Stadtteilen herauskommen. Sie erfahren in der Bücherei, dass es dort aktuelle Videos gibt, die sie sich ausleihen können. Sie lernen das Ausleihsystem kennen. Sie lernen in Parks und auf Spielplätzen Spiel- und Freizeitmöglichkeiten kennen, wie das Nutzen von Grillhütten.

Allen Arbeitsfeldern gemeinsam ist die Notwendigkeit, aufgrund von fehlenden Basiskompetenzen sowohl im personalen und interpersonalen Bereich als auch im lebenspraktischen Bereich Eltern Übungsfelder zum Nachlernen anzubieten.

Die moderne Erziehungshilfe bietet Eltern durch gemeinsames Tun Möglichkeiten

– Normen und Werte im Alltag konkret und positiv zu erleben. Sie können dadurch einen inneren Halt entwickeln, den sie brauchen, um ihren Kindern Orientierung zu bieten.

– Breit gefächertes Wissen zu erwerben. Dies ist erforderlich, um eigene Perspektiven zu erarbeiten. Eigene Perspektiven sind die Voraussetzung für die Entwicklung von Perspektiven für das eigene Kind.

– Alltagspraktische Erfahrungen zu sammeln, um sich selbst im Alltag besser zurechtzufinden. Dadurch helfen sie ihren Kindern, besser ins Leben zu kommen.

– Fertigkeiten und Fähigkeiten zu erwerben. Damit wird das Selbstwertgefühl gestärkt. Die Eltern bekommen Zutrauen zu sich selbst, trauen sich eher, ihr Leben, und damit das Leben ihres Kindes zu gestalten

– Sich als Elternteil zu erleben. Oft sahen sie sich bislang zwar als Vater oder Mutter, verstanden sich aber mehr als Kumpel oder Freundin. Entwickeln sie eine Vorstellung von sich als Elternteil, so können sie ihrem Kind gegenüber ihre elterliche Präsenz zeigen, die für die Erziehung des Kindes notwendig ist.

Konkret heißt dies: Eltern- und damit auch Familienarbeit in der Erziehungshilfe ist viel mehr als das Elterngespräch.
Handlungsorientierte Elternarbeit baut in drei Stufen aufeinander auf, die ich im Rahmen meiner Tätigkeit als Sachgebietsleitung in der Erziehungshilfe entwickelt habe.

1. Stufe Handlungsorientierte Elternarbeit, um Erfahrungserwerb zu ermöglichen.
Im individuellen Alltag eingebettet, handeln Eltern als Eltern, werden so von außen als Eltern wahrgenommen: z.b. Eltern gehen mit ihrem Kind zum Arzt, die Fachkraft begleitet und unterstützt, übersetzt. Die Eltern kochen für ihr Kind, die Fachkraft berät, unterstützt. Eltern spielen mit ihren Kindern, die Fachkraft motiviert, berät, unterstützt. Eltern räumen auf, putzen, die Fachkraft berät, unterstützt. So werden gemeinsame alltagsbezogene Erfahrungen gemacht. Es entwickelt sich ein gemeinsamer Erfahrungshintergrund, der die Basis – gemeinsame Sprache – für die weiteren Schritte ist.

2. Stufe Erwerb von »Elternwissen«
Die Eltern erwerben »Elternwissen« z.b. durch individuelle Elternkurse oder durch bekannte Elterntrainingsprogramme, durch Elternrunden, durch Video Training etc. Die Fachkräfte beraten, unterstützen und übersetzen gegebenenfalls. Es geht inhaltlich darum, dass Eltern eine Vorstellung davon entwickeln, was Rechte und Pflichten (auch gesetzliche Vorgaben) von Eltern sind, wie Erziehung »funktioniert«. Sie wenden ihr erworbenes Wissen in der Praxis an.

3. Stufe Reflektion der »elterlichen Arbeit«
Hier geht es um gesprächsorientierte Elternarbeit. Erworbene Erfahrungen, gewonnenes Wissen in der Rolle als Eltern und als erwachsene Person werden reflektiert. Dies geschieht z.b. in Form von systemisch ausgerichteten Eltern- und Familiengesprächen, Familienkonferenzen.
Handlungsorientiertes Arbeiten mit Eltern in der Erziehungshilfe ermöglicht Eltern eine alltagsbezogene Entwicklung der Elternidentität und damit eine für das Kind wahrnehmbare elterliche Präsenz.
Als Ergänzung dazu brauchen junge Menschen Möglichkeiten, durch gemeinsames Tun
– Normen und Werte im Alltag positiv zu erleben, um eine positive Idendifikation und einen inneren Halt zu entwickeln;
– Wissen zu erwerben, um die Welt besser zu verstehen und um sich in ihr zurechtzufinden;
– soziale, kognitive und motorische Kompetenzen zu erlernen, um sich in der Welt positionieren zu können;
– unterschiedliche Übungsfelder zu nutzen, um eigene Möglichkeiten und Grenzen auszuprobieren;

- ihre Eltern als Eltern zu erleben, sich als Teil der Familie und als Familie fühlen zu können.

Die pädagogische Arbeit mit dem Kind ist mehr als Betreuung, Bespaßung und Beaufsichtigung. Es ist vielmehr

- handlungsorientierte Basisarbeit, um allgemeines Grundwissen zu vermitteln, wie kochen, backen, aufräumen, die Natur kennen lernen, den Sozialraum erkunden, Verkehrsmittel nutzen lernen, den Alltag verstehen lernen;
- lernorientierte Arbeit, um gezielt Kompetenzen zu erwerben durch z.B. das »Ich schaff's« – Programm, Brain Gym, Ausprobieren verschiedener Hobbies und Neigungen, Hausaufgabentraining;
- Gesprächsorientierte Arbeit, um den Spracherwerb und das sich Ausdrücken in allen Bereichen zu fördern durch u.a. Rollenspiele, Feedbackrunden, Videoclips.

Dies kann die Erziehungshilfe und damit die Familienhilfe individuell und passgenau anbieten. Dafür müssten meiner Erfahrung nach jedoch wesentliche Bestandteile des Hilfeplanverfahrens »neu« definiert werden. Im Alltag ist das Hilfeplanverfahren in ganz vielen Fällen (immer wieder bundesweit von KollegInnen bestätigt) eine Auflistung von diversen Problemlagen aus fachlicher Sicht bei Eltern und Kindern. Die beteiligten Fachleute schlagen Maßnahmen vor, um die Zustände zu verbessern, um die Probleme zu lösen. Es soll ein von Fachleuten definiertes, bestimmtes erzieherisches Verhalten bei den Eltern erreicht werden. Es soll (in der Regel) ein von Fachleuten definiertes, bestimmtes soziales Verhalten bei den Kindern erreicht werden, um in der Gesellschaft weniger anzuecken. Es geht in der Regel weniger darum, welche Ideen Eltern und Kinder zur Gestaltung des Familienlebens haben.

Die »Neudefinition« (die ja immer schon im KJHG § 27ff stand) heißt, »ein Personensorgeberechtigter hat bei der Erziehung eines Kindes oder eines Jugendlichen Anspruch auf Hilfe zur Erziehung, wenn eine dem Wohl des Kindes oder des Jugendlichen entsprechende Erziehung nicht gewährleistet ist und die Hilfe geeignet und notwendig ist. Dabei hat die elterliche Selbsthilfe Vorrang«.[12]

Es geht primär nicht darum, das Kind anstelle der Eltern zu erziehen. Vielmehr geht es darum, mit den Personensorgebechtigten herauszufinden, was diese benötigen, um die entsprechende Erziehung des Kindes wieder zu gewährleisten. In einem weiteren Schritt geht es darum, mit den Personensorgeberechtigten zu erarbeiten, welche Fähigkeiten, Fertigkeiten und Kompetenzen sie brauchen, um angemessen elterlich/ erzieherisch tätig sein zu können. Die Erziehungshilfe unterstützt res-

---

12 Vgl. *Reinhard Wiesner* (Hg.), SGB VIII. Kinder- und Jugendhilfe, 3. A. München 2006.

sourcenorientiert und alltagsnah beim Erwerb der erforderlichen Kompetenzen von Eltern und Kindern. Diese Sichtweise ist auf Wachstum (Erwerb von »Basiskompetenzen«) von Menschen und weniger auf die konkrete Lösung von Problemen ausgerichtet.

Es braucht deshalb sehr viel mehr Zeit als bisher, um im Vorfeld des eigentlichen Hilfeplanes mit den Beteiligten daran zu arbeiten, was aus deren Sicht für sie wichtige Veränderungen wären, damit die häusliche Situation so gestaltet ist, damit die Kinder zuhause groß werden können. Der Hilfeplantermin selbst wäre dann der Ort der Aushandlung zwischen Personensorgeberechtigten, der Fallführung als Vertreter des Staates (Wächteramt) und dem Anbieter von Leistungen der Hilfen zur Erziehung. So könnte ein individuelles passgenaues Setting entstehen, indem der einzelne Mensch lernt, im Leben halbwegs gut zurechtzukommen. So können verwahrloste Kinder von heute durchaus erziehungsfähige Eltern von morgen werden.

PETER STEDEN und FRIEDHELM SCHWARZBACH

Die Wirksamkeit intrafamilialer Interventionen des Neukirchener Erziehungsvereins / Ambulante Hilfen Krefeld

Abschlussbericht – Kurzfassung

Beschreibung des Projekts

Im Frühjahr 2006 wurde zwischen dem Neukirchener Erziehungsverein / Ambulante Hilfen Krefeld, vertreten durch den Diplom-Sozialwissenschaftler Friedhelm Schwarzbach (Wissenschaftlicher Referent des Neukirchener Erziehungsvereins), und dem Professor für Psychologie an der Evangelischen Fachhochschule Rheinland-Westfalen-Lippe, Hans-Peter Steden, ein empirisches Projekt vereinbart, welches den familiären Hintergrund von verhaltensauffälligen und psychisch behinderten Kindern und Jugendlichen aufhellen und die Wirksamkeit der Interventionen prüfen sollte.

Die vier Leitfragen des Forschungsprozesses waren:
1. Gibt es Zusammenhänge zwischen familiären Bedingungen und Verhaltensauffälligkeiten?
2. Welche (Typen von) Verhaltensauffälligkeiten sind konstitutiv?
3. Welche (Typen von) Intervention sind auszumachen?
4. Wie wird die Wirksamkeit der Interventionen bewertet?

Methodik

Es wurde ein Fragebogen für ein strukturiertes Interview entwickelt, der in drei Bereiche gegliedert war.

Im *ersten Teil* wurden personenzentrierte sowie sozioökonomische Daten ermittelt, psychosoziale Bedingungen erfasst (Verfügbarkeit von Vater/Mutter) und der Erziehungshintergrund erfragt. Die in diesem Bereich formulierten Fragen gingen u.a. von folgenden Hypothesen aus:
1. Das Kind lebt in der Regel bei der allein erziehenden leiblichen Mutter.
2. Der leibliche Vater ist in der Regel für das Kind / den/die Jugendliche(n) nicht präsent.
3. Die Familien leben unter schlechten ökonomischen Verhältnissen (Arbeitslosigkeit, geringes Einkommen, schlechte Wohnverhältnisse).

4. Die Verhaltensauffälligkeit/Störungen werden durch den Erziehungsstil / die Erziehungswerte beeinflusst.
5. Das Ausmaß der Kindswohlgefährdungen ist in den untersuchten Familien groß.
6. Durch Interventionen können Verhaltensauffälligkeiten und Störungen nachhaltig abgebaut werden.

Im *zweiten Teil* wurden detailliert körperliche, psychische, soziale und ggf. kriminelle Auffälligkeiten aufgezeichnet.

Der *dritte Teil* befasste sich mit den Kindeswohl gefährdenden Problembelastungen und den Interventionen.

Den *Abschluss* des Fragebogens bildeten einige offene Fragen zu den Hilfemaßnahmen. Befragt wurden Fachkräfte des Neukirchener Erziehungsverein / Ambulante Hilfen Krefeld. Die Interviews wurden ab August 2006 von drei Studentinnen des Fachbereichs Soziale Arbeit der EFH Bochum durchgeführt, die auch an der Entwicklung des Fragebogens mitgewirkt hatten. Die Fachkräfte beantworteten die Fragen anhand ihrer Erinnerungen zu den Fällen und unter Zuhilfenahme der von ihnen erstellten Akten. Am Ende gaben sie zu jedem Fall ihre persönliche Einschätzung über den Erfolg bzw. den Nichterfolg der Intervention ab (auf einer Skala 1–10) und äußerten sich in der Abschlussfrage dazu, ob die in den Hilfeplangesprächen gesetzten Ziele erreicht werden konnten.

Auswertung

Ausgewertet wurden die Daten von 42 der insgesamt 58 abgeschlossenen Fälle von Kindern und Jugendlichen und ihren Familien, die an Interventionsmaßnahmen des Neukirchener Erziehungsvereins / Ambulante Hilfen Krefeld teilgenommen hatten. Es handelte sich um 26 Kinder/Jugendliche männlichen und 16 weiblichen Geschlechts. Das Alter der Kinder und Jugendlichen lag zwischen 3 und 20 Jahren. Die Daten wurden anschließend in einen Kompaktfragebogen übertragen, um sie statistisch auszuwerten. Die Merkmalsausprägungen wurden durch Skalierungsverfahren ausgewertet.

Ergebnisse

Die Hypothesen des ersten Teils der Untersuchung wurden bestätigt.
1. Die Hälfte, 21 Kinder/Jugendliche, lebten mit ihrer Mutter als **Alleinerziehender** in Ein-Eltern-Familien. In einem Fall war der Vater der Alleinerziehende. Bei 7 Kindern/Jugendlichen ersetzte der neue Ehemann oder Lebensgefährte den leiblichen Vater. Über die Hälfte (25) der Kinder/Jugendlichen hatte zu der Mutter eine mit-

telmäßige bis sehr gute Beziehung. Bei 5 Kindern war die Beziehung eher schlecht, für 12 Kinder konnte kein Wert ermittelt werden.

2. Das **Verhältnis zu den Vätern** war erwartungsgemäß schlecht. Bei 29 Kindern/Jugendlichen, also knapp zwei Drittel der ausgewerteten Fälle, konnten überhaupt keine Angaben gemacht waren, weil die Väter nicht im Haushalt lebten und vermutlich kein Kontakt mehr zwischen ihnen und den Kindern bestand. 8 Kinder hatten ein schlechtes Verhältnis zu ihrem Vater.
Wie wichtig die Präsenz des Vaters in der Familie ist, wird an einem besonders beachtlichen Ergebnis der Untersuchung deutlich: In 4 Fällen, in denen der leibliche Vater in der Familie präsent war, stieg die Qualität der Beziehung sprunghaft auf einen hohen Punktwert (7–8 Punkte auf der Skala von 1–10). Daraus lässt sich schließen, dass der leibliche Vater im Haushalt eine bedeutende Rolle für die Heranwachsenden spielt.

3. Auch die Hypothese, dass die betroffenen Familien unter schlechten **ökonomischen Verhältnissen** leben, bestätigte sich erwartungsgemäß. 77 % der untersuchten Familien können dem Prekariat (»Unterschicht«) zugerechnet werden. Insgesamt 66 % der Familien lebten von Arbeitslosengeld II oder von Sozialhilfe. In 34 %, also knapp einem Drittel, war der Lohn aus einem Beschäftigungsverhältnis die Grundlage des Familieneinkommens. Auch die Wohnsituation entsprach den Erwartungen. 17 Familien wohnten in sozialen Randlagen, 18 in einer mittelmäßigen Wohnlage.

4. Der **Erziehungsstil**, der in den meisten Fällen von der Mutter ausging, wurde in 10 Fällen als sozial-integrativ beurteilt. Damit ist ein Verhalten begründet, bei dem die Eltern (ggf. die Mutter) Anforderungen stellen und auf die Einhaltung von Regeln und Normen bestehen, gleichzeitig jedoch Verständnis für ihre Kinder zeigen. Regeln und Erziehungsmaßnahmen werden erklärt und begründet Die Selbständigkeit der Kinder/Jugendlichen wird gefördert. Dass trotz dieses positiven Erziehungsmilieus Verhaltensauffälligkeiten und Störungen bei den Kindern auftraten, wird zu untersuchen sein. In der Mehrzahl der Familien (vorwiegend Mutter-Kind-Beziehungen) herrschte wie zu erwarten jedoch ein autoritärer (13) oder ein Laissez-faire-Stil (5) vor. In 6 Fällen schwankten die Erziehungsberechtigten zwischen Laissez faire und sozial integrativ. Insgesamt überwogen daher die nachteiligen Erziehungsstile.

5. Bei 26 der 42 untersuchten Familien lag eine **kindswohlgefährdende Problembelastung** vor, in 21 Fällen wies diese eine hohe Ausprägung auf.

6. Interventionsmaßnahmen

Erfolg

Die Interventionserfolge wurden durch die befragten Fachkräfte insgesamt als sehr hoch (12) bzw. mittelmäßig bis hoch (17) eingestuft. Der Erfolg beträgt prozentual 69 %. Nur in 8 Fällen wurde die Intervention als weniger erfolgreich bewertet. Dieses Ergebnis stimmt überein mit Resultaten der Jugendhilfestudie der Caritas (JES) aus dem Jahre 2002, bei der eine Stichprobe von 233 Hilfen untersucht worden war. 56 % aller Maßnahmen waren im Sinne der Zielsetzungen erfolgreich, ohne Rücksicht auf die Hilfeart und auf den Stand der einzelnen Hilfeprozesse, d.h. darauf, ob sie beendet oder abgebrochen waren bzw. noch andauerten.[1] Betrachtet man nur die abgeschlossenen Hilfeprozesse, dann erhöht sich die mittlere Zielerreichung auf 65 %, d.h. etwa zwei Drittel. Die Quote von 56 % sagt daher etwas aus über das Verhältnis zwischen Gesamtaufwand und erreichten Hilfen. Ein Teil der Aufwendungen bleibt wegen abgebrochener Hilfeprozesse wirkungslos.

Interessant und in der Literatur immer wieder zitiert ist folgender Index: Im Durchschnitt konnten bei den 233 untersuchten Fällen der JES-Studie aufgrund der Hilfe die *Auffälligkeiten* des betroffenen Kindes um 37 % reduziert und seine *Kompetenzen* um 29 % ausgebaut werden. Die Hilfen wirkten auch im *Umfeld* des Kindes. Auffälligkeiten im Umfeld konnten bis zum Ende der Hilfe um 24 % gesenkt werden.[2] Diese Zahlen weisen aber auch auf Effekte der Wirksamkeit von Hilfen hin, die in Zukunft wohl auch im Neukirchener Erziehungsverein genauerer Untersuchung bedürfen: Leider konnten diese Effekte bei unserer Untersuchung nicht nachgefragt werden, weil sowohl die Sachbearbeiter im Jugendamt wie die Fachkräfte des Neukirchener Erziehungsvereins / Ambulante Hilfen Krefeld für eine differenzierte Befragung nicht zur Verfügung standen. Eine externe Beurteilung durch das Neukirchener Projekt wäre wünschenswert gewesen, da sich in der JES-Studie gezeigt hatte, dass die Selbstevaluation der Hilfeerbringer bezüglich der Zielerreichung bei Kind und Familie konstant hohe Prozentwerte erbrachte, die allerdings durch die wesentlich niedrigeren Raten externer Beurteiler nicht gestützt wurden.[3]

---

[1] Vgl. *Bundesministerium für Familie, Senioren, Frauen und Jugend* (BMFSFJ), Effekte erzieherischer Hilfen und ihre Hintergründe (JES-Studie), Schriftenreihe 219, Bonn/Berlin 2003, 518.
[2] Vgl. *Michael Macsenaere*, Möglichkeiten und Schwierigkeiten von Steuerungsprozessen in groß angelegten Evaluationen, in: Aushandlungsprozesse zur Steuerung externer Evaluationen. Dokumentation der Fachtagung in München vom 1.–3. Dezember 2004 (www.dji.de/evaluation), 49–61, hier 50.
[3] Vgl. Pädagogischer Rundbrief 3/2002, 3.

Leistungsspektrum

Überwiegend wurden flexible Erziehungshilfen gewählt (23). Die zweithäufigste Interventionsmaßnahme war das Clearing bzw. die ambulante Diagnostik (13). Es folgten die intensive sozialpädagogische Einzelbetreuung (8), die sozialpädagogische Einzelbetreuung (7), die ambulante Erziehungshilfe (4) und heilpädagogische Maßnahmen (3). Unterstützende Familienhilfe, Sozialraumprojekte, Maßnahmen der Behindertenhilfe und sonderpädagogische Pflegefamilien wurden jeweils einmal gewählt. Ein breites Leistungsspektrum und klinische Orientierung bürgen für **Strukturqualität** und erhöht die einzelfallbezogene **Prozessqualität**. Dies zeigte sich im Neukirchener Projekt eindrucksvoll. Von den insgesamt 17 Interventionsarten wurden mit 12 mehr als zwei Drittel in Anspruch genommen (70 %). Die Ergebnisse der Untersuchung zeigen, dass eine professionelle und erfolgreiche Auswahl und Umsetzung der Interventionsmaßnahmen durch die Fachkräfte stattgefunden hat. Ein breites Leistungsspektrum ermöglicht günstige pädagogische Rahmenbedingungen.[4] Die klinische Orientierung zeigt sich beim Neukirchener Erziehungsverein / Ambulante Hilfen Krefeld zum einen in einem breiten Spektrum diagnostischer, psychotherapeutischer und heilpädagogischer Methoden, ferner durch Mitarbeiter im Team, die eine psychologische Ausbildung vorweisen können und vor allem durch das Bewusstsein der Fachkräfte, die in der Lage sind, bei der Zielvereinbarung psychiatrische Probleme zu erkennen und eine therapeutische Anbindung anzubahnen, was in den vorliegenden Fällen mehrfach der Fall war. Mit dieser klinischen Orientierung ist der Neukirchener Erziehungsverein / Ambulante Hilfen Krefeld gut aufgestellt, denn das Ergebnis von Hilfeprozessen beruht oft mehr auf der Prozess- und Strukturqualität von Einrichtungen als auf Adressatenmerkmalen.[5]
Im Rahmen der Strukturqualität ist die klinische Orientierung einer Einrichtung vor allem hinsichtlich der Reduktion kindlicher Symptomatik von Bedeutung, welche die Voraussetzung für den Aufbau von Kompetenzen bildet. Sie bietet auch höhere Prozessqualität, insbesondere Kooperation mit den Eltern, da die Fachkraft kompetent auf Störungen und Verhaltensauffälligkeiten eingehen kann. Der umfangreiche Katalog der Hilfearten und die klinische Orientierung, die vom Neukirchener Erziehungsverein / Ambulante Hilfen Krefeld angeboten werden, ermöglichten den Fachkräfte eine Differenzierung der Hilfeangebote und auf den Einzelfall bezogene zusätzliche Hilfen. Auf die Verbesserungsmöglichkeiten durch die einzelnen Hilfeformen wird später einzugehen sein.

---

4 Vgl. JES-Studie 2003, 528.
5 Vgl. JES-Studie 2003, 523.

Abbruch der Hilfemaßnahme

Bei den 42 untersuchten Fällen waren 8 Abbrüche zu verzeichnen. Das sind knapp 20 %. Die JES-Studie kommt zu einem ähnlichen Befund. Bei den 233 stichprobenartig untersuchten Hilfefällen dieser Studie wurden 19 % der Fälle vorzeitig abgebrochen. Eine verfrühte Beendigung von eingeleiteten Hilfemaßnahmen hat fatale Folgen, da das Erfolgspotential nicht ausgeschöpft wird. Experten schätzen den Wirkungsverlust bei Abbrüchen auf ein Drittel.[6] Genau dies ist bei dem Neukirchener Projekt der Fall: Drei der insgesamt acht Abbrüche waren ohne Erfolg, das sind 37 %, also ein Drittel. Der Abbruch erfolgt entweder durch die Eltern oder durch die FamilienhelferInnen. In der JES Studie der Caritas hatten die HelferInnen die Hilfe abgebrochen, wenn das Kind in der Familie gefährdet war oder wenn es nicht gelang, eine positive Beziehung zwischen dem/der BetreuerIn und der Familie aufzubauen. Die Familien brachen die Hilfen vor allem dann ab, wenn ihnen die Hilfe »zu nahe« kam und sie die Anforderungen zu weiteren Veränderungen meinten zurückweisen zu sollen. Selbst solche Hilfen sind in der Regel nicht gänzlich wirkungslos. Abgebrochene Hilfeprozesse können durchaus auf Hilfen ohne den erhofften Effekt hinweisen. Dies war bei dem Projekt Neukirchen der Fall. Von den 8 Abbrüchen konnten nur in zwei Fällen gar keine Angaben gemacht werden, d.h. die Eltern waren wohl von vornherein nicht zur Annahme einer Hilfe bereit. Bei 5 Abbrüchen erfolgte eine Intervention. Es handelte sich in allen Fällen um Flexible Erziehungshilfen in den Familien. In einem Fall trat Ambulantes Clearing und Prozessdiagnostik hinzu. In einem anderen Fall wurde zusätzlich die Hilfe der intensiven sozialpädagogischen Einzelbetreuung (INSPE) nach § 35 KJHG eingeleitet und in einem dritten Fall war zusätzlich eine ambulante Erziehungsberatung vereinbart.
In der Familie, in welcher eine zusätzliche ambulante Erziehungsberatung vereinbart wurde, war ein hoher Grad an Kindswohlgefährdung gegeben (8 Punkte auf der Skala 1–10). Die Beeinträchtigungen lagen im Bereich der Verhaltensauffälligkeiten, der psychischen Auffälligkeiten sowie der körperlichen Behinderung. Es herrschte ein absolut dominanter Erziehungsstil vor (10 Punkte). Der Vater war in der Familie nur gelegentlich präsent. Die Beziehung zur Mutter war extrem hoch (ebenfalls 10 Punkte), zum Vater niedrig. Zu denken gibt, dass die familiäre Integration des Kindes als sehr hoch angegeben wird (10 Punkte) und auch die soziale Integration sich im Mittelbereich bewegt. Die Familie kommt im sozioökonomischen Bereich gut zurecht. Es wird sogar ein sehr hoher Erfolg der Intervention angegeben (10 Punkte!). Dennoch kam es zum Abbruch.

---

6 Vgl. JES-Studie 2003, 518.

Die niedrige Präsenz des Vaters, die übermäßig hohe Beziehung zur Mutter bei gleichzeitig extrem starkem autoritärem Erziehungsstil zeigen die Ambivalenz und die Überforderung der Mutter ganz offensichtlich. Denkbar ist folgendes Szenario: Die Mutter erlebt ihr Kind als jemand, der stärker ist als sie. Um die Machtbalance wiederherzustellen bzw. aus der Befürchtung, das Kind könnte ihr entgleiten, kehrt sie eine Autorität heraus, an die sie selbst nicht mehr glaubt. Sie gibt Ermahnungen ab und macht eventuell Vorschriften, um sich als überlegen zu erweisen, ohne zu bedenken, wie sie diese durchsetzen kann. Um ihr Erziehungsunfähigkeit nicht eingestehen zu müssen, bricht sie die Hilfe ab.

Im Falle des zusätzlichen Clearing waren die Verhältnisse in mancher Hinsicht ähnlich. Auch hier war eine gute familiäre Integration gegeben und das ökonomische Zurechtkommen wurde als überwiegend gut bezeichnet. Im Fall der intensiven sozialpädagogischen Einzelbetreuung lag eine hohe körperliche Behinderung vor (10 Punkte). Die Präsenz des Vaters war niedrig, die Beziehung zur Mutter und deren Präsenz hoch. Auch hier könnte eine Überforderung der Mutter zum Abbruch geführt haben.

Bemerkenswert ist, dass der Hilfeplan in vier der abgebrochenen Hilfen als außerordentlich erfolgreich bewertet wurde (8–10 Punkte). Prozentual liegt dieser Erfolg höher als bei allen anderen (nicht abgebrochenen) Hilfen. Ganz offensichtlich gab es also in diesen Familien ein sehr hohes Potential, das nicht ausgeschöpft wurde. Retrospektive Untersuchungen über erfolgreiche Hilfen müssen sich stets an der Zahl der abgebrochenen Hilfen messen lassen. Es müsste daher geklärt werden, ob vier der acht Hilfeprozesse planmäßig und erfolgreich oder ob alle unplanmäßig abgebrochen wurden. Die Rate der unplanmäßig beendeten Hilfen schwankte in verschiedenen Untersuchungen der Jahre 1991 bis 2001 zwischen 21 und 52 %. Die Rate der erfolgreich oder teilweise erfolgreich abgeschlossenen Hilfen lag dagegen konstant bei 52–54 %.[7] Wenn die Rate der teils oder ganz erfolgreichen Fälle sich denen der unplanmäßig beendeten annähert oder diese sogar übertrifft, muss man sich fragen, was die Prozentsätze erfolgreich abgeschlossener Fälle aussagen. Bei dem Neukirchener Projekt lag die Zahl der Abbrüche in einem moderaten Bereich von ca. 20 %. Dennoch muss man sich fragen, wo die Differenzen zwischen Ausgangs- und Endzustand liegen und ob diese in Zukunft durch genauere Angaben über den Verlauf quantifiziert werden können. Handelte es sich um Frühabbrecher oder Spätabbrecher? Waren es von den Eltern verursachte Frühabbrüche? Handelte es sich um vom Neukirchener Erziehungsverein / Ambulante Hilfen Krefeld oder von Jugendamt veranlasste Spät-

---

7 Vgl. Pädagogischer Rundbrief des Landesverbandes katholischer Einrichtungen und Dienste der Erziehungshilfen in Bayern 3/2002, 2.

abbrecher? Blieben die Frühabbrüche ohne Anschlusshilfe? Blieben die Spätabbrüche ohne Anschlusshilfe? Auch die Zahlen der JES-Studie zeigen, dass der Beendigung von Hilfe große Bedeutung zukommt.

Wirksamkeit

Das Interesse an der Evaluation von Wirkungen der Interventionen der Familien- und Jugendhilfe hat in den letzten Jahren beachtlich zugenommen. Im Neukirchener Projekt sollten die Wirksamkeit und Nachhaltigkeit der Interventionsmaßnahmen durch eine Nachbefragung der behördlichen Fall-bearbeitenden Fachkräfte (Sachbearbeiter im Jugendamt) genauer untersucht werden. Eine entsprechende Bitte um Kooperation wurde mit Schreiben des Neukirchener JugendhilfeInstituts im April 2008 an die Leitung des ›Fachbereichs Jugendhilfe und Beschäftigungsförderung‹ (Jugendamt) in Krefeld gerichtet. Leider waren die Mitarbeiter im Jugendamt offensichtlich derart durch ihre Aufgaben beansprucht, dass eine Befragung nicht zustande kam. Eine Befragung der interviewten Fachkräfte des Neukirchener Erziehungsvereins / Ambulante Hilfen Krefeld kam ebenfalls nur teilweise zustande bzw. musste abgebrochen werden. Da somit eine wesentliche Zielvariable der Untersuchung – die Wirksamkeit und Nachhaltigkeit von Interventionsmaßnahmen – im unmittelbaren Anlauf verfehlt wurde, wurden die Ergebnisse der Untersuchung anhand der empirischen Literatur zur Wirksamkeit von Interventionsmaßnahmen überprüft und erörtert. Dabei wurden folgende Studien herangezogen:
1. **JES-Studie** (Jugendhilfeeffektivstudie). Bundesministerium für Familie, Senioren, Frauen und Jugend (BMFSFJ): Effekte erzieherische Hilfen und ihre Hintergründe. Schriftenreihe 219, Bonn/Berlin 2003.
2. Evaluation Erzieherischer Hilfen: **EVAS**
3. Wirkungsorientierte Steuerung im Dialog: **WOS**
4. Evaluation der Sozialpädagogischen Diagnose-Tabellen des Bayerischen Landesjugendamtes: **EST**
Diese Studien werden im nächsten Kapitel charakterisiert, um den Stand und die Schwierigkeiten der Wirksamkeitsforschung in der Jugend- und Familienhilfe darzustellen.

Alter der Kinder und Jugendlichen

Das Durchschnittsalter im Neukirchener Projekt betrug 13,5 Jahre, d.h. Hilfen wurden überwiegend für ältere Kinder und Jugendliche gegeben. Insgesamt waren 35 der 42 Kinder und Jugendlichen 13 Jahre oder älter, das sind 83 %. Im Gegensatz dazu wurden in der JES-Studie nur Hilfen erfasst, die sich an Kinder zwischen 4 ½ und 13 Jahren richteten. Die Übertragung der Ergebnisse dieser Studie auf Jugendliche ist daher nur begrenzt möglich. Es gibt allerdings Zeichen dafür, dass die Verhältnisse bei Jugendlichen nicht automatisch günstiger sind – zum einen wegen der Verfestigung von Symptomen mit ungünstigem Verlauf, vor allem bei Aufmerksamkeits-, Hyperaktivitäts- und aggressiven bzw. dissozialen Störungen. Die gesetzlich vorgesehene höhere Beteiligung von Jugendlichen bei Aushandlungsprozessen wirkt sich nicht ausschließlich effektivitäts-steigernd aus, weil Jugendliche trotz größerer Bereitwilligkeit zur Kooperation und Kommunikation nicht immer zu optimalen Kompromissen bereit sind. Mit steigendem Alter wird die Kooperation mit Kindern/Jugendlichen besser. Damit steigt aber nicht zugleich der Hilfeerfolg. Eine stärkere Beteiligung älterer Kinder/Jugendlicher an der Prozessplanung begünstigt sogar Abbrüche, weil sie bei älteren Kindern/Jugendlichen auch größere Konfliktmöglichkeiten eröffnet.

Beim Neukirchener Projekt handelte es sich also um ein Altersfenster, welches auf hohe Problembelastung der Kinder/Jugendlichen schließen lässt. Dies ergibt sich auch aus der Befragung der Fachkräfte. Hinzu kommt, dass die meisten dieser älteren Kinder/Jugendlichen einen sozioökonomischen Hintergrund hatten, der dem Prekariat zuzuordnen ist. Ein solches Klientel kann am besten von einer Einrichtung betreut werden, die eine hohe Bedarfsorientierung aufweist. Dies ist beim Neukirchener Erziehungsverein / Ambulante Hilfen Krefeld zweifellos der Fall, wenn man nur die höchst differenzierte Darstellung der Leistungsbereiche in Betracht zieht (im Internet).

Dauer der Hilfe

Früh einsetzende Hilfen verbunden mit einer ausreichenden Intensität und Dauer der Hilfeprozesse verbessern die Wirkung von Interventionen. Ein Hinausschieben oder Verkürzen – vor allem von Hilfen zur Erziehung – beeinträchtigt die Ergebnisse. Eine längere Dauer der Hilfeprozesse – also auch eine längere Zusammenarbeit mit den Eltern – erhöht die Wahrscheinlichkeit für das Erreichen elternbezogener Ziele. Das Neukirchener Projekt deckte auf, dass fast die Hälfte der Kinder/Jugendlichen ein Jahr und länger an Hilfeprozessen teilnahm (20 Kinder/Jugendliche = 47 %). Acht davon wurden sogar 2 Jahre und länger betreut (19 %). Dagegen war die Zahl der Kinder/Jugendlichen, bei denen die Hilfedauer ein halbes Jahr und weniger betrug mit 11 = 26 % eher gering. Da es sich insgesamt um Kinder/Jugendliche mit hoher Problembelastung und einem eher ungünstigen sozioökonomischen Hintergrund handelte, mag die relativ kurze Hilfedauer berechtigt sein, denn bei diesem Klientel ist nach der JES-Studie insgesamt eine geringer Erfolg zu verzeichnen, wovon der größte Teil auf den ersten Hilfeabschnitt fällt. Bei 5 Fällen konnten keine Angaben gemacht werden, 4 Fälle nahmen 9–10 Monate an den Hilfeangeboten teil. Dieses Ergebnis weist auf eine überwiegend intensive Betreuung und damit eine hohe Prozessqualität der Hilfen Neukirchener Erziehungsverein / Ambulante Hilfen Krefeld hin. Zu bedenken ist allerdings, dass früh einsetzende Hilfen sowie ausreichende Intensität und ausreichender Dauer der Hilfen die Wirkung von Interventionen verbessern. Ein Hinausschieben und Verkürzen von Hilfen, insbesondere Hilfen zur Erziehung, beeinträchtigt die Ergebnisse. Das relativ hohe Alter der Hilfeempfänger des Neukirchener Erziehungsvereins / Ambulante Hilfen Krefeld suggeriert einen solchen negativen Effekt, der durch die lange Hilfedauer möglicherweise kompensiert wird.

Hilfeformen

Der Neukirchener Erziehungsverein ist einer der größten Anbieter von Kinder- und Jugendhilfe in Deutschland. Zu seinen Angeboten zählen sowohl ambulante, teilstationäre als auch vollstationäre Formen der Hilfe. Dieses breite Spektrum von Hilfeangeboten innerhalb einer Einrichtung ist vorteilhaft, weil bei einem notwendigen Wechsel der Erziehungshilfe kein Wechsel der Institution erforderlich wäre. Die Gefahr von Abbrüchen wird dadurch verringert. Es ist aber auch darauf zu achten, welche Hilfeart bei welchem Interventionsanlass gewählt wird, denn nur so kann eine kontinuierliche Einwirkung auf das Kind / den Jugendlichen, die Eltern und die Umwelt wirkungsvoll gestaltet werden.

In über der Hälfte der Fälle (23 von 42) wurden **Flexible Erziehungshilfen** für Kinder und Jugendliche in Familien gewählt. Diese Hilfeform hat kein von vornherein festgelegtes Angebot. Sie orientiert sich am Bedarf des Lebensumfeldes des Kindes, um durch Erziehungshilfen für Eltern – oft eine überforderte allein erziehende Mutter – Entlastung zu schaffen und dem Kind mehr Möglichkeiten zur Selbstverwirklichung zu geben. Diese Hilfeform soll – entsprechend der Leistungsbeschreibung durch den Neukirchener Erziehungsverein – durch Unterstützung, Beratung und Begleitung die Beziehungsfähigkeit und die Erziehungskompetenz der Eltern / der Mutter stärken und familiäre Krisen und auch persönliche Krisen meistern helfen. Darüber hinaus können Hilfen im hauswirtschaftlichen Bereich und in der Wohnsituation und in anderen kritischen Lebensfragen (Schulden, Rechtsbeistand, Schule, Beruf usw.) gegeben werden usw.

Aus der Untersuchung der 42 Fälle der Neukirchener Erziehungsvereins / Ambulante Hilfen Krefeld geht hervor, dass die Fachkräfte die

Hilfeform der Flexiblen Erziehungshilfe in sieben Fällen dazu nutzten, weitergehende Hilfeformen einzuleiten (Heilpädagogische Ambulanz, SPFH, INSPE, Ambulante Erziehungsberatung, Aufsuchende systemische Familientherapie, Ambulantes Clearing oder Sozialpädagogische Einzelbetreuung). Diese Vielfalt zeigt, dass die Fachkräfte kompetent und mit großer Wachsamkeit für die Kindes- bzw. Jugend-Entwicklungen vorgingen. In der Regel war das Ziel die Stärkung der Erziehungskompetenz der Eltern/Mutter und die Stärkung des Selbstbewusstseins und der Eigenverantwortung auf Seiten des Kindes/Jugendlichen.

Die zweithäufigste Hilfeform (13) war **Ambulantes Clearing und Prozessdiagnostik.** Sie wird eingesetzt, wie der Name sagt, wenn nicht klar ist, welche Intervention für ein Kind/Jugendlichen geeignet ist oder welche Bedürfnisse ein Jugendlicher hat. Diese Hilfe wird eingesetzt, wenn die Verhältnisse undurchsichtig sind, Klärungsbedarf besteht und die Ressourcen, Risiken, Schutzfaktoren und Kompetenzen identifiziert werden müssen. Die Fachkräfte, die ein diagnostisches ambulantes Clearing in der Familie durchführen, haben in der Regel langjährige Erfahrung in der Kinder und Jugendarbeit und sind durch ein Hochschulstudium in Erziehungswissenschaften qualifiziert. Im Neukirchener Projekt war ein Hauptziel des ambulanten Claering die Verselbständigung, die in der Regel darin bestand, dass der Jugendliche befähigt werden sollte, alleine zu wohnen. Diese Hilfe wird in dieser Einrichtung u.a. eingesetzt bei Jugendlichen mit schwerer Symptomatik oder auch bei Kriminalität. Die Erfolgsaussichten sind zweifelhaft, da bei verfestigter Symptomatik ein langwieriger Prozess erforderlich ist, der wegen mangelnder Kooperationsbereitschaft des Jugendlichen aber auch aus Kostengründen in einigen Fällen abgebrochen werden musste. Man spürt aus den Fragebögen, wie sehr die jeweilige Fachkraft mit dem Jugendlichen und seinen Eltern gerungen hat, eine geeignete Interventionsform zu finden, und die Enttäuschung, wenn es aus mangelnder Kooperation oder aus Ablehnung zum Abbruch kam.[8]

Weiterführende Literatur

Bundesministerium für Familie, Senioren, Frauen und Jugend (BMFSFJ), Effekte erzieherischer Hilfen und ihre Hintergründe (JES-Studie), Schriftenreihe 219, Bonn/Berlin 2003 (www.iki-mainz.de download, Projekte)
Du Bois, Reinmar, Vorwort, in: *Haim Omer / Arist von Schlippe*, Autorität ohne Gewalt

---

[8] Das Kapitel zur: »Erörterung der Ergebnisse vor dem Hintergrund der Veränderungen der Sozialstruktur von Jugend und Kindheit« kann bei Interesse bei den Autoren angefordert werden.

Coaching für Eltern von Kindern mit Verhaltensproblemen. »Elterliche Präsenz« als systemisches Konzept, Göttingen 2002, 7–14

Hitzler, Ronald / Anne Honer (1994b), Bastelexistenz. Über subjektive Konsequenzen der Individualisierung, in: *Beck / Beck-Gernsheim*, Riskante Freiheiten, 307–315

Klein, Gabriele, Electronic Vibration. Pop Kultur Theorie, Wiesbaden 2004 (Reihe Erlebniswelten, Band 8)

Michael Mascenaere, Möglichkeiten und Schwierigkeiten von Steuerungsprozessen in groß angelegten Evaluationen, in: Aushandlungsprozesse zur Steuerung externer Evaluationen. Dokumentation der Fachtagung in München vom 1.–3. Dezember 2004 (www.dji.de/evaluation), 49–61

Pädagogischer Rundbrief des Landesverbandes katholischer Einrichtungen und Dienste der Erziehungshilfen in Bayern 3/2002

Vogelsang, Waldemar, Jungsein vor dem Hintergrund gesellschaftlicher Veränderungen. Vortrag im November 2003, 8 (abgedruckt in: www.waldemar-vogelsang.de)

Ziehe, Thomas / Herbert Stubenrauch, Plädoyer für ungewöhnliches Lernen. Ideen zur Jugendsituation, Reinbeck 1982 (Rowohlt Taschenbuch 7410).

Ziehe, Thomas, Zur Veränderung der Wissens- und Erwartungshorizonte Jugendlicher, in: *Ines Maria Breinbauer / Gertrude Brinek* (Hg.), Jugendtheorie und Jugendarbeit, Wien 1998, 71–86

Zinnecker, Jürgen / Imbke Behnken, Null Zoff & voll busy: die erste Jugendgeneration des neuen Jahrhunderts, ein Selbstbild, Opladen 2002

Sabine Krebs-Krüger und Anja Turnau

Möglichkeiten und Grenzen familienunterstützender Hilfen im Kontext von Elternrecht und Kindeswohlgefährdung – Aufgaben öffentlicher Erziehung unter dem Aspekt zunehmender familiärer Belastungsfaktoren und gesellschaftlichem Wandel

Das Spannungsverhältnis zwischen Elternrecht und Kindeswohlgefährdung im Aufgabenbereich der Jugend- und Familienhilfe stellt sich, aus fachlicher Sicht, bedeutungsvoll zwischen Leistungsangeboten und Eingriffsbefugnissen dar. Diesem liegt zum Einen die Gesetzesgrundlage des SGB VIII zu Grunde, die das Elternrecht postuliert; anspruchsberechtigte Adressaten des Leistungskataloges der Hilfen zur Erziehung sind die Eltern bzw. die Personensorgeberechtigten, nicht direkt die Kinder und Jugendlichen.

»Ein Personensorgeberechtigter hat bei der Erziehung eines Kindes oder eines Jugendlichen Anspruch auf Hilfe (Hilfe zur Erziehung), wenn eine dem Wohl des Kindes oder des Jugendlichen entsprechende Erziehung nicht gewährleistet ist und die Hilfe für seine Entwicklung geeignet und notwendig ist.« SGB VIII, § 27 (1)

Zum Anderen gilt es, nach SGB VIII § 8a, dem *»Schutzauftrag bei Kindeswohlgefährdung«* Rechnung zu tragen: *»Werden dem Jugendamt gewichtige Anhaltspunkte für die Gefährdung des Wohls des Kindes oder des Jugendlichen bekannt, so hat es das Gefährdungsrisiko im Zusammenwirken mehrerer Fachkräfte abzuschätzen. Dabei sind die Personensorgeberechtigten sowie das Kind oder der Jugendliche einzubeziehen, soweit hierdurch der wirksame Schutz des Kindes oder des Jugendlichen nicht in Frage gestellt wird.«* SGB VIII, § 8a (1)

Gerade in der letzten Zeit erschütterten uns immer wieder Berichte der Medien, die von schockierenden Ereignissen der Kindeswohlvernachlässigung und ihrer Folgen berichteten: Der öffentliche Ruf zur Ermittlung der zur Rechenschaft zu ziehenden Verantwortlichen, strafrechtliche Folgen sowie die Vorhaltung geeigneter Hilfemaßnahmen zur Abwendung von Gefahren wurde laut und beherrschte eine Zeit lang das öffentliche Interesse und politische Reaktionen.

Als aktive Leistungserbringer von Hilfen zur Erziehung verstehen wir uns als **»ein Rädchen«** im Getriebe der gesamtgesellschaftlichen Verantwortung für heranwachsende Generationen, um hilfreiche Antworten auf aktuelle Bedarfe und Belastungssituationen von Familien zu entwickeln und vorzuhalten. Hierbei ist uns sehr wohl bewusst, dass es keine linearen Lösungen von nur einer Fachdisziplin auf eine viel-

schichtige, komplexe und gewachsene Problemlage geben kann. Vielmehr gilt es, eine familienpolitische Ausrichtung zu postulieren, die
eine Basis schafft, gesellschaftliche und damit familiale Entwicklungen in Kooperation und Ergänzung der unterschiedlichen Fachdisziplinen aus Politik, Jugendamt, Beratungs-, Bildungs- und Erziehungsein-
richtungen, sowie dem Gesundheitswesen zusammenzuführen und zu
steuern.
Restriktive, kurzsichtige politische Entscheidungen, die ausschließlich
auf die Abwendung des öffentlichen Drucks abzielen und tatsächliche
Hilfebedarfe der Betroffenen nicht ausreichend unter Berücksichtigung
der hoch entwickelten und ausdifferenzierten pädagogischen Fachlich-
keit in unserem Land berücksichtigen, können unseres Erachtens weder mittel- noch langfristig zu adäquaten Lösungen der sich uns stel-
lenden Aufgaben führen und werden von uns abgelehnt.

Zielgruppen sind:
Personensorgeberechtigte, Kinder, Jugendliche und Heranwachsende,
– die einen Hilfebedarf sehen und wünschen,
– die nach einer Beratungs- und/oder Konfrontationsphase Hilfen annehmen,
– die (gerichtlich) angeordnete Hilfen erhalten.

Drei Ebenen der Hilfeangebote sind zu verzeichnen:
1. *Entlastung und Unterstützung* der Familie bei Versorgungs- und
Erziehungsleistungen:
»Frühe Hilfen«, Erholungsmaßnahmen, Unterstützende Familienhilfe
(UFH), Familienzentren, Mittagstisch, Ganztagsschulformen, Grup-
penarbeit, Beratungsangebote u.a.
2. *Ergänzung und Kompensation* familiärer Versorgungs- und Erziehungsleistungen:
Sozialpädagogische Familienhilfe (SPFH), Tagesgruppen, ambulante
Jugendhilfeangebote (FLEX) u.a.
3. *Ersatz* familialer Versorgungs- und Erziehungsleistung:
Familiäre Bereitschaftsbetreuung (FBB), Pflegefamilien, Erziehungs-
stellen, stationäre Hilfen (Jugendhilfeeinrichtungen) u.a.

Primäre Aufgaben des Allgemeinen Sozialen Dienstes des Jugendamtes:
– Steuerung der Hilfeplanung
– Erfassen der Lebens- und Problemlage
– Beratung der Inanspruchnehmer
– Wunsch- und Wahlrecht (SGB VIII, § 5) berücksichtigen
– Beteiligung der notwendigen Fachdisziplinen, Institutionen
– Partizipation: Kooperation zwischen Personensorgeberechtigten,
   Kindern, Jugendlichen und Fachkräften
– Sicherung des Kindeswohls

- Klare Bedarfsanalyse und Auftragsklärung mit dem Ziel, die geeignete, bedarfsgerechte, effektive und effiziente Hilfeform zu ermitteln
- Vernetzung von Hilfen
- Erstellung, Überprüfung und Fortschreibung des Hilfeplans

Primäre Aufgaben der familienunterstützenden und -ersetzenden Hilfen (unter Einbeziehung der UN-Konvention über die Rechte des Kindes):
- Entzerrung, Entlastung und Unterstützung in familiären Belastungssituationen
- Verbesserung der gesamtfamiliären Situation
- Schaffung und Stärkung von positiven Lebensfaktoren / Ermöglichung von sozialer Integration und Teilnahme am gesellschaftlichen Leben
- Sicherstellung des Rechtes auf Erziehung eines jeden jungen Menschen
- Adäquate Förderung junger Menschen hinsichtlich ihrer Persönlichkeitsentwicklung und ihrer sozialen Integration
- Vermeidung und Abbau von Benachteiligung
- Stärkung von elterlicher Erziehungskompetenz und Mitwirkungsmöglichkeiten
- Schutz vor Gefahr des Kindeswohls / Aufarbeitungs- und Heilungshilfen bei erlittener Schädigung; Schutz vor weitergehender Beeinträchtigung
- Übernahme und Ausführung von Erziehungsaufgaben (ergänzend, kompensatorisch und ersetzend)
- Bereitstellung von, auf den Individualfall abgestimmten, entwicklungsgerechten und -fördernden Angeboten
- Individuelle, fortlaufende Erziehungs- und Förderplanung auf der Grundlage der Hilfeplanung, Angebot und Umsetzung, so lange Bedarf besteht
- Einbeziehung und Berücksichtigung aller am Prozess Beteiligten / Partizipation

Unterstützende Faktoren gelingender Hilfen / Möglichkeiten:
Die Jugendhilfe versteht sich in erster Linie als Leistungssystem für die o.g Zielgruppen; ihr Ziel ist es, unter Berücksichtigung der Rechte des Kindes, Entwicklungsbedarfe von jungen Menschen durch ein differenziertes und individualisiertes Angebot an erzieherischen Hilfen zu entsprechen und einer Förderung der Persönlichkeit dienlich zu sein. Die Jugendhilfe besinnt sich hierbei vor allem auch auf normative Aufgaben. Können Eltern dieser primär ihnen obliegenden Aufgabe von Personensorge und Erziehung nicht (ausreichend) gerecht werden, so setzt die Jugendhilfe hier ergänzend, ausgleichend oder ersetzend an. Sie gestaltet ihre Arbeit vorrangig als Angebot (präventiv, offen

und begleitend) und erst bei sich abzeichnender Androhung einer Gefahr als Kontrolle und Eingriff (reaktiv, korrigierend). Man kann hier von einem wohlfahrtsstaatlichen Aufgabenverständnis sprechen.

Einschränkende Faktoren gelingender Hilfen / Grenzen:
- Ungenaue Bedarfsanalyse / Auswahl ungeeigneter, wenig effizienter Hilfeform
- Ungenaue Auftragsklärung / Widersprüchliche Aufträge
- Fehlende Kooperations- und Mitwirkungsbereitschaft der am Hilfeprozess Beteiligten
- Fehlendes interdisziplinäres Zusammenwirken der beteiligten Institutionen
- Unregelmäßige Hilfeplanung und Überprüfung der Eignung der Maßnahme (Zielorientierung) / Fehlende Anpassungsmodalitäten
- Institutionelle Grenzen
- Kostendruck und Zeitdruck (wirtschaftliche Faktoren, die die pädagogischen Bedarfe steuern)
- Kommunikationsstörungen und fehlender Austausch

Exkurs: Bildung junger Menschen im stationären Jugendhilfekontext anhand eines einrichtungsinternen Beispiels
»Lebenslanges Lernen« ist ein wesentliches Element der europäischen Bildungsdiskussion und verfolgt vier Ziele: aktive Bürgerschaft, Beschäftigungsfähigkeit, persönliche Selbstentfaltung und soziale Integration. Dabei sind formales, nicht-formales und informelles Lernen an verschiedenen Lernorten gemeint.«
»Kulturelle Bildung ist verbunden mit der Vermittlung sozialer, künstlerischer und persönlicher Kompetenzen und damit für einen europäischen Bildungsbegriff unerlässlich.«[1]

Viele der Kinder- und Jugendlichen / jungen Heranwachsenden des Andreas-Bräm-Hauses in Neukirchen-Vluyn, einer stationären, heilpädagogisch-therapeutischen Jugendhilfeeinrichtung des Neukirchener Erziehungsvereins für junge Menschen mit sehr hohem Förderbedarf, sind in der Ausführung einer regelmäßigen Tätigkeit stark beeinträchtigt, auch der Schulbesuch kann oft nur in Form besonderer, pädagogischer (Lern-)Förderung, unter Berücksichtigung der individuellen Möglichkeiten des jungen Menschen, gestaltet werden. Diese sonderpädagogischen Fördermaßnahmen verfügen auch über einen ausgewählten, individualisierbaren und ganzheitlichen Rahmen, der mit dem herkömmlichen Schulalltag Gleichaltriger in Regelschulen nicht vergleichbar ist.

---

[1] NaBuK, Europaprojekt der Arbeitsgemeinschaft für Kinder- und Jugendhilfe (AGJ) / Berlin, www.nabuk-europa.de/index.php?id=7.

Die jungen Menschen, die in unserer Einrichtung leben, leiden alle gleichsam unter Entwicklungsrückständen, Auffälligkeiten im Bereich des Sozialverhaltens und der Emotionen und oftmals kognitiven Einschränkungen, sowie Traumatisierungsfolgen, deren Ursachen unterschiedlich begründet liegen. Viele sind von seelischer Behinderung bedroht oder bereits davon betroffen. Der spezifische Personenkreis unseres Klientels, mit einem Schwerpunkt im Bereich zwischen Lernbehinderung und geistiger Behinderung, fällt oft aus dem Rahmen der üblichen staatlichen Förder- und Bildungsangebote (Jugendberufsförderung und Reha-Bereich der Agentur für Arbeit) heraus. Adäquate, individuelle Förderangebote knüpfen bei uns an persönliche Fähigkeiten und vorhandene Stärken an; altersdurchschnittliche Anforderungen können nicht zu Grunde gelegt werden, da die individuelle Reife in der Regel nicht ausreicht und physische wie psychische Voraussetzungen fehlen. Eine berufliche Perspektive erscheint häufig nicht gesichert, auf berufliche Fördermaßnahmen kann nur bedingt zurückgegriffen werden.

Auch wenn meist die elementare Basis zu Lern-, Arbeits- und Sozialverhalten nur unzureichend ausgeprägt ist, so zeigen aber diese jungen Menschen im Alltag grundsätzlich ihren Bedarf nach (sinngebender) Betätigung und persönlicher Weiterentwicklung. Generell sind die jungen Menschen daran interessiert, »etwas zu tun«, und zeigen sich gut motivierbar (Vorbildfunktion der Erwachsenen), leichte Aufgaben zu übernehmen (oder an der Umsetzung dieser mitzuwirken), die sie nicht überfordern oder unter Druck setzen (angemessene Herausforderung). Kinder und Jugendliche brauchen neben der Wissensvermittlung besonders Kreativität, Anregung, Anerkennung und Spaß am Tun.

Im Andreas-Bräm-Haus (ABH) haben wir dieses Potential aufgegriffen und ein pädagogisches Beschäftigungsprogramm entwickelt, das dem natürlichen Interesse an Betätigung und Ausprobieren gerecht wird:

Wir nennen unser Programm das *»ABH-Pro«: Wir machen Beschäftigung!*

Das ABH-Pro versteht sich *nicht* als Arbeitstrainingsmaßnahme, sondern als niederschwelliges, individuell modifizierbares Angebot zu zielorientierter Betätigung, das nicht primär auf Leistung ausgerichtet ist und trotzdem mehr als Freizeitbeschäftigung und Unterhaltung bietet. Es ist auch kein therapeutisches Angebot, vielmehr erfolgt Beschäftigung immer als Bestandteil einer allgemeinen, aktiven Alltagstätigkeit im pädagogischen Setting.

Das *ABH-Pro* gliedert sich in 3 Teile:

Kleingruppenangebot
(Teilnehmer aus allen Gruppen)
im Rahmen der Enkulturation
»DU-WIR:Für andere!-Kontext«

Einzelmaßnahmen (1:1)
im Rahmen der Individuation
»ICH-DU-Kontext«

Projekte mit den
Wohn- und Lebensgruppen
im Rahmen der Sozialisation
»DU-WIR-Kontext«

Im Rahmen verschiedener, angeleiteter und konstant fachlich begleiteter Tätigkeitsmöglichkeiten in den Bereichen Garten, Haus, Sport und Handwerk sollen leichte handwerkliche Fertigkeiten erlernt und persönliche Fähigkeiten ausgebaut werden. In sinnvollen Tätigkeiten sollen die Teilnehmer dabei eigenes Vermögen erleben und sichtbare Ergebnisse verzeichnen können. Hierbei orientieren wir uns vor allem an den vorhandenen persönlichen Ressourcen. Auch spielerische Tätigkeiten finden, je nach Bedarf, ihren Platz; einen Schwerpunkt legen wir auf gemeinschaftliche Beschäftigung.

Alle Aufgaben werden zusammen mit den zuständigen Pädagogen erledigt, jeder wird gemäß seiner Möglichkeiten/Rolle eingesetzt und aktiv beteiligt, niemand ist genötigt, etwas unter Druck zu tun, die Mitarbeit geschieht immer freiwillig, aber verantwortlich. Entstehende Konflikte werden vorrangig behandelt und gemeinsame Lösungen erarbeitet, der Betätigungsprozess wird dafür gegebenenfalls unterbrochen.

Die Aufgaben sind produktiv, die erzielten Ergebnisse der Teilnehmer sind sichtbar und haben Bedeutung in unserem gemeinsamen, sozialen Umfeld. Der aktive, persönliche Einsatz, z.B. bei Pflegearbeiten von Grünanlagen oder bei der Gestaltung unseres internen »ABH-Cafés«, wird wertgeschätzt und es erfolgt eine positive Rückmeldung darüber von unterschiedlichen Stellen, die die Akteure auch erreicht.

Unseren Teilnehmern wird somit die Möglichkeit gegeben, in Form eines täglichen Angebotes, positive Erfahrungen im Umgang mit Aufgabenstellung und -bewältigung zu erreichen und den persönlichen Erfahrungs- und Bildungsraum zu erweitern.

Unsere wichtigsten, pädagogischen Ziele hierbei sind:
- Steigerung der sozialen Kompetenz (Gemeinschaftsfähigkeit),
- dem eigenen Tagesablauf in der Gestaltung Sinnhaftigkeit zu verleihen,
- einen haltgebenden Alltagsrhythmus zu installieren,
- Aufbau des Selbstwertgefühls (positives, korrigierendes Selbstwerterleben),
- sich als Teil der Gemeinschaft zu erleben (Zugehörigkeit und »Feedback«) und

– positives Erleben und »Spaß haben« im produktiven Tun zu erfahren (positive Selbsterfahrung).

Es soll nicht unerwähnt bleiben, dass die Nebenwirkung einer solch positiv besetzten Erfahrung im Rahmen wiederkehrender Beschäftigung sicher grundsätzlich hilfreich für eine perspektivische Einbindung in Berufs- und Gesellschaftsfähigkeit ist.

»Ich machte mir Beschäftigung. Das war ein Schlüssel zum Überleben.«[2]

---

2 *Yann Martel*, Schiffbruch mit Tiger, Frankfurt a.M. 2005, 233.

THOMAS VIETEN und THOMAS WITT

Familiäre Bereitschaftsbetreuung – Schnittstelle zwischen Herkunftsfamilie und Jugendhilfe

Bericht der Rheinischen Post vom 17.6.2009 zum Thema ›Schwerpunkt Kinderschutz‹:
»*Die Jugendämter holen heute bedrohte Kinder schneller aus Familien heraus als noch vor drei Jahren. (...)*
Während die große Koalition in Berlin seit mehr als zwei Jahren über einen besseren Schutz vernachlässigter und misshandelter Kinder debattiert, handeln die Behörden vor Ort schon heute schärfer. (...)
Die beiden Düsseldorfer hatten gerade ihr zweites Kind bekommen, als alles bergab ging. Er (30) verlor seinen Job, verdrängte sein Schicksal im Alkohol. Sie (28) wurde depressiv. Im Kindergarten fiel auf, dass ihr erstes Kind nur unregelmäßig erschien und außerdem einnässte. Bei einem Besuch der Eltern stellt das Düsseldorfer Jugendamt fest, dass die Wohnung vollkommen verwahrlost ist, das kleine Baby krabbelt im Dreck. Sofort nehmen die Mitarbeiter des Jugendamts die Kinder in Obhut. Später überträgt ein Familienrichter der Behörde das Sorgerecht für die beiden Kinder. (...)«
In solchen Fällen von Kindeswohlgefährdung suchen die Mitarbeiter eines Jugendamtes in der Regel nach unverzüglicher Hilfe zur außerhäuslichen Unterbringung der Kinder, die durch die Familiäre Bereitschaftsbetreuung (FBB) als qualifizierte Krisenintervention gewährleistet werden kann.

Ausgangslage

Eine vorübergehende Unterbringung außerhalb des häuslichen Umfeldes wird notwendig, wenn

– Kinder in Notsituationen betreut und versorgt werden müssen (§ 20 KJHG);
– auf Grund problematischer familiärer Lebenslagen Inobhutnahme von Kindern oder Jugendlichen notwendig wird (§ 42 KJHG);
– eine bestehende Problemlage mit einer entsprechenden Diagnose- oder Clearingphase bearbeitet werden soll;
– eine notwendige und geeignete Jugendhilfemaßnahme in Planung oder Vorbereitung ist.

Bei der Familiären Bereitschaftsbetreuung handelt es sich um die vorübergehende Unterbringung und Betreuung von Kindern und Jugendlichen, die im Rahmen des Verbundsystems des *Neukirchener Erziehungsvereins* über die jeweiligen Büros der ambulanten Hilfen angeboten wird. Sehr kurzfristig können entsprechend vorbereitete geeignete Familien gefunden werden, die Kinder oder Jugendliche für einen begrenzten Zeitraum von einem Tag bis zu regulär drei Monaten bei sich zu Hause aufnehmen. Familiäre Bereitschaftsbetreuung stellt somit eine Alternative der vorübergehenden Unterbringung in Aufnahmeheimen oder Heimgruppen dar.

Unterbringungen über den Zeitraum von 90 Tagen hinaus in Einzelfällen bedürfen der erneuten schriftlichen Abstimmung zwischen einweisendem Jugendamt und dem *Neukirchener Erziehungsverein*. Unter Einbeziehung des jeweiligen Büros *des Neukirchener Erziehungsvereins* können durch das Jugendamt oder andere Leistungsträger Kinder oder Jugendliche vorübergehend in Familien untergebracht und betreut werden mit dem Ziel der Schaffung einer langfristigen Perspektive außerhalb der Betreuungsfamilie.

Bedarfslagen

Inobhutnahme
Inobhutnahme ist die vorläufige Unterbringung eines Minderjährigen bei geeigneten Personen, einer Einrichtung oder in einer sonstigen betreuten Wohnform. Der Begriff vorläufig verdeutlicht, dass es sich um eine vorübergehende, kurzfristige Unterbringung handelt. Sie hat den Charakter einer Krisenintervention auch mit dem Ziel, die Perspektiven weiter abzuklären. Die öffentlichen Träger der Jugendhilfe werden durch das Kinder- und Jugendhilfegesetz (SGB VIII) verpflichtet, ein ausreichendes differenziertes Angebot für diese Unterbringung vorzuhalten (s. auch Empfehlungen zur Inobhutnahme gemäß § 42 KJHG der Bundesarbeitsgemeinschaft der Landesjugendämter vom August 1995). Inobhutnahme ist keine Hilfe zur Erziehung, sondern zielt auf eine klassische Durchgangs- bzw. Übergangssituation, in der unvorhergesehen oder umgehend in einer Notsituation eine Fremdplazierung erforderlich ist. Die Inobhutnahme erfolgt durch das zuständige Jugendamt, es übernimmt auch während der Inobhutnahme Teile der elterlichen Sorge wie Beaufsichtigung, Erziehung und Aufenthaltsbestimmung. Dabei kann der öffentliche Träger der Jugendhilfe die Durchführung der Inobhutnahme auch auf anerkannte Träger der freien Jugendhilfe übertragen. (§ 76 SGB VIII)

Clearingzeit
Außerhalb der Inobhutnahme gibt es verstärkt Lebenslagen von Kindern oder Jugendlichen, die einer besonderen Begutachtung, fachli-

chen Einschätzung und sorgfältigen Hilfeplanung bedürfen. Sofern sich während dieser »Clearingphase« die Notwendigkeit einer vorübergehenden Fremdplatzierung ergibt, kann die Betreuungsfamilie hier eine Alternative zur Heimgruppe sein. Der vorläufige Charakter der Unterbringung muss allen Beteiligten besonders deutlich sein.

Hilfe in Notsituationen
Außerhalb der Hilfen zur Erziehung ist das Jugendamt gehalten, die Betreuung und Versorgung eines Kindes zu gewährleisten, wenn Eltern oder Sorgeberechtigte diese Aufgabe aus gesundheitlichen oder anderen zwingenden Gründen nicht nachkommen können. Dies kann in der Praxis eine schwere Krankheit oder ein Krankenhausaufenthalt sein, vorübergehende Einschränkung der Erziehungsmöglichkeit, Verkehrsunfall oder andere Notsituationen sowie massive Beziehungs- oder Trennungsprobleme. Für diese vorübergehende Notsituation bieten sich Betreuungsfamilien als Alternative zu Gruppenformen an, sofern die Betreuung des jungen Menschen nicht im häuslichen Umfeld sichergestellt werden kann.

Unterbringung im Rahmen des Gesundheitswesens
Sofern Sorgeberechtigte im Einzelfall ein Kind unter 12 Jahren zu erziehen haben und dazu aus gesundheitlichen Gründen nicht in der Lage sind, kann eine Versorgung dieses Personenkreises auch über die Krankenkassen erfolgen. Neben der Einsatzmöglichkeit von Familienpflegerinnen kann auch die Unterbringung in Familiärer Bereitschaftsbetreuung erfolgen, wenn die individuellen Anspruchsvoraussetzungen vorliegen. Neben der Unterbringung an Arbeitstagen ist dies zum Beispiel am Wochenende dann möglich, wenn aufgrund einer entsprechenden Bescheinigung des Arbeitgebers der mögliche andere Lebens- oder Ehepartner die Versorgung zwingend nicht übernehmen kann.

Betreuungsstellen und Fachberatung

Zusammenfassend stammen die in der FBB zu betreuenden Kinder aus Familien mit schwerwiegenden Unterversorgungslagen in zumeist mehreren Lebensbereichen durch Armut, Verschuldung, Arbeitslosigkeit, unzureichende Wohnungsverhältnisse, psychische oder physische Erkrankung, Drogensucht, Beziehungskonflikten, etc. und den hiermit verbundenen Problemen bei der Bewältigung des Alltags und der Versorgung und Erziehung ihrer Kinder.
In der Beschreibung zum Projekt »Familiäre Bereitschaftsbetreuung«[1] durch das Deutsche Jugendhilfeinstitut (DJI) heißt es zum An-

---

[1] Bundesministerium für Familien, Senioren, Frauen und Jugend, Schriftenreihe Band 231, »Bereitschaftspflege – Familiäre Bereitschaftsbetreuung«, Stuttgart 2002.

forderungsprofil der FBB-Familien: »*So sind die Anforderungen an die Betreuung der Kinder hoch und die Kurzzeitigkeit der Unterbringung macht einen besonders qualifizierten Umgang mit Bindungsübergängen notwendig. (...) Die mit dieser Betreuungsarbeit verbundene Belastung durch den besonders hohen Betreuungsbedarf der betroffenen Kinder, die zudem häufigen Kontakte zu deren – meist äußerst problembeladenen – Eltern, wie auch die Tatsache des mehrfachen Wechsels der betreuten Kinder (...): all das stellt große Anforderungen an die Kompetenzen der Betreuungspersonen wie der weiteren Familienmitglieder.*«

Diese hohen Anforderungen an die Betreuungsfamilien erfordern von Seiten der Jugendhilfeträger eine gewissenhafte Prüfung und Vorbereitung interessierter Personen. Durch vielfältige Kontakte über Mitarbeiter, Kirchengemeinden und Freundeskreis hält der Erziehungsverein am Niederrhein zur Zeit 24 Betreuungsfamilien vor, mit denen ein Betreuungs- und Honorarvertrag abgeschlossen wurde. Im Falle der Aufnahmeanfrage wird durch Leitung und Fachberater geklärt, welche Familie für den Einzelfall geeignet erscheint und aufnahmebereit ist. Bei der Auswahl der Familien achten wir auf folgende Voraussetzungen:

Persönliche und pädagogische Voraussetzungen
- Die Bereitschaft zur engen Zusammenarbeit mit den Fachberatern und allen weiteren beteiligten sozialen Diensten, insbesondere dem einweisenden Jugendamt muss vorhanden sein.
- Wichtig ist die Fähigkeit, Kinder kurzfristig aufzunehmen, aber *auch wieder abgeben* zu können.
- Je nach individueller Situation muss die Betreuungsfamilie nach Absprache Kontakt zur Herkunftsfamilie des Kindes oder Jugendlichen halten bzw. pflegen.
- Betreuungsfamilien sollten tolerant, belastbar und flexibel sein, Einfühlungsvermögen haben und über praktische Lebenserfahrung verfügen.
- Das Alter der eigenen Kinder sollte nach Möglichkeit höher als drei Jahre sein.
- Die Betreuungsfamilie sollte eigene Leistungsfähigkeit und Belastungsgrenzen erkennen und diese ggf. gegenüber dem Fachdienst, Jugendamt und anderen einweisenden Stellen vertreten können.
- Sie sollten Zusammenhänge und Lebensbedingungen der betroffenen Minderjährigen und ihrer Familien verstehen können, offen gegenüber anderen Lebensstilen und sozial benachteiligten Familien sein und ein aufgeschlossenes Familienklima herstellen können.
- Sie müssen Zeit haben: die Arbeit bedarf einer großen zeitlichen Flexibilität und Handlungsfähigkeit auch in Krisensituationen.

– Die Betreuungsfamilien sollten verschwiegen sein (Datenschutz) und die Persönlichkeitsrechte der Minderjährigen achten. Die Betreuungspersonen sollten pädagogisch erfahren sein.

Organisatorische Voraussetzungen
– Die Betreuungsfamilie soll im Einzugsbereich des Trägers wohnen.
– Sie muss über ein ausreichendes Raumangebot verfügen; bei der Aufnahme von Kindern ab Schulalter ist in der Regel ein eigenes Zimmer bereitzustellen.
– Einer der Betreuungseltern darf nicht außerhäuslich berufstätig sein.
– Telefon und PKW sind notwendige Voraussetzung.
– Nach Abstimmung soll die Betreuungsfamilie bereit und in der Lage sein, das ganze Jahr über Kinder und Jugendliche aufzunehmen mit Ausnahme von Urlaub, Krankheit oder sonstigen persönlichen Einschränkungen.
– Sie sollte in der Regel keine weiteren Aufgaben der Jugendhilfe wahrnehmen.
– Nach einer Vorbereitungsphase muss die Betreuungsfamilie einen Vertrag mit dem Neukirchener Erziehungsverein als Einrichtungsträger abschließen und bereit sein, diesen zu erfüllen.

Fachberatung

Ausgewählt, betreut und begleitet werden die Betreuungsfamilien durch MitarbeiterInnen der jeweiligen Büros ambulanter Hilfen des Neukirchener Erziehungsvereins. In Zusammenarbeit mit der Leitung erfolgt hierüber zumeist auch die Aufnahme eines Kindes.
Da unsere Betreuungseltern in der Regel keine pädagogischen Fachleute sind, legen wir Wert auf ihre umfassende Begleitung durch erfahrene Fachkräfte in den laufenden Hilfen und darüber hinaus. Alle in diesem Arbeitsfeld tätigen MitarbeiterInnen (i.d.R. Diplom-SozialpädagogInnen/Diplom-SozialarbeiterInnen) besitzen langjährige Berufserfahrung in der stationären und/ oder ambulanten Jugendhilfe und eine systemische Zusatzausbildung.
Ihr umfangreiches Aufgabengebiet benennen wir hier in Kürze:
– Öffentlichkeitsarbeit und Werbung neuer Betreuungsfamilien
– Auswahl, Vorbereitung und Qualifizierung der Betreuungseltern
– Vermittlung der Kinder/ Jugendlichen in die Familien
– Fallbearbeitung nach der jeweiligen Aufnahme
– Dokumentation wichtiger Beobachtungen
– Prozessbegleitende Beratung der Betreuungsfamilien
– Vor- und Nachbereitung und ggf. Begleitung von Kontakten, Besuchen, Beurlaubungen der Kinder zu den leiblichen Eltern oder Verwandten

- Fachaufsicht
- Zusammenarbeit mit dem Jugendamt
- Kooperation mit anderen Fachdiensten, Schulen, Ärzten, Therapeuten usw.
- Angebote zu Fortbildungen, Arbeitskreisen, Elterntreffen für die Betreuungseltern
- Organisation von gemeinsamen Festen und Feiern

Federführung und Gesamtverantwortung liegen in Händen einer berufserfahrenen pädagogischen Leitungskraft.

Veränderte Bedarfslagen

»(...) Nach den erschütternden Fällen der fünfjährigen Lea-Sophie, die 2007 einen qualvollen Hungertod starb, und dem zweijährigen Kevin, der 2006 zu Tode geprügelt in einem Kühlschrank gefunden worden war, ist auch die Gesellschaft aufmerksamer geworden. Die Zahl der Anzeigen beim Jugendamt ist in NRW seit 2005 sprunghaft von damals rund 2600 auf fast 4000 pro Jahr angestiegen.« (o.g. Zeitungsartikel der Rheinischen Post vom 17.6.09)

Veränderte Bedarfslagen stellen wir im Laufe unserer inzwischen elfjährigen FBB- Arbeit im Neukirchener Erziehungsverein für den Zeitraum der letzten drei Jahre durchaus fest. Hier sind zu nennen:
→ gestiegene Anzahl der für FBB angefragten Kinder,
→ gestiegene Anzahl der Anfragen für Kleinkinder im Alter von 0–3 Jahren,
→ deutliche Verlängerung der Verweildauer der Kinder in den FBB auf bis zu zwei Jahren.
1. Die gestiegene Anzahl der Jugendamtsanfragen für unsere Betreuungsfamilien konnten wir durch den Zugewinn neuer Familien und begleitender Mitarbeiter gut bewältigen.
2. Die gestiegene Anzahl der Anfragen für Kleinkinder leitet sich hier aus der allgemeinen Anfragesteigerung aus Jugendhilfesicht folgerichtig ab: gerade für kleine Kinder macht es nach deren Trennung von ihrer Herkunftsfamilie Sinn, sie eher in einem überschaubaren, fürsorglichen Rahmen einer Betreuungsfamilie unterzubringen als in der Aufnahmegruppe einer Heimeinrichtung mit ständig wechselnden Betreuungspersonen.
3. Diese letzte Veränderung der Bedarfslagen betrachten wir als die kritischste im Rahmen unserer FBB-Arbeit. Unsere konzeptionelle Begrenzung der Aufenthaltsdauer zu betreuender Kinder in den FBB auf drei Monate basiert auf der bindungstheoretischen Grundlage, dass besonders kleine Kinder nach diesem Zeitraum beginnen, sich stärker auf ihre Betreuungsfamilie einzulassen und sich an die Familienmit-

glieder zu binden. Eine Herauslösung aus der FBB wird mit zunehmender Zeit für diese Kinder – und natürlich auch für die Betreuungsfamilie – schwerer und belastender.
Den Hintergrund für diese Entwicklung zu deutlich verlängerten Ver-
weildauern der Kinder in den FBB stellt aus unserer Sicht die in der
Regel langwierige Klärung der Sorgerechtsfrage vor Gericht und die
unzureichend beschleunigte Abstimmung der beteiligten Fachdienste
dar. Sich an dieser Stelle auf die Ebene von Schuldzuweisungen zu
begeben, betrachteten wir als Sackgasse. Die Jugendhilfe bewegt sich
hier in einem ihrer heikelsten Arbeitsfelder, in dem *»die von den
Fachkräften (...) zu leistende Risikoabschätzung eine hohe fachliche
Qualifikation erfordert und einen Einschätzungs- und Aushandlungs-
prozess notwendig macht, der es erlaubt, die richtige Balance zu finden zwischen der Unterstützung von Eltern und dem notwendigen
Schutz der Kinder«.*[2] Hier arbeitet die FBB zwischen den Polen der
hohen Rechtsgüter des Elternrechts und des Kindeswohls. *»Dabei hat
die Arbeit mit den Herkunftseltern und deren Einbezug in das Verfahren einen hohen Stellenwert.«*

Begleitung und Anleitung von Herkunftseltern

Werden die Kinder in die FBB mit einer klaren Rückführungsoption
untergebracht, ist nach unserer Erfahrung die Unterstützung der Herkunftseltern durch ambulante Hilfen als sehr hilfreich anzusehen und
meist dann auch erfolgreich.

– Flexible Hilfen/ Sozialpädagogische Familienhilfe (SPFH)
Die Unterstützung und Begleitung der Herkunftseltern durch eine flexible Hilfe während der Unterbringungszeit der Kinder in FBB ermöglicht die Arbeit und Veränderung an der Haushaltsführung. Die Eltern
werden begleitet ihre Krisensituation zu verändern, sei es die Wohnung wieder herzurichten oder kindgerecht zu verändern, ein Kinderzimmer einzurichten, die Eltern bei Ämtergängen zu begleiten oder die
gute Versorgung des Kindes zu organisieren, um nur einige mögliche
Punkte zu nennen.
Ambulante Fachkräfte können die Herkunftseltern unterstützen und
beratend begleiten in der Vorbereitung, Durchführung und Reflexion
der Besuchskontakte mit ihren Kindern.

[2] DJI, Beschreibung des Projektes FBB, in: *Bundesministerium für Familien,
Senioren, Frauen und Jugend*, Schriftenreihe Band 231, »Bereitschaftspflege –
Familiäre Bereitschaftsbetreuung«, Stuttgart 2002.

– *MarteMeo*

Die MarteMeo-Methode stellt die Arbeit mit Videobildern dar. Kurze Sequenzen der Familie werden von der Fachkraft z.b. im Besuchskontakt gefilmt. Mit Hilfe der Interaktionsanalyse gewonnene Informationen werden den Eltern bildlich dargestellt und mit ihnen besprochen, wie die Entwicklung des Kindes gefördert werden kann. So sehen die Eltern, wie sie positiv lenken und leiten und die kindlichen Fähigkeiten fördern können. Neue elterliche Fähigkeiten und Fertigkeiten können so entwickelt werden und es entstehen für die Eltern neue positive Modelle für sich selbst. Sie sehen und nehmen teil an der aktuellen Entwicklung ihres Kindes und seinem veränderten Entwicklungsstand. Des weiteren werden die Sprachentwicklung des Kindes aktiviert, die Kommunikation zwischen Eltern und Kindern gefördert und gute Sozialkontakte verdeutlicht.

Die Wirksamkeit der Methode liegt in den Bildern: die Eltern sehen in den Videosequenzen sich selbst im guten Kontakt zu ihren Kindern und werden praktisch in ihrem Alltag im guten Elternmodell angeleitet. MarteMeo kann auch als Entwicklungsdiagnose eingesetzt werden, um die Fähigkeiten und Fertigkeiten von Eltern und Kindern zu diagnostizieren.

– *Aufsuchende Familientherapie*

Oft befinden sich die Eltern in einer persönlichen Krise und sind überfordert mit der Versorgung und Betreuung ihres Kindes, ohne es selbst wahrzunehmen. Aufsuchende Familientherapie (d.h. Therapie im Haushalt der Eltern) kann unterstützen, sie aus dieser Krise herauszuholen, Muster zu verändern oder auch über die Mehrgenerationenperspektive unbewältigte Konflikte zu bearbeiten. Sie setzt immer an den Ressourcen der Familie an.

Auch kann über ein sogenanntes Rückführungsmanagement die Familie wieder auf die Rückkehr des Kindes vorbereitet werden. Die Arbeit mit der Herkunftsfamilie verfolgt das Ziel, dort einen sicheren Schutzraum (wieder) herzustellen, damit die Kinder nach Hause zurückkehren können. Um zukünftigen Überforderungssituationen entgegen zu wirken, wird eine Netzwerkkarte passend zum Lebensumfeld der Familie erarbeitet (Hilfemöglichkeiten, auf die die Familie möglichst eigenständig zurückgreifen kann).

– *Elterntraining*

Angebotene Kurse zum Elterntraining »Starke Eltern. Starke Kinder« (ein Förderprogramm des Kinderschutzbundes) können genutzt werden, um elterliche Kompetenzen wieder zu erlangen. Dabei ist es wichtig, durch Selbstkenntnis und Selbstreflexion wieder die Rolle und Aufgabe Erziehender zu erlernen. In diesen Kursen geht es auch um Erziehungswerte und -ziele, um Bedürfnisse und Rechte von Kindern, um Gefühle und deren Ausdruck, wie auch um Kommunikationsregeln und -techniken und Problemlösungsfähigkeiten. So können in der Gruppe mit anderen Eltern diese Themen besprochen und ausprobiert werden. Für bildungsungewohnte Menschen sollten individuell gestaltete Kurse angeboten werden.

– Clearing
In einigen Fällen ist die Situation in der Familie nicht durchschaubar oder die Familie ist dem Jugendamt nicht bekannt und eine Einschätzung des geeigneten Hilfebedarfes fällt schwer. Hier sollte ein pädagogisches oder therapeutisches Clearing veranlasst werden. Dieses Clearing hat in der Regel das Ziel, die Erziehungssituation für die Kinder zu klären bzw. näher zu beschreiben, um entsprechend klare Einschätzungen z.b. für eine Sorgerechtsentscheidung vor dem Familiengericht zu haben.

– FBB für Mutter und Kind
Nicht selten sind die Mütter der FBB- Kinder selbst noch minderjährig oder heranwachsend, sehen sich ohne Unterstützung durch die eigene Familie mit ihrer Aufgabe als oftmals alleinerziehende Mutter überfordert. Für solche jungen Frauen bietet sich die FBB als Hilfe für Mutter *und* Kind geradezu hervorragend an. Das oberste Ziel – der Schutz des Kindes – kann in dieser Hilfeform gewährleistet werden, ohne eine mögliche gemeinsame Perspektive von Mutter und Kind von vorneherein auszuschließen. Auch die Mutter kann den sicheren Rückhalt der Betreuungsfamilie für sich in Anspruch nehmen, Anleitung und Begleitung in der Versorgung und Erziehung ihres Kindes im Alltag erfahren.

Perspektive

In ernüchternd vielen Fällen findet im Jugendhilfealltag eine erfolgreiche Rückführung der Kinder zu ihren leiblichen Eltern nicht statt, wie unsere Statistik aus Anlass der zehnjährigen FBB- Arbeit im Neukirchener Erziehungsverein für 200 betreute Kinder und Jugendliche in diesem Zeitraum (Sommer 1998 – Sommer 2008) deutlich belegt. Etwas mehr als ein Viertel der von uns betreuten Kinder ging zurück in den Haushalt der leiblichen Eltern. Der weitaus größere Teil verließ die FBB in Richtung einer weiterführenden Jugendhilfemaßnahme.

Verbleib der betreuten Kinder und Jugendlichen
– in absoluten Zahlen –

	0–3 Jahre	3–6 Jahre	6–10 Jahre	10–18 Jahre	Gesamt
Kindeseltern Mutter/ Vater	27	11	8	12	58
Verwandtenpflege	5	2	2	1	10
Pflegefamilie	50	5	5	3	63
Adoptivfamilie	4				4
Erziehungsstelle	11	8	5	2	26
Mutter-Kind-Einrichtung	7				7
Stationäre Jugendhilfe	4	4	4	20	32
Gesamt	108	30	24	38	200

Eigene Auswertung

Eine Möglichkeit, dieser Entwicklung und der oben beschriebenen (zu langen Verweildauer der Kinder in FBB) entgegenzuwirken, sehen wir in einer – systematisch zu betreibenden – stärker vernetzten Zusammenarbeit aller an der Hilfe für die Kinder und deren Familien beteiligten Fachdienste und verantwortlich handelnden Personen. Dass dies in jeder Region kein einfaches Unterfangen darstellt, wird klar, wenn man sich die an der Hilfe beteiligten Institutionen und Fachdienste vergegenwärtigt: Jugendamt (Allgemeiner sozialer Dienst und Pflegekinderdienst), Vormund, Familiengericht, Polizei, Verfahrenspflege, Rechtanwälte, Beratungsstellen, psychologische Gutachter, Ärzte, Therapeuten, Jugendhilfeträger, usw.

Verbleib der betreuten Kinder und Jugendlichen
– anteilsmäßig –

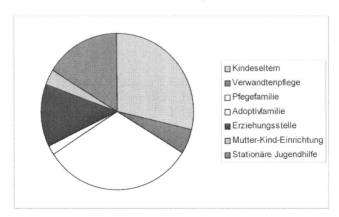

Eigene Auswertung

Dass eine solch breite Zusammenarbeit aber möglich ist und erfolgreich in einer westfälischen Stadt praktiziert wird, haben wir im Rahmen eines Zertifikatskurses zur Kinderschutzfachkraft gem. § 8a SGB
VIII im vergangenen Jahr erstaunt und erfreut zur Kenntnis genommen. Herr Andreas Hornung, Richter am Familiengericht in Warendorf, beschrieb eindrücklich »die Warendorfer Praxis«. Unter dem
Leitsatz »schlichten statt richten!« benannte er das Ziel für seinen Zuständigkeitsbereich, möglichst selten streitig zu entscheiden und eine
zeitnahe Einigung aller Beteiligten zu erreichen. In 80 % der Famili-
engerichtsfälle (in Warendorf) gelinge eine gerichtliche Verfahrens-
abwicklung innerhalb eines Zeitraumes von drei Wochen (!). In Sorge-
rechtsprozessen mit gutachterlicher Beteiligung dauere das Verfahren
maximal sechs Monate. Grundlage dieser schnellen Abwicklung fami-
liengerichtlicher Verfahren sei die konsequente, gemeinsam vereinbarte Zusammenarbeit zwischen Familiengerichten, Jugendämtern,
Rechtsanwälten, Verfahrenspflegern, Beratungs- und Hilfestellen. Eine
solche Zusammenarbeit wünschen wir mit dem erklärten Ziel, den zum
Schutz der Kinder notwendigen Eingriff in das Elternrecht für diese
Kinder und ihre Familien am wenigsten traumatisch enden zu lassen.

GERDA BAHN-JURCZYK und PETER JURCZYK

Wenn es an allen Ecken brennt
Hilfe für »Multiproblemfamilien«

Sozialpädagogen und Familienhelfer des Neukirchener Erziehungsvereins stoßen in zunehmendem Maße auf Familien mit vielschichtigem Betreuungsbedarf. Nicht ein oder zwei, sondern eine Vielzahl von Problemen kennzeichnen diese Familien. In der Fachsprache werden sie deshalb auch als »Multiproblemfamilien« bezeichnet. Sie sind in der Regel chronisch überschuldet und zudem abhängig von staatlichen Leistungen wie Sozial- und Arbeitslosengeld II. Damit einher geht bisweilen ein ausgeprägtes Anspruchsdenken. »Multiproblemfamilien« haben nicht selten langjährige Erfahrungen mit staatlichen Einrichtungen, die die Familien unterstützen und betreuen. Wert- und Moralvorstellungen sind in diesen Familien oftmals kaum ausgeprägt. Das soziale Gefüge innerhalb der Familien ist meist sehr instabil. Häufig sind die Familien unvollständig, die Eltern-Kind-Beziehungen funktionieren nicht richtig, Frauen und Kinder können Opfer von Gewalt werden. Das folgende Praxisbeispiel berichtet im Folgenden über Erfahrungen im Umgang mit einer »Multiproblemfamilie«, mit hilflosen und überforderten Eltern:
Ein, wie es schien, ungewöhnlicher »Auftrag« erwartete die Mitarbeiter des Büros ambulanter Hilfen in Düsseldorf, als das Jugendamt ihnen eine Familie mit sieben Kindern vorstellte, die im Rahmen der flexiblen Erziehungshilfe betreut werden sollte. Dem Jugendamt war diese Familie schon seit mehreren Jahren bekannt. Sie wurde bereits vom Sozialdienst und im Rahmen sozialpädagogischer Familienhilfe betreut. Immer wieder kam es vor, dass die Kinder nur unzureichend versorgt wurden und die Eltern sich nicht um sie kümmerten. Von verschiedenen Seiten – Kindergarten, Schule und Förderungszentrum – wurde geschildert, dass die Kinder nicht der Witterung entsprechend angezogen waren oder verschmutzte Kleidung trugen. Sie waren nicht altersgemäß entwickelt und teilweise bereits verhaltensauffällig. Gravierend war der Verdacht, dass die Eltern einzelne Kinder misshandeln. Deshalb prüfte das Jugendamt die Trennung der Kinder von ihren Eltern.

Suche nach Stärken

Zunächst sollte die Familienberaterin des Erziehungsvereins versuchen, einen Kontakt zu den Eltern herzustellen und eine dauerhafte

Arbeitsbeziehung aufzubauen. Es galt herauszufinden, welche Stärken in der Familie vorhanden sind und ausgebaut werden können. Später war der Einsatz von weiteren Helfern geplant. Die Eltern – vor allem die Mutter – wehrten sich anfangs gegen jegliche Form der Veränderung. Es dauerte einige Zeit, bis sie sich auf eine Beratung einließen. Am Anfang waren scheinbar einfache Dinge des Alltags zu klären. Wie können die Eltern sicherstellen, dass ihre Kinder mit vollständig ausgerüsteten Tornistern zur Schule gehen? Wie kann eine ruhige Umgebung geschaffen werden, in der die Kinder ihre Hausaufgaben machen können? Warum ist es so wichtig, dass die Mutter regelmäßig die Hausaufgabenhefte nachschaut, um auf Mitteilungen der Schule schnell reagieren zu können? Auf Anregung der Familienberaterin und nach Beratung zwischen Eltern und Jugendamt wurde entschieden, dass in der Familie zur Unterstützung der Mutter zusätzlich eine Haushaltshilfe eingesetzt werden sollte.

Daneben sprach die Familienberaterin mit den Eltern über die unterschiedlichen Bedürfnisse der Kinder. Sie sollen – gemessen an dem Entwicklungsstand der Kinder – stärker berücksichtigt werden. Die älteste Tochter (13 Jahre) darf dann beispielsweise später ins Bett gehen als ihre Schwester, die neun Jahre alt ist. Der älteste Sohn (zehn Jahre) darf eine halbe Stunde länger draußen spielen als sein drei Jahre jüngerer Bruder. Die Eltern sollen lernen, mit ihren Kindern zu sprechen, statt sie nur anzuweisen, was sie zu tun oder zu lassen haben. Sie müssen ihnen deutlicher das Gefühl vermitteln, dass sie sich für sie interessieren.

Vernetzung zwischen Schule und Zuhause

Besonders schwierig gestaltete sich bisher der Kontakt zwischen Eltern und den verschiedenen Institutionen wie Kindergarten oder Schulen. Uns wurde deutlich, dass ein Austausch zwischen Elternhaus und den entsprechenden Institutionen so gut wie nicht stattfindet. Offenbar versteht niemand die »Sprache« des anderen. Der Familienberaterin oblag damit auch die Rolle der »Brückenbauerin« und »Dolmetscherin«. Daneben kostete es viel Zeit, Mühe und Überredung, eine Vernetzung zwischen den einzelnen Einrichtungen herzustellen.

Innerhalb von sechs Monaten wurden die ersten Treffen aller beteiligten Institutionen unter Federführung und durch Koordination des Erziehungsvereins ins Leben gerufen. Es galt, Erzieher, Lehrer und Betreuer zu motivieren, Auffälligkeiten der Kinder, aber auch ganz einfache organisatorische Belange direkt an die Eltern zurück zu melden. Wenn die Tochter neue Turnschuhe braucht, weil die alten Schuhe zu klein sind, oder der Sohn Mitschüler beschimpft und den Unterricht stört, müssen die Eltern informiert werden. Es war gut, dass die Eltern rasch auf diese unmittelbaren Rückmeldungen reagierten und versuchten, »Missstände« schnell zu beseitigen.

Als Ehepaar und Familienhelfer

Dennoch erwies sich das Familiensystem als sehr vielschichtig. Der Bedarf an zusätzlicher Förderung einzelner Kinder war so hoch, dass es sinnvoll schien, eine zweite pädagogische Fachkraft begleitend für diesen Aufgabenbereich einzusetzen. In Absprache zwischen Jugendamt, Familie und Neukirchener Erziehungsverein wurde der Ehemann der Familienberaterin eingesetzt. Zweimal in der Woche wurde intensiv mit den Kindern gearbeitet: Hausaufgabenhilfe, Nachhilfeunterricht, Einführung in die Arbeit am Computer, Freizeitgestaltung wie Fahrradfahren, Fußball spielen, Besuch von Abenteuerspielplätzen. Auch längere Ausflüge wurden organisiert. In Abständen von einigen Wochen wurden regelmäßig Gespräche mit den Eltern geführt, um den aktuellen Stand der Dinge zu überprüfen: Was hat sich bis jetzt verändert? Wo gibt es noch Probleme? Welche Wünsche haben die Eltern, wie können sie in die weitere Planung einbezogen werden?
Die Vorteile des Einsatzes eines Ehepaars in der Familie lagen auf der Hand. Beide Partner, als ein aufeinander eingespieltes Team, benötigten keine langen Absprachen. Beide waren in der Lage, bei Bedarf auch Aufgabengebiete des Anderen kurzfristig abzudecken. Der Austausch über Entwicklungen im Familiensystem klappte reibungslos. Nicht zuletzt hatten die Familienberater in ihrer Rolle als Ehepartner so etwas wie eine Vorbildfunktion inne: wie Partner miteinander umgehen, wie wichtig Lob und Anerkennung auch unter Erwachsenen ist und wie miteinander gleichberechtigt Meinungen ausgetauscht werden.

Für die Kinder und ihre Bedürfnisse

Die Familienberatung war im Laufe der Monate immer wieder Hochs und Tiefs ausgesetzt. Erfolge wechselten sich mit Misserfolgen ab, Fortschritte mit Stagnation oder Rückschritten. Nach dem langen Zeitraum von über drei Jahren verließen wir die Familie zu einem, wie wir denken, richtigen Zeitpunkt. Denn wir hatten das Gefühl, dass beide Eltern deutlicher als bisher ihre Kinder und deren Bedürfnisse im Auge hatten. Wir waren überzeugt, dass die Kinder nicht mehr gefährdet waren. Den Eltern musste die Chance eingeräumt werden, ohne Helfer direkt mit den Bezugsinstitutionen ihrer Kinder – Schule und Kindergarten – zu sprechen und das Erlernte, nämlich das neu erworbene Bewusstsein für die Wichtigkeit ihrer Anwesenheit und Bedeutung, umzusetzen.

MARITA JANSEN

Therapie im Wohnzimmer – Die aufsuchende Familientherapie findet zu Hause statt

Familien und Partnerschaften werden in der heutigen Zeit besonders gefordert. Gesellschaftliche Veränderungen verlangen mehr Eigenverantwortung von den einzelnen Menschen. Doch wie sollen Familienmitglieder sich untereinander selber die Antworten geben, gerade in großen Belastungssituationen und Krisen? Auch Eigenverantwortung bedarf der Hilfe und Orientierung in der sich schnell wandelnden Zeit. Die aufsuchende systemische Therapie ist eine besondere Form in der Jugend- und Familienhilfe. Es handelt sich um ein therapeutisches Angebot und zielt auf eine akute bis mittelfristige Problemlösung. Sie setzt auf die Stärkung vorhandener Ressourcen und bezieht alle Generationen mit ein. Der alltägliche Lebensraum wird Beratungs- und Therapieraum.

Familie Konrad (Namen geändert) besteht aus Mutter, Vater und vier Kindern: Jens (15) und Udo (13) sind aus der ersten Ehe von Frau Konrad und treffen sich einige Male im Jahr mit ihrem leiblichen Vater. Melissa (11) und Melina (7) sind aus der ersten Ehe von Herrn Konrad und haben keinen Kontakt mehr zu ihrer leiblichen Mutter. Frau Konrad erwartet ein Baby.

Als die Eltern sich kennen lernten, fanden alle die neue Situation spaßig und hatten Freude am Umzug in ein Häuschen mit Garten. Die Eltern hatten sich bei einem Treffen für allein Erziehende kennen gelernt und große Hoffnungen in die neue Situation gesetzt. Doch mit dem Alltag tauchten zunehmend Probleme auf. Die Stiefgeschwister fanden sich »doof« und »zickig« und stritten sich immer mehr. Zwischen den Partnern ging es immer öfter um das Thema »meine Kinder – deine Kinder«. Irgendwie sollte das gemeinsame Kind die Situation verbessern. Doch mit Bekanntgabe der Schwangerschaft wurde die Lage noch schwieriger. Die Lehrer gaben negative Rückmeldungen, bis eine Schule schließlich das Jugendamt benachrichtigte.

Orientierung an den Ressourcen

Das Jugendamt schlug der Familie eine aufsuchende Familientherapie vor. Bei dieser Therapie kommt der Therapeut zur Familie nach Hause.

Ziel ist, mit der Familie gemeinsam die Kommunikation und die Beziehungen untereinander zu verändern. Das Hauptaugenmerk liegt dabei nicht auf dem auffälligen Verhalten, sondern auf den Ressourcen der Familie. So richtig konnten sich die Familienmitglieder das nicht vorstellen. Jens formulierte etwas provozierend, dass hier nur einige in der Familie »bekloppt« seien und in die »Klapse« gehörten. Nachdem die Therapeutin erklärt hatte, dass es um die Art gehe, wie man miteinander rede und darum, dass sich hier schließlich zwei Systeme mit eigenen Regeln und Gesetzen getroffen hätten, kam der entscheidende Durchbruch von Udo. Er meinte, es müsse – wie in Europa – eine Verfassung für alle her. Darauf konnten sich alle einigen und man begab sich auf die Suche nach einer Verfassung für Familie Konrad. Nun hatte auch keiner mehr etwas dagegen, dass dafür die Situation der einzelnen Familienmitglieder etwas genauer betrachtet werden sollte. Die meisten Zweifel hatten die Eltern, die zudem nicht ganz verstehen konnten, dass ihre Kinder plötzlich so motiviert dabei waren, für jeden ein passendes Land mit Flagge zu finden. Aber auch die Eltern wollten die Chance nicht verstreichen lassen.
In der ersten Phase der Therapie, der Diagnosephase, wurden gemeinsam der Stammbaum und die Lebenslinie der Familie erarbeitet. Hier gab es viel zu fragen und es wurden die ersten Regeln für das gemeinsame Gespräch festgelegt. Außerdem wurden die Ressourcen des Einzelnen und der Familie erarbeitet. Das heißt, das Augenmerk wurde auf all das gelegt, was gut läuft, was der Einzelne oder auch die gesamte Familie gut kann. Denn die aufsuchende Familientherapie geht davon aus, dass ein dauerhaftes Aufzählen der Dinge, die schlecht laufen, nur dazu beiträgt, dass man dem Negativen zu viel Aufmerksamkeit gibt. Die aufsuchende Familientherapie will den Boden für Vertrauen bereiten. Nur auf diesem Boden kann die kleine Pflanze der Veränderung gedeihen.

Stammbaum, Familienschiff und Gefühlskarten

Familie Konrad wurde immer aktiver. Seitdem nicht mehr über Schuld und Versagen gesprochen wurde, waren alle sehr neugierig auf sich selbst und die anderen geworden. Es entstand ein großer Stammbaum für die Küchentür, ein Familienschiff mit den unterschiedlichen Rollen für den Flur und mehrere Gefühlskarten für die Zimmertüren. Die Atmosphäre besserte sich zusehends und die Kinder achteten auf die Regeln.
Als aus Bauklötzen eine Familienskulptur gebaut werden sollte, protestierte Jens noch einmal: Dafür sei er nun wirklich zu groß. Stattdessen schaute er zu, was die Stiefschwestern bauten. Schließlich wurde er immer unruhiger. Er verkündete, dass da jemand fehle und setzte ein

Klötzchen neben sich. Unter vielen Tränen erfuhren nun alle, dass es einmal ein Schwesterchen gegeben hatte, welches mit drei Monaten starb, während es bei Jens im Zimmer Mittagsschlaf machte. Nun wurde den Familienmitgliedern einiges klar. Selbst Jens realisierte, dass er deshalb keine Lust auf ein Baby hat – und schon gar nicht auf Babysitting. Vieles kam nun auf den Tisch und es fiel ein großer Brocken vom »Familienherz«. Die Familie entwickelte ein »Trauerritual« für den Einzelnen ebenso wie für die ganze Familie, denn auch die Stiefschwestern wollten unbedingt etwas für das unbekannte Schwesterchen tun. Nun war die Familie irgendwie vollständiger und alle spürten das.

Gott will nicht, dass wir uns sorgen

Obwohl noch immer viel Arbeit vor allen liegt, ist das Klima nun stärker von Hoffnung und Zuneigung geprägt.

Die so genannten »auffälligen« Verhaltensweisen in den Schulen sind fast ganz verschwunden. Dafür stellt Melina öfter den Anspruch an die Lehrerin, »Ich-Botschaften« zu senden: Es ist besser, statt »du sollst« oder »du machst immer«, Sätze mit »ich wünsche« oder »ich fühle« zu formulieren, denn hinter jedem Vorwurf steckt ein Wunsch. Melina ist das Kind, welches die Veränderungen am meisten genießt und oft intuitiv mitbekommt, welche Veränderung zur Verbesserung beigetragen hat. So ist auch sie es, die den »Abschlusswetterbericht« mit einer Bibelstelle bereichert: »Und außerdem will der liebe Gott nicht, dass wir uns Sorgen machen. Das ist, wie nicht an ihn glauben ... denn sogar die Raben haben alles, was sie brauchen.« Recht hat sie und dem ist nichts mehr hinzuzufügen.

CHRISTINE DRAWERT

Aus eigener Kraft – wie Martemeo Familien hilft
Eine Methode zur Familienarbeit setzt sich immer mehr durch

Diese von Maria Aarts aus den Niederlanden entwickelte videounter-
stützte Methode zur Entwicklungsförderung und -unterstützung kommt
immer mehr Eltern und pädagogischen Fachkräften in Deutschland zu
Gute. Von einer alltäglichen Situation in der Familie, im Kindergarten
oder in der Schule wird eine kurze Sequenz gefilmt. Die gewonnenen
Informationen zeigen, wie die Entwicklung des Kindes gefördert werden kann, um den blockierten Entwicklungsprozess wieder zu aktivie-
ren. Inzwischen ist MarteMeo in vielen Ländern Europas und auch in-
ternational, zum Beispiel in Australien, mit überwältigendem Erfolg
umgesetzt. Heute wird MarteMeo schon in über 35 Ländern erfolgreich umgesetzt.
Hier der Einsatz von MarteMeo anhand eines Fallbeispiels:
Im letzten Jahr wurde der Einsatz von MarteMeo für Frau Graf (Name
geändert) und ihren fünfjährigen Sohn Max gestartet. Der Aktenberg
von Diagnosen und Empfehlungen war groß. Ich konnte ihm entnehmen, dass die Mutter viele Wege gegangen war, um für sich und ihren
Sohn Hilfe zu bekommen: Erziehungsberatungsstelle, Kinderärzte,
Motopäde, Ergotherapeut, Logopäde, Kinderpsychiatrie. Auch die ak-
tuelle Erzieherin im Kindergarten hatte alle Defizite des Jungen in ih-
ren Diagnosen und Berichten festgehalten. So hatte Frau Graf folgende
Informationen über sich als Mutter und ihren Sohn:
– Ich habe ein schwaches Erziehungsverhalten.
– Ich kann keine Grenzen setzen.
– Ich bin alleine nicht in der Lage, das Richtige für mein Kind zu tun.
– Mein Sohn kann nicht richtig sprechen (Logopädie).
– Er kann nicht richtig laufen und geht auf Zehenspitzen (Orthopädie,
  Ergotherapie, Motopädie).
– Im Kindergarten ist er anders als die anderen Kinder. Er ist aggres-
  siv gegen sich selbst, ängstlich, unruhig, unkonzentriert, hat wenig
  positive Sozialkontakte und zeigt auffallende Verhaltensweisen (die
  Erzieherin berichtete von merkwürdigen Kopfbewegungen).
– Max hat eine Empfehlung für eine Förderschule für Erziehungshil-
  fe; die Regelschule scheint für ihn nicht denkbar.

Der erste Videoclip

Wenn ein erster Videoclip in den Familien gedreht wird, achtet die
MarteMeo-Therapeutin stark darauf, den Eltern an den Stellen Rück-
meldung zu geben, an denen sie positives Erziehungsverhalten zeigen.
Außerdem gibt sie darüber Informationen, welche Bedeutung das Verhalten in dem Moment für ihr Kind hat. Ein Beispiel: Die Mutter zeigt
ein freundliches Gesicht und das Kind spürt:
– Meine Mama hat mich lieb.
– Sie spielt gern mit mir.
– Ich bin in Ordnung, alles ist okay.
Im ersten Film von Frau Graf und Max wurde deutlich, dass die Mutter
fast ausschließlich Anweisungen für ihren Sohn gab und den Jungen
mit mahnender Stimme rügte: Er solle aufpassen. Dazu zeigte sie eine
sehr ernste, strenge Miene. Sie demonstrierte, dass ihr das Spielen mit
ihrem Sohn keine Freude machte. Max war sehr unaufmerksam und
unruhig. Das Kind zeigte ein trauriges, unbewegtes Gesicht. Die Atmosphäre war ungemütlich.
Doch ich konnte ihr Folgendes zeigen:
– Die Mutter hat ihr Kind sehr gut im Blick. Dies ist ein wichtiges
   Element von MarteMeo.
– Sie konnte ihrem Sohn sehr klar sagen, was zu tun ist.
Aufgrund seiner Unkonzentriertheit und Unruhe hatte sie sich ange-
wöhnt, ihm zu sagen, was er im jeweiligen Moment tun soll. Außerdem wusste sie durch Experten, dass sie Grenzen setzen musste und
achtete stark darauf, wenn er sie überschritt. Durch ihr Verhalten gab
die Mutter ihrem Sohn viel Sicherheit und Orientierung, die er offensichtlich auch brauchte. Dies war die positive Rückmeldung an Frau
Graf.
Die elterlichen Fähigkeiten, die Eltern für ihr Kind entwickeln müssen,
um das Kind in guter Atmosphäre zu unterstützen, werden von der
MarteMeo – Therapeutin mit Hilfe der MarteMeo – Interaktionsanalyse zu Beginn festgehalten, ebenso die Fertigkeiten, die das Kind entwickeln muss. Der MarteMeo-Prozesses verläuft abhängig vom Tempo der Eltern.

Eine Therapie für eigenes Leid

Die ersten Filmauswertungen machten deutlich, dass ein veränderter
Blick auf das Kind – Was braucht mein Kind? – der Mutter vor ihrem
eigenen Hintergrund nicht möglich war, denn sie entdeckte ihr »eigenes Elend«, zurückzuführen auf entsetzliche Gewalterfahrungen in der
Kindheit, was einen Zusammenbruch zur Folge hatte. Jedoch hatte
MarteMeo den Fokus so stark auf mütterliche Stärken und Fähigkeiten
gelegt, dass Frau Graf darüber die Kraft fand, Unterstützung zu ho-

len. »Ich hatte immer Angst, als bekloppt zu gelten, wenn ich eine Therapie mache«, erzählte sie später. Mit Unterstützung des Jugendamtes konnte sie schon zwei Wochen später eine Therapie beginnen, die ihr die Möglichkeit gab, eigenes erfahrenes Leid aufzuarbeiten. Im Laufe eines MarteMeo-Programmes werden in der Regel zwei Filme pro Monat gedreht. Die Eltern bekommen ausgesuchte Filmausschnitte von sich in der Interaktion mit ihrem Kind gezeigt. Die Therapeutin gibt den Eltern passend zum Bild Informationen darüber, in welchem Zusammenhang das jeweilige, gerade zu beobachtende elterliche Verhalten mit einer guten kindlichen Entwicklung steht, oder welches elterliche Verhalten das Kind in dieser Situation benötigen würde, um z.B. angemessenes Sozialverhalten zu entwickeln.

Der »MarteMeo-Blick«

Im Laufe des Programmes bekam Frau Graf eine völlig andere Sichtweise auf ihren kleinen Sohn. Über den neuen Blick auf das, was Max gut machte, erkannte sie, wie sehr er versuchte, es ihr recht zu machen. Frau Graf wurde durch den »MarteMeo-Blick«, der den Fokus auf ihre eigenen und die Fähigkeiten ihres Sohnes lenkte, selbstbewusst in ihrer Erziehung. Sie lernte, ihren Sohn in guter und freundlicher Atmosphäre zu leiten. Die beiden gehen jetzt freundlich miteinander um. Frau Graf: »Meine Familie und Bekannten meinen, dass ich in meinem ganzen Leben nicht so gelacht habe wie heute.«
Max braucht keine Ergotherapie mehr. Seine Ängste haben sich stark reduziert und er geht nur noch ganz selten auf Zehenspitzen. Durch das geänderte beziehungsweise neu entwickelte Verhalten der Mutter hat er innerhalb einer relativ kurzen Zeitspanne so viele neue Verhaltensmuster entwickelt, dass er eine Regelschule mit integrativer Klasse besuchen konnte. Er arbeitete intensiv mit, zeigte sich wissbegierig und erledigte gewissenhaft seine Schulaufgaben – Verhaltensweisen, die ihm noch vor einem halben Jahr niemand zugetraut hätte. Die Mutter erzählte: »Ich war kurz davor aufzugeben und Max in ein Heim zu schicken. Ich wusste nicht mehr ein noch aus.« Anfangs stand sie morgens ein wenig ungläubig an der Straße, wenn Max ohne Probleme in sein Schultaxi stieg.

BJÖRN-PETER PAETOW

Familien(-hilfe) im »Zwangskontext« – Chancen einer lösungsfokussierten sozialpädagogischen Ausrichtung

Es ist keine Frage, dass die Sozialpädagogische Familienhilfe gerade dann vor einer enormen Herausforderung steht, wenn die Hilfe (am Anfang) nicht von der Familie selbst gewünscht und vielleicht sogar massiv abgelehnt wird. Die Hilfe im so genannten »Zwangskontext« fordert viel, von einer professionellen Fachkraft, aber vor allem auch von einer betroffenen Familie, deren Mitglieder ihre eigene Geschichte haben und auch ihre eigenen Gründe, sich auf eine bestimmte Weise zu verhalten. Es treffen dann, gerahmt durch externe Aufträge und Absichten, manchmal wahre »Welten« aufeinander, und die Möglichkeit eines für beide Seiten konstruktiven Verlaufs der Begegnung hängt letztlich u.a. davon ab, wie die unterschiedlichen Vorstellungen z.B. über Lebensgestaltung, Erziehung, Kommunikation, Vertrauen, Empathie etc. in beide Richtungen kommuniziert bzw. vermittelt und verstanden werden können.[1] Im Folgenden geht es darum zu skizzieren, auf welche Weise die MitarbeiterInnen im *Schwerter Netz für Jugend und Familie* diese Vermittlung und Übersetzung zu leisten versuchen.[2] Wir gehen dabei davon aus, dass diese Übersetzung bzw. unsere methodische Herangehensweise nur *eine* und sicherlich nicht neue Möglichkeit darstellt, einer Zwangssituation zu begegnen. Aufgrund der Komplexität und Zufälligkeit bestimmter Faktoren entzieht sich u.E. der Zugang zu diesem besonderen Aufgabenfeld letztlich auch der Möglichkeit einer vollständigen professionellen Planbarkeit und methodischen Umsetzung, so dass der Erfolg nicht selten auch vom Zusammentreffen glücklicher Umstände und dem Vertrauen auf den »gesunden Menschenverstand« aller Beteiligten abzuhängen scheint.[3]

[1] Vgl. *Insoo Kim Berg*, Familien-Zusammenhalt(en). Ein kurzzeittherapeutisches und lösungs-orientiertes Arbeitsbuch, Dortmund 2002, 62.
[2] Hier ist es leider nur möglich, einen groben Überblick auch über unsere konkreten praktischen Interventionen zu geben. Wir gehen jedoch u.a. davon aus, dass sich aus den hier angerissenen grundlegenden Haltungen in der Praxis immer wieder auch konkrete Handlungsweisen ableiten lassen, und hoffen so, dass dieser Beitrag hier auch vielleicht an der einen oder anderen Stelle von Nutzen sein kann.
[3] Hier sei nur am Rande auf den wissenschaftlich-philosophischen Diskurs verwiesen, der sich, z.B. mit Bezug auf die Phänomenologie (Husserl, Merleau-Ponty), um das Aufzeigen der Kontingenzen und der letztlich nicht erschöpfend explizierbaren »Lebenswelt« bemüht hat.

1. Das Schwerter Netz für Jugend und Familie: Struktur und methodische Grundausrichtung im Kontext unerwünschter Familienhilfe

Das Schwerter Netz für Jugend und Familie ist eine Verbundeinrich-
tung, die durch die Diakonie der evangelischen Kirchengemeinde
Schwerte, den Caritasverband für den Kreis Unna e.V. und den Verein
für Soziale Integrationshilfen Schwerte e.V. (VSI) getragen wird. Das
Schwerter Netz bietet seit 2003 im Kreis Unna (ein Gebiet von ca.
425.000 Einwohnern) auf der Grundlage des Kinder- und Jugendhilfe-
gesetzes gemäß der §§ 27ff SGB VIII ambulante, teilstationäre und
stationäre Hilfen zur Erziehung an, und zwar insbesondere Sozialpädagogische Familienhilfe, Erziehungsbeistandschaften, Soziale Grup-
penarbeit, Tagesbetreuung und Betreutes Wohnen. Mittlerweile sind in
der Einrichtung über 100 haupt- und nebenamtliche MitarbeiterInnen
beschäftigt, die aus den Bereichen Sozialarbeit, Sozialpädagogik, Erziehung, Familienpflege, Psychologie, Pädagogik kommen. Aktuell
werden 350 Familien betreut. Beauftragt wird das Schwerter Netz
durch die Jugendämter im Kreis, wobei die MitarbeiterInnen dann gemäß Hilfeplanung und einer systematischen und familienorientierten
Fallplanung zum Einsatz kommen.
Seit Entstehung der Einrichtung sind zum einen im Rahmen einer differenzierten Qualitätspolitik (der Diakonie Schwerte) und einer damit
verbundenen christlichen Grundausrichtung zum anderen im Laufe
der Jahre, immer mehr mit Bezug auf den so genannten systemisch-
lösungsfokussierten[4] Kontext, bestimmte Prinzipien in den Vordergrund gestellt worden, die (idealerweise) das Handeln der MitarbeiterInnen im Arbeitsalltag der Familienhilfe weitestgehend ausrichten
helfen sollen. Zu nennen sind, kurz gefasst, diesbezüglich insbesondere die Elemente Ressourcenorientierung, Unterstellung von Autonomie, Hilfe zur Selbsthilfe, Neutralität, Kooperation und Lösungsorientierung. Um den in der Einrichtung u.a. präferierten, diese Elemente
enthaltenden lösungsfokussierten Ansatz explizit zu einer wesentlichen Grundlage des professionellen Handelns auf Seiten der Mitarbeiterschaft werden zu lassen, werden im Schwerter Netz regelmäßig interne Fortbildung zu diesem Beratungsansatz in Kooperation mit dem
Institut für Lösungsfokussierte Kommunikation in Bielefeld angebo-

---

4 Mit Schlippe und Schweitzer (*Arist von Schlippe / Jochen Schweitzer*, Lehrbuch der systemischen Therapie und Beratung, Göttingen 2003) gehen wir allgemein davon aus, dass der lösungsfokussierte Ansatz weitestgehend einem syste-
misch-narrativen Ansatz zuzuordnen ist, wobei wir hier eher einige spezifische
Aspekte des Ansatzes in den Vordergrund zu stellen versuchen. Vgl. zum Zusammenhang von lösungsfokussierten und systemischen Ansätzen auch *Steve de Shazer / Yvonne Dolan*, Mehr als ein Wunder. Lösungsfokussierte Kurztherapie heute,
Heidelberg 2008, 25–26.

ten.[5] Wir sind der Ansicht, dass sich die in dem lösungsfokussierten Ansatz betonten Haltungen und auch die methodischen Werkzeuge der Gesprächsführung gerade auch für den sozialpädagogischen Einsatz im Zwangskontext bzw. für schwierige Beziehungssituationen eignen. Sicher nicht erst seit ergänzender Einführung des Schutzauftrages nach § 8a des vormaligen KJHG und den damit verbundenen vielleicht noch intensiveren (Aufklärungs-)Bemühungen zeigt die Praxis in der alltäglichen Familienhilfe leider, dass (Familien-) Hilfen, die nicht durch die Familien selber initiiert werden, sondern eben durch Außenstehende bzw. durch Institutionen, maßgeblich die Fallplanung und somit den sozialpädagogischen Arbeitsalltag bestimmen.[6] Hier sind es z.b. besorgte Nachbarn, Lehrer, Erzieherinnen aus Kindergärten oder auch Verwandte, die an das Jugendamt herantreten, um darauf hinzuweisen, dass aus ihrer Sicht in der von ihnen beobachteten Familie »etwas nicht stimmt« (oder »nicht stimmen kann«), also dass beispielweise Kinder oder Jugendliche »nicht genug versorgt zu werden scheinen«, ein »auffälliges Verhalten an den Tag legen«, »zu aggressiv« oder »zu lethargisch sind«, »sich nicht sozial angemessen verhalten«, oder dass »Eltern kein Interesse an ihren Kindern zeigen«, sie »ihre Kinder schlagen« oder sie »emotional vernachlässigen« und so weiter und so fort. All diese und andere Beobachtungen und Einschätzungen können letztlich leider zutreffen und so auch die Ausgangsbasis dafür sein, dass das Jugendamt, nachdem es einem Hinweis konkret nachgegangen ist, am Ende zu dem Ergebnis kommt (manchmal auch entlang einer zusätzlichen Einschätzung durch das Schwerter Netz), dass einer Familie, einem Kind oder einem Jugendlichen eine spezifische Hilfe angeboten werden muss, und zwar gerade eben auch dann, wenn Eltern, Kinder oder Jugendliche ihre Zustimmung zu dieser Maßnahme verweigern und dieser sogar eher ablehnend gegenüberstehen. Wie sich viele sicherlich vorstellen können, kann dabei diese Ablehnung (temporär wie dauerhaft) von eher subtilem Charakter sein z.B. durch einen etwas raueren Ton, oder aber auch von deutlicherer Natur, indem

---

5   Das Institut selber arbeitete in der Vergangenheit direkt mit den leider schon verstorbenen Therapeuten Insoo Kim Berg und Richard Besenhofer zusammen. Zum (internationalen) Team am Institut gehören heute neben dem Institutsleiter Frederic Linßen unter anderem Therese Steiner, Yvonne Dolan oder auch Ben Furman, der unsere MitarbeiterInnen in 2010 bezüglich des lösungsfokussierten Arbeitens mit Familien und Jugendlichen schulen wird. Neben dieser explizit lösungsfokussierten Ausrichtung sind eine Vielzahl von Mitarbeitern als Systemische Berater ausgebildet bzw. absolvieren diese Ausbildung gerade u.a. an der EFH Bochum.
6   Wenngleich vielleicht doch vorsichtig behauptet werden kann, dass durch den Schutzauftrag und der damit verbunden gestiegenen Verantwortung in allen Bereichen auch eine erhöhte Sensibilität wahrnehmbar ist, die auch eventuell als Grundlage für die Tendenz nach einer manchmal deutlicher geforderten (über Hilfen eventuell) ermöglichten Transparenz für Familiensituationen erscheint.

die MitarbeiterInnen beispielsweise deutlich beschimpft, verbal bedroht, in seltenen Situationen auch körperlich angegangen werden.
Diese Rahmenbedingungen, die in ihren jeweiligen Ausformungen
deutlich zugenommen haben, verlangen viel von den MitarbeiterInnen
und implizieren im günstigsten Fall auf Seiten der Mitarbeiterschaft
(bezüglich hilfreicher Bearbeitungs- bzw. Aufarbeitungsprozesse) einen vielleicht größeren Bedarf an Fallberatung und Supervision. Im
ungünstigsten Fall sind MitarbeiterInnen so belastet, dass sie eine Familie nicht mehr weiter begleiten können, also z.b. ein Mitarbeiter-
wechsel stattfinden muss. Treten besondere Belastungssituationen auf,
können Mitarbeiter neben den Gesprächen mit Fachleitungen auch
Einzelsupervisionen oder Mitarbeiter-Coachings in Anspruch nehmen.
Um diesen arbeitsbezogenen Herausforderung nun weitestgehend auch
methodisch so begegnen zu können, dass zum einen auf motivations-
erhaltende Weise die Ressourcen der MitarbeiterInnen geschont werden können und zum anderen ein weiterhin möglichst wirksames pro-
fessionelles Handeln den sozialpädagogischen Alltag bestimmt, wird
dem lösungsfokussierten Handeln ein besonderer Platz eingeräumt, da
wir aufgrund unserer bisherigen Erfahrung davon ausgehen, dass u.a.
mit diesem Ansatz beide Aspekte gleichermaßen Berücksichtigung
finden, was nun durch die Erörterung zweier eng miteinander verbun-
dener Elemente weiter verdeutlicht werden soll.[7]

2. Die Bedeutung von Kooperation

Wenngleich der lösungsfokussierte Ansatz nach *Steve de Shazer* und
Insoo Kim Berg ein ursprünglich kurzzeittherapeutisches Instrumenta-
rium darstellt, sind wir wie auch andere der Ansicht, dass es gerade
auch für den Familienhilfekontext von großer praktischer Bedeutung
ist.[8] Unter anderem ausgehend von der Unterstellung der prinzipiellen

---

7 Zum Zusammenhang zwischen lösungsfokussierter Beratung und der großen
Herausforderung des Kinderschutzes vgl. *Insoo Kim Berg / Kelly Susan*, Kinderschutz und Lösungsorientierung. Erfahrungen aus der Praxis – Training für den
Alltag, Dortmund 2001.
8 Vgl. auch z.B. die Beiträge in Hargens (*Jürgen Hargens*, Klar helfen wir Ihnen! Wann sollen wir kommen? Systemische Ansätze in der Sozialpädagogischen
Familienhilfe, Dortmund 2000), die teilweise einen ähnlichen Zusammenhang
zwischen systemisch-lösungsfokussierten Ansätzen und der Sozialarbeit/Familien-
hilfe herstellen. Zum Ansatz selbst vgl. z.B. *Peter De Jong / Insoo Kim Berg*, Lösungen (er-)finden – Das Werkstattbuch der lösungsorientierten Kurztherapie,
Dortmund 2003; *Steve de Shazer / Yvonne Dolan*, Mehr als ein Wunder. Lösungsfokussierte Kurztherapie heute, Heidelberg 2008; *Insoo Kim Berg / Kelly Susan*,
Kinderschutz und Lösungsorientierung. Erfahrungen aus der Praxis – Training für
den Alltag, Dortmund 2001; *Insoo Kim Berg*, Familien-Zusammenhalt(en). Ein
kurz-zeittherapeutisches und lösungs-orientiertes Arbeitsbuch, Dortmund 2002;

Unabhängigkeit von Problem und Lösung als eine *pragmatische Haltung*, wird in diesem Ansatz auf intensive Problemanalysen und Defizitorientierung zugunsten einer *gemeinsamen* Konstruktion von (zukünftigen) Lösungsbildern (z.b. über die sogenannte Wunderfrage) und damit verbundenen verhaltensspezifischen und situationsangemessenen Lösungsschritten verzichtet. Gemäß einer, wenn man so will, »konstruktivistischen« Leitperspektive sieht sich die Familienhilfe (im Versuch, auf schnelle, Experten-Wissen vermittelnde Stellungnahmen zu verzichten,) auf der Ebene der Familien, die selbst als Experten ihrer Situation und auch der Ideen über Lösungen betrachtet werden (sollen). Unsere Arbeit hat dann zum Ziel, den Familien ihre Ressourcen aufzuzeigen, ihnen diese (für sie selbst spürbar) und nachvollziehbar zuzuschreiben und diese weiter bis zur Zielerreichung systematisch auszuweiten. Praktisch kann dies über bestimmte *Haltungen* gelingen, insbesondere z.B. über ein möglichst authentisches Interesse für die Lebenssituation und die individuellen Belange der Familien. *Methodisch* können im Rahmen von Gesprächsführung Konkretisierungsfragen, Ausnahmefragen, Bewältigungsfragen und zirkuläre Fragen hilfreich sein und insgesamt vor allem die verbale (komplimentierende) Spiegelung dessen, was die Familien in der Vergangenheit schon faktisch geleistet haben.

Die Zuschreibung und Ausweitung von Kompetenzen/Ressourcen hängt allgemein betrachtet außerordentlich von der positiven Qualität der Beziehung zwischen Familienhilfe und Familie ab, d.h. eine »kooperative« (im Gegensatz zu einer konfrontativen, machtsignalisierenden) Arbeitsbeziehung wird favorisiert und soll eben der Zuschreibung von Fähigkeiten der Familie und, wenn möglich, letztlich der familiären Eigenständigkeit zuarbeiten. Die Erfahrung unserer Arbeit zeigt auf signifikante Weise, dass gerade auch in Familien, die der Hilfe ursprünglich eigentlich deutlich ablehnend gegenüberstehen, oftmals positiv überrascht sind, wenn die MitarbeiterInnen ihnen auf Augenhöhe und nicht einseitig als belehrende, vom Jugendamt geschickte »Experten« begegnen.[9] In der Anfangszeit einer Hilfe wird der Fokus, trotz des Drucks, der durch das Bewusstsein der notwendigen (auch schnellen) Umsetzung des Hilfeplans bei den MitarbeiterInnen sehr präsent ist, auf die Entwicklung einer vertrauensvollen Beziehung gelegt, die

---

Therese Steiner / Insoo Kim Berg, Handbuch Lösungsorientiertes Arbeiten mit Kindern, Heidelberg 2005. Hier kann leider nur eine grobe Darstellung des Ansatzes erfolgen.
[9] Vgl. zum Gegenkonzept des (therapeutischen) »Expertentums«, das sich im »Nicht-Wissen« artikulieren kann, *Harlene Anderson / Harry Goolishian*, Der Klient ist der Experte. Ein therapeutischer Ansatz des Nicht-Wissens, in: Zeitschrift für systemische Therapie, 10. Jg., Heft 3, 1992 oder auch *Peter De Jong / Insoo Kim Berg*, Lösungen (er-)finden – Das Werkstattbuch der lösungsorientierten Kurztherapie, Dortmund 2003, 118–123.

dann als Basis für weitere wichtige Schritte fungieren kann. Es soll betont werden, dass »Kooperation« prinzipiell auch einem eher klassischen, weniger systemischen Subjekt-Objekt-Modell geschuldet bleiben könnte, indem beispielsweise der Familienhilfe-»Experte« (Subjekt) auf eine Familie (Objekt) einzuwirken versucht und die Familie dann als *nicht*-kooperativ eingestuft wird, wenn sie diesem Interventionsversuch nicht folgen will. Demgegenüber verstehen wir unter »Kooperation« mit *Berg* und anderen eher, einfach formuliert, dass auch die Familienhilfe selbst kooperieren bzw. Kooperation aktiv herstellen muss. Hierbei versuchen unsere MitarbeiterInnen zugunsten der eingangs genannten Vermittlung beispielsweise ihre eigenen Meinungen und Urteile zunächst zurückzustellen, der Familie in ihrem Handeln gute Absichten zu unterstellen, sie aus ihrer Lebenssituation heraus zu verstehen, die für eine Familie wichtigen bisher bewährten Bewältigungsstrategien anzuerkennen. Weiterhin kämpfen und streiten sie nicht mit einer Familie, bleiben höflich, respektvoll und freundlich, bemühen sich, eigene Erwartungen im Spiegel der realen Familienumstände zu reflektieren und vor allem immer wieder die Ressourcen und (auch kleinen) Leistungen der Familien so überzeugend wie möglich für eine Bewältigung auch zukünftiger Aufgaben herauszuheben.[10]
In einer kooperativen Atmosphäre ist es aus unserer Sicht demgemäß dann eher möglich, dass die Familien ihre eigenen Sorgen, Ängste und auch ihre Aversion gegen die Hilfe artikulieren können, was für eine Analyse bzw. ein Verstehen der Gesamtsituation und letztlich für die Entwicklung einer (gemeinsamen) Zielperspektive unerlässlich ist, die dann idealerweise beides, die Ziele und Lösungsbilder der Familie und auch der externen Auftraggeber, enthält (s.u.). Verhaltensweisen der MitarbeiterInnen, die eher ein Ungleichgewicht in Richtung Schwächung der Autonomie der Familien(-akteure) z.B. durch eine eher bestimmendes, autoritäres Verhalten forcieren, provozieren »Widerstand« auf Seiten der Familie und blockieren ihre wichtige Eigenmotivation, die für eine wahrhaft *nachhaltige* Veränderung im Sinne der Hilfeplanung und am Ende hoffentlich auch im Sinne der Familie unerlässlich zu sein scheint.[11] Letztlich würden in diesem »Widerstand«

---

[10] Vgl. *Insoo Kim Berg*, Familien-Zusammenhalt(en). Ein kurz-zeittherapeutisches und lösungs-orientiertes Arbeitsbuch, Dortmund 2002, 63–64.
[11] »Widerstand« könnte auch als ein Problem des Familienhelfers/Praktikers erscheinen, indem die Bewertung in diese Richtung eher darauf hinweist, dass der »Experte« noch zu sehr seine eigenen subjektiven Vorstellungen eines kooperativen Handelns im Blick hat. Es wäre so auch denkbar, dass »Widerstand« als eine Form der »Kooperation« gesehen wird, indem die »widerständige« Äußerung als eine Möglichkeit des Ins-Gespräch-Kommens gesehen wird. Das setzt dann aber voraus, dass auch abweichende Meinung ernst genommen werden und als Einladung zu einer anderen Sichtweise verstanden werden (vgl. hierzu auch *Peter De Jong / Insoo Kim Berg*, Lösungen (er-)finden – Das Werkstattbuch der lösungsorientierten Kurztherapie, Dortmund 2003, 119–120, und *John Walter / Jane Peller*,

auch die Kräfte der MitarbeiterInnen schwinden, die benötigt werden,
damit auf Dauer deren Gesundheit erhalten werden kann und auch ihre
Fähigkeit, den Arbeitskontext auf eine motivierte und konstruktive Art
zu gestalten. Es wird so verständlicher, dass mit einer ressourcenorien-
tierten Methode, die weniger auf eine Analyse von Defizitstrukturen
konzentriert ist, gerade diese Gefahr zumindest ein Stück weit unter-
laufen werden kann; die Erfahrungen unserer MitarbeiterInnen gehen
zumindest in diese Richtung.

Wir gehen insgesamt natürlich nicht davon aus, dass Kooperation in
dem erörterten Sinne in jeder Situation möglich ist (wenngleich es hilfreich erscheint, sie immer wieder anzustreben). Es gibt bei allen guten
Vorsätzen und Handlungsideen Grenzen der individuellen Möglichkeiten der FamilienhelferInnen und auch hinsichtlich der Kooperationsbereitschaft einer Familie. So kann es sein, dass trotz der wohlwollenden,
kooperativen und stärkenden Haltung einer Mitarbeiterin keine Verbesserung der Beziehung möglich ist, und vielleicht auch gerade die
kooperative Haltung beispielsweise aufgrund von negativen Vorerfahrungen einer Familie Skepsis und weiteres Misstrauen hervorruft. So
ist es nicht selten, dass die Arbeitsbeziehung manchmal eher auf der
Ebene von distanzierter Kontrolle verbleibt und die Motivation der
Familie nicht für die Erarbeitung extern benannter Ziele genutzt werden kann, was sich letztlich natürlich wieder auch negativ auf die Kräfte der professionell Tätigen auswirken kann. Auch Sympathien (von
beiden Seiten) bestimmen wie in allen anderen Lebensbereichen die
Qualität der Beziehung zwischen Familienhelfer und Familie: wenn
eine Familie oder ein Familienmitglied die Mitarbeiterin nicht sympa-
thisch findet (die »Chemie« also nicht stimmt), dann wird Kooperation
schwieriger, und natürlich umgekehrt ebenso. Interessanterweise kann
eine Mitarbeiterin z.B. aber in bestimmten Situationen sogar eher kon-
frontativ-kritisch und dabei trotzdem hilfreich für die Familie und im
Sinne der Hilfeplanung sein, und zwar wenn gegenseitige Sympathie
und eine grundlegende Vertrauensstruktur im Vorfeld entwickelt worden sind (s.u.).

Letztendlich bleibt die größte Herausforderung zur Herstellung einer
kooperativen Beziehung, dass es in der Arbeit weitestgehend gelingt,
Bewertungen und Festschreibungen über eine Familie zurückzustellen
und prinzipiell die Möglichkeit einer positiven Veränderung anzunehmen. Zum Arbeits-Alltag gehören nicht selten auch Äußerungen unserer MitarbeiterInnen wie: »Das schaffen die nie.«, »Das ist kognitiv
nicht möglich.«, »Das ist ein hoffnungsloser Fall.«, »Der Vater sperrt
sich total.«, »Die Familie lässt sich nichts sagen.«, »Die Familie will
sich nicht ändern.« Solche Festschreibungen kommen vor, und wir

Lösungs-orientierte Kurztherapie. Ein Lehr- und Lernbuch, Dortmund 2002, 235–
236).

bemühen uns, sie rechtzeitig wahrzunehmen und sie durch geeignete Strategien immer wieder zu überwinden, um neue Beschreibungsmöglichkeiten zu finden. Eine weitere Herausforderung bleibt, Fähigkeiten und Ressourcen der Familien trotz der möglichen angespannten oder auch feindseligeren Atmosphäre einer Zwangshilfe und auch angesichts von möglicher Stagnation im Hilfeprozess im Blick zu haben und immer wieder hervorzuheben. Der Umstand, dass Hilfen mehrere Jahre andauern können und die MitarbeiterInnen auch die Erfahrungen machen, dass sich trotz langer Bemühungen doch nichts strukturell zu verändern scheint, auch eventuell nicht die Beziehungsqualität zur Familie, kommt erschwerend hinzu. Um solche Meinungen und Stimmungen zugunsten der (Wieder-)Gewinnung einer neuen Perspektive aufzubrechen und auch den positiven, lösungsfokussierten Blick aufrechterhalten zu können, macht es aus unserer Sicht Sinn, die eigenen Bewertungen und Einschätzungen immer wieder im Team zu hinterfragen und sich darüber auch die Einseitigkeit der diesen Bewertungen zugrunde liegenden Mechanismen bewusst zu machen. Ein andere wichtige Grundlage zur Aufrechterhaltung der Leitlinien in der täglichen Arbeit ist die Fähigkeit der MitarbeiterInnen, ressourcen- und lösungsorientierte Sichtweisen in eine *grundlegende* Lebenshaltung zu überführen[12] oder auch dass vielleicht ein guter Ausgleich zwischen positiven Erlebnissen aus anderen Lebensbereichen und den Arbeitserfahrungen gefunden werden kann.

3. Ermöglichung von Selbstwirksamkeit

Kooperation steht aus unserer Sicht in einem engen Zusammenhang mit der Möglichkeit, dass Hilfen nicht nur allgemein in einer angenehmeren, konstruktiveren Atmosphäre stattfinden können, sondern dass sie, wenn man so will, als formale Bedingung oder als Rahmen für die (parallele) Erweiterung von Wirksamkeitserfahrungen der Familien bzw. einzelner Familienmitglieder dient. Beim lösungsfokussierten Arbeiten geht es letztlich »um die Verstärkung des Bewusstseins von autonomer Gestaltungsfähigkeit (Self-efficacy), um die Förderung von Selbstregulationskompetenz, um die Erweiterung positiver Kontrollüberzeugungen.«[13] Gerade im Zwangskontext, in dem nicht selten von den Professionellen gefordert wird, sich auch kritisch zu verhalten bzw. Kontrolle auszuüben, kann, wie oben schon angedeutet, eine anfänglich entwickelte kooperative Beziehung zwischen Familie und Familienhelferin und eine damit gleichzeitig verbundene Haltung der Stärkung, Ermutigung und Anerkennung von wirksam bewältigten

---

[12] Vgl. *Günter Bamberger*, Lösungsorientierte Beratung, Weinheim 2005, 24, 292–295.
[13] Vgl. *Günter Bamberger*, Lösungsorientierte Beratung, Weinheim 2005, 40.

Aufgaben auch eine Basis dafür sein, dass Kontrolle und konstruktive Kritik an bestimmten Stellen leichter akzeptiert wird. Dieser Aspekt wird u.a. auch als ein Ergebnis des Modellprojekts »Steigerung der Wirksamkeit intensiver ambulanter erzieherischer Hilfen« der Universität Siegen unter der Leitung von *Prof. Dr. Klaus Wolf* deutlich unterstrichen. In den bisherigen Untersuchungen ist sichtbar geworden, dass »Interventionen mit kontrollierenden und direktiven Elementen« (Zwangskontext) dann nicht zur Unterminierung und Blockierung von Hilfeprozessen führte, wenn u.a. die Kontrolle/Kritik von einem als »wohlwollend« erlebten Menschen artikuliert wurde.[14] Die anderen Bedingungen für das Gelingen der Intervention in Kontroll- oder Zwangssituation unterstreichen aus unserer Sicht ebenfalls die Bedeutung des Moments der Kooperation und entsprechen in ihrer Wirkungsweise unserer eigenen Wahrnehmung von Hilfsprozessen in Zwangskontexten. Hier sind vor allem zu nennen, dass für die Familien der Zwang bzw. die Kontrolle im Verlaufe der Maßnahme spürbar reduziert wird und stattdessen kontrollfreie, autonome Bereiche vorhanden sind und zunehmend durch die Hilfe erweitert werden. Ebenfalls korrespondierend mit unseren Erfahrungen und dem lösungsfokussierten Ansatz ist, dass die Familien *aktiv* an der Gestaltung eines *gemeinsamen* Lösungsbildes mitwirken können und die Zwangsmomente bzw. die Kontrollaspekte in diesen gemeinsamen Plan eingebettet sind bzw. als Teil eines auch eigenen Planes erscheinen. Schließlich werden die Zwangsmomente weniger die Arbeitsbeziehung belasten, wenn die MitarbeiterInnen in unterschiedlichen Situationen ihre Parteilichkeit für die Familie signalisieren (z.B. bei Ämtern, wenn bestimmte Prozesse als durch dortige Mitarbeiter behindert erscheinen und die Familienhilfe bei der Vermittlung und Umsetzung unterstützt) und wenn sie im Rahmen eines gemeinsamen Planes auch als Personen erscheinen, die vielleicht auch selbst Fehler bei der Übernahme von eigenen Aufgaben machen und dabei dann vielleicht zeigen können, wie man mit solchen »Schwächen« umgehen kann.[15]

Gemäß dem lösungsfokussierten Ansatz ist aus unserer Sicht neben den genannten Faktoren weiterhin die schon implizit angeklungene Transparenz von übergeordneter Bedeutung. Das kommt u.a. im Ernstnehmen der Familien bezüglich ihres Rechts auf Klarheit über den genauen (Kontroll-)Auftrag und über die faktische (kontrollierende) Rolle der FamilienhelferInnen zum Ausdruck; eben über diese *differenzierte* Klärung können auch die nicht-kontrollierten Bereiche und

---

14 Vgl. z.B. die Materialien zum genannten Modellprojekt auf der Homepage von Prof. Dr. Klaus Wolf (Universität Siegen). Das Schwerter Netz für Jugend und Familien nimmt aktuell an dem Folgeprojekt am Standort Bielefeld teil.
15 Vgl. zu den letzten beiden Aspekten auch *Insoo Kim Berg*, Familien-Zusammenhalt(en). Ein kurz-zeittherapeutisches und lösungs-orientiertes Arbeitsbuch, Dortmund 2002, 64, Punkt 9 und 10.

die unterstellte auf Selbstwirksamkeit gerichtete Autonomie sichtbarer werden. Mit der Herstellung von Transparenz als ein Aspekt von Kooperation ist es dann auch weiterhin hilfreich, wenn der Auftrag der externen Institution z.b. als Auftrag der Familie selbst dargestellt wird. So könnte man versuchen zu zeigen, dass die Erreichung des Ziels des Jugendamtes auch eben ein wichtiges formuliertes Ziel der Familie fördert, nämlich die Hilfe loszuwerden. Letzteres kann z.b. umgesetzt werden im Sinne von:»Was kann ich für Sie tun, damit ich nicht mehr vom Jugendamt als nötig angesehen werden?« oder »Was müssen wir gemeinsam tun, damit Sie mich wieder loswerden?« Wiewohl hier der Einwand nicht ungerechtfertigt sein könnte, dass dann die Zielerreichung nur eine oberflächliche sei, weil die Familie nur tue, was andere sehen wollen. Es ist aber nicht selten, dass gerade in diesem Prozess (entlang der bisher dargestellten Methodik der FamilienhelferInnen) Veränderungen in der Haltung der Familien deutlich werden. Über die schrittweise Einsicht in die durch das Jugendamt formulierten Ziele können Familien manchmal gerade diese Ziele entlang der Ermutigung und damit der Entwicklung *einer eigenen verantwortlichen Haltung* am Ende (teilweise) annehmen. Dies setzt natürlich voraus, dass diese Ziele tatsächlich mit relevanten Lebensbereichen der Familien in positiver Verbindung stehen bzw. auch durch die Familienhilfe verknüpft werden können oder auch gemäß den eigenen Wertevorstellung und (Sozialisations-)Erfahrungen überhaupt als prinzipiell nachvollziehbar/annehmbar erscheinen.

Trotz des Wunsches, Familien zu mehr Autonomie- und Wirksamkeitserfahrungen zu verhelfen und so u.a. die Differenzierung zwischen kontrollierten und freien Bereichen vorzunehmen, scheitert auch dieses Anliegen in der Praxis nicht selten. Strukturelle institutionelle, wirtschaftliche und gesellschaftliche Grenzen sowie eher persönliche Grenzen, die eventuell durch Vorerfahrungen und biographisch festgelegte Momente bedingt sind, können die Erfahrung von Wirksamkeit auf Seiten der betreuten Familien deutlich einschränken oder auch eine »Resistenz« gegen artikulierte Ermutigungen und Anerkennungen hervorrufen. Viele Menschen in den von uns unterstützten Familien haben im Laufe ihres Lebens eine demütigende Erfahrung nach der anderen gemacht, so dass gerade vielleicht auch das »Aufbegehren« in der Nicht-Zusammenarbeit mit der Familienhelferin als eine seltene oder gar als die einzige Wirksamkeitserfahrung verbucht werden kann, wenn alle anderen Wege verschlossen scheinen oder der Familie versagt geblieben sind.[16] An dieser Stelle aber gerade trotz der wie auch

---

16 Ein intensiv durchgeführtes Beschwerdemanagement trägt im Schwerter Netz dazu bei, dass Familien ihre Kritik auch im Zwangskontext formulieren können. Hierbei machen sie über das von beiden Seiten gewünschte Gespräch mit Vorgesetzten und Leitungskräften nicht selten die Erfahrungen, gehört zu werden und trotz Zwang doch einen deutlichen Einfluss auf den Hilfeprozess zu haben.

immer zum Ausdruck kommenden »Verweigerung« der Hilfe und angesichts der wenigen Wirksamkeitserfahrungen den professionellen Blick auf die, wenn auch zunächst klein erscheinenden Kompetenzen und Fähigkeiten zu legen, erscheint aus unserer Sicht immer wieder als eine bescheidene Chance zur Veränderung. Über diese nachhaltige und kontinuierliche systematische Stärkung und über die gleichzeitige Erweiterung von Verhaltensmöglichkeiten besteht für die Familien letztlich vielleicht sogar die Möglichkeit, den ursprünglichen Zwangskontext zu verlassen und ein selbstbestimmteres, für die gesamte Familie erfüllenderes Leben zu führen; ein Ziel, an dem nicht nur unsere, sondern auch viele andere sozialpädagogisch Tätige täglich mit großem persönlichen Einsatz festhalten wollen.

KATJA NOWACKI

Aufwachsen in Pflegefamilien oder Heimen?

Ausgehend von der Bindungstheorie benötigen Kinder konstante, liebevolle Bezugspersonen, um gesund aufwachsen zu können. Kinder, die in ihrer Herkunftsfamilie keinen ausreichenden Schutz erfahren oder sogar aktiv traumatisiert werden, müssen im Rahmen von Hilfen zur Erziehung unter Umständen fremduntergebracht werden. In der vorliegenden Untersuchung der Bindungsrepräsentation und psychischen Befindlichkeit von insgesamt 46 ehemaligen Pflege- und Heimkindern konnte festgestellt werden, dass die Unterbringung in Pflegefamilien mit einer günstigeren psychischen Entwicklung einherging. Dabei kam es insbesondere auf liebevolles und integrationsförderndes Verhalten der Pflegeltern an. Für die Praxis bedeutet dies, bei langfristiger Fremdunterbringung die Möglichkeit von Pflegefamilienvermittlung intensiv zu prüfen und die Pflegeeltern hinsichtlich ihres Verhaltens gegenüber den Pflegekindern gezielt zu schulen. Wichtig bleibt aber, im Einzelfall eine genaue Indikation der Unterbringung zu prüfen.

1. Einleitung

Kinder benötigen konstante und liebevolle Bezugspersonen für eine gesunde Entwicklung.[1] In der normalen Entwicklung bieten die leiblichen Eltern Schutz und Sicherheit (»sicherer Hafen«[2]), damit das Kind gesund aufwachsen kann. Was aber wenn diese Bezugspersonen ihrer Aufgabe nicht nachkommen können oder im schlimmsten Fall selber zur Bedrohung werden? Dann müssen Hilfen zur Erziehung (§§ 27ff SGB XIII) eingesetzt werden, die unter Umständen auch eine Fremdunterbringung des Kindes in einer Pflegefamilie oder Heimeinrichtung bedeuten. Was aber sollte in diesen Fällen berücksichtigt werden, um den Kindern die bestmöglichen Voraussetzungen für eine gesunde Entwicklung zu geben? Die hier vorgestellte Untersuchung »Aufwachsen in Pflegefamilie und Heim – Bindungsrepräsentation, psy-

---

1 *John Bowlby*, Maternal Care and Mental Health, Geneva 1951.
2 *Mary Ainsworth / Mary Curtis Blehar / Everett Waters / Sally Wall*, Patterns of attachment: A psychological study of the strange situation, Hillsdale 1978.

chische Belastung und Persönlichkeit«[3] versucht dieser Frage nachzugehen.

2. Theoretischer Hintergrund

2.1 Bindung im Kindes- und Erwachsenenalter

Bindung an einen schutzbietenden Menschen ist für ein kleines Kind überlebensnotwendig. Auch im Erwachsenenalter spielt dies eine Rolle, besonders in Situationen, in denen jemand krank, ängstlich oder gestresst ist.[4] Die Qualität der Bindung an eine Bezugsperson kann unterschiedlich sein und hängt unter anderem von deren Feinfühligkeit ab, die sich im Wesentlichen durch aufmerksame Wahrnehmung und prompte, angemessene Reaktion der Bezugsperson auf die Bedürfnisse des Kindes auszeichnet.[5] Die Erfahrungen mit zwischenmenschlichen Beziehungen werden verinnerlicht und in einem generalisierten Arbeitsmodell repräsentiert.[6] Je nach Qualität der Erfahrungen bilden sich unterschiedliche Bindungsrepräsentationen heraus, die im Erwachsenenalter mit Hilfe des *Adult Attachment Interviews* (Erwachsenenbindungsinterview[7]) festgestellt werden. Bei der so genannten autonom-sicheren Bindungsrepräsentation berichtet die befragte Person kohärent und detailliert von ihren Erfahrungen mit primären Bezugspersonen in der Kindheit. Sie ist offen auch in Bezug auf mögliche kritische Erfahrungen und macht aber deutlich, dass sie sich mit diesen Themen angemessen auseinandergesetzt hat. Eine Wertschätzung früher Bindungserfahrungen und das sich Erinnern an konkrete Erlebnisse sind ebenfalls zentrale Kennzeichen dieses Arbeitsmodells. Im Gegensatz dazu antwortet eine Person mit einer unsicher-distanzierten Bindungsrepräsentation sehr knapp auf die gestellten Fragen. Konkrete Erinnerungen können oft nicht detailliert wiedergegeben werden. Es entsteht der Eindruck, dass die Person sich nicht gerne mit den frühen Bindungserfahrungen auseinandersetzen möchte. Die dritte Kategorie ist die unsicher-präokkupierte Bindungsrepräsentation. Hierbei ist die oft noch aktuelle Verwicklung mit oft negativen Geschehnissen aus der Kindheit zum Beispiel durch deutlich zum Ausdruck gebrachten Ärger zu spüren. Eine vierte Kategorie, die so genannte unverarbeitete

---

3 *Katja Nowacki*, »Aufwachsen in Pflegefamilie und Heim- Bindungsrepräsentation, psychische Belastung und Persönlichkeit bei jungen Erwachsenen«, Hamburg 2007.
4 *John Bowlby*, The making and breaking of affectional bonds, London 1979.
5 *Mary Ainsworth / Mary Curtis Blehar / Everett Waters / Sally Wall*, Patterns of attachment: A psychological study of the strange situation, Hillsdale 1978.
6 *John Bowlby*, The making and breaking of affectional bonds, London 1979.
7 *Carol George Nancy Kaplan / Mary Main*, The Berkeley Adult Attachment Interview, Berkeley 1996.

Bindungsrepräsentation, enthält Interviews in denen Personen über Traumata, z.b. den Tod eines nahen Angehörigen oder Misshandlungserfahrungen berichten, wobei dabei deutlich wird, dass Sie diese Erfahrungen noch nicht verarbeitet haben.[8] Die Auswertung der Interviews erfolgt aufgrund einer Inhaltsanalyse des Wort-für-Wort Transkriptes nach einem Schema von Main, Goldwyn und Hesse.[9] In verschiedenen Studien[10] wurde ein Zusammenhang zwischen den geschilderten unsicheren und unverarbeiteten Bindungsrepräsentationen und häufigerem Auftreten psychischer Störungen nachgewiesen.

2.2 Fremdunterbringungen in Deutschland

Bei Kindern, die aufgrund von traumatischen Erfahrungen in ihrer Ursprungsfamilie nicht bei ihren leiblichen Eltern aufwachsen können, besteht die Möglichkeit, sie nach dem Kinder- und Jugendhilfegesetz (KJHG = SGB VIII) in Pflegefamilien oder Heimeinrichtungen unterzubringen. In der Regel erfolgt die Unterbringung mit dem Ziel der Rückführung in die Ursprungsfamilie, was aber bekanntermaßen nicht in allen Fällen möglich ist. Sollte also eine dauerhafte Unterbringung notwendig sein, bleibt die Frage, welches Setting für das jeweilige Kind am günstigsten ist.

2.3 Ausgewählte bisherige Befunde

In einer Untersuchung von Heimkindern konnte festgestellt werden, dass die unsicheren bzw. unverarbeiteten Arbeitsmodelle von Bindungen überwogen und die Pflegekinder deutliche Anzeichen einer psychischen Belastung zeigten.[11] In einer weiteren Untersuchung wurde deutlich, dass die Beziehung zu den Betreuungspersonen einen wesentlichen Einfluss auf das Verhalten der Jugendlichen hatte. In einer Studie von Zegers et al.[12] konnte ein positiver Zusammenhang zwischen sicherer Bindungsrepräsentation der Bezugserzieherinnen und Bezugserzieher und dem hilfesuchenden Verhalten der zu betreuenden Jugendlichen nachgewiesen werden. Untersuchungen von Pflegefamilien

8 *Gabriele Gloger-Tippelt* (Hg.), Bindung im Erwachsenenalter, Bern 2001.
9 *Mary Main / Ruth Goldwyn / Eric Hesse*, Adult Attachment Scoring and Classification Systems, Berkeley 2002.
10 U.a. *Diana Rosenstein / Harvey Horowitz*, Adolescent Attachment and Psychopathology, Journal of Consulting and Clinical Psychology 64, 1996, 244–253.
11 *Roland Schleiffer*, Der heimliche Wunsch nach Nähe – Bindungstheorie und Heimerziehung, Weinheim 2001.
12 *Monique Zegers / Carlo Schuengel / Marinus van IJzendoorn / Jan Janssens*, Attachment representations of institutionalized adolescents and their professional caregivers: Predicting the development of therapeutic relationships, American Journal of Orthopsychiatry 76/3, 2006, 325–334.

haben deutlich gemacht, dass sich das Bindungsverhalten sehr junger Pflegekinder in Abhängigkeit von der Bindungsrepräsentation ihrer Pflegeeltern entwickelt.[13] Es gibt also deutliche Hinweise darauf, dass sich die Qualität der Beziehung zu den neuen Betreuungspersonen innerhalb von Fremdunterbringungen auf die weitere Entwicklung der Kinder und Jugendlichen auswirkt. Dieser Frage geht die folgende Untersuchung ebenfalls nach. Dabei ist insbesondere interessant, inwieweit sich die unterschiedlichen Formen der Fremdunterbringung auf Bindungsrepräsentationen und die psychische Belastung junger Erwachsener auswirken.

3. Darstellung der Untersuchung

3.1 Stichprobe

In der vorliegenden Untersuchung wurden junge Erwachsene, im Schnitt 25 Jahre alt, zu ihren Erfahrungen in Pflegefamilien oder Heimen befragt. Die beiden Gruppen unterschieden sich nicht hinsichtlich des Geschlechtes, der Schulbildung oder des Alters zum Zeitpunkt des Interviews. Allerdings waren zum Zeitpunkt ihrer Vermittlung die ehemaligen Pflegekinder im Schnitt jünger als die ehemaligen Heimkinder. Erfasst wurde für die Gruppe der Heim- und Pflegekinder, welche Bindungsrepräsentation sie im Erwachsenenalter aufweisen und wie hoch ihre jeweilige aktuelle psychische Belastung ist. In der Gruppe der Pflegekinder wurde außerdem zwischen »erfolgreichen« und »nicht-erfolgreichen« Pflegeverhältnissen (Abbruch außerplanmäßig vor dem 18. Lebensjahr) unterschieden.

3.2 Instrumente

Die Bindungsrepräsentationen der ehemaligen Pflege- und Heimkinder wurden mit dem Erwachsenenbindungsinterview (s.o.) erfasst und nach dem System von Main, Goldwyn & Hesse[14] bestimmt. Bei dem Interview handelt es sich um ein standardisiertes, halbstrukturiertes Interview mit Fragen u.a. zu Erfahrungen mit den Bezugspersonen in der Kindheit, der Beziehung zu ihnen im Erwachsenenalter und zu traumatischen Erfahrungen. Die Auswertung erfolgte zum einen nach einer Zwei-Wege-Klassifikation, bei denen die sicheren und die beiden unsicheren Bindungskategorien (unsicher-distanziert und unsicher-präokkupiert) hinsichtlich der Häufigkeit ihres Auftretens mit einander

---

[13] *Mary Dozier / Chase Stovall / Kathleen Albus / Brady Bates*, Attachment for Infants in Foster Care: The Role of Caregiver State of Mind, Child Development, 09/10, 72/5 (1467–1477), 2001.
[14] *Mary Main / Ruth Goldwyn / Eric Hesse*, Adult Attachment Scoring and Classification Systems, Berkeley 2002.

verglichen werden. Zum anderen wurden die sicheren und unsicheren Kategorien zusätzlich mit der unverarbeiteten Bindungsklassifikation verglichen.

Die Erwachsenenbindungsinterviews der ehemaligen Pflegekinder wurden zusätzlich hinsichtlich des integrationsfördernden Verhaltens der ehemaligen Pflegeeltern im Sinne der Theorie der Integration von Nienstedt & Westermann[15] und des liebevollen Verhaltens im Sinne der Bindungstheorie ausgewertet.[16]

Die psychische Belastung wurde mit Hilfe eines Fragebogens (Brief Symptom Inventory[17]) erfasst. Es handelt sich hierbei um ein Selbstbeurteilungsverfahren zur Erfassung der psychischen Belastung durch 53 körperliche und psychische Symptome. Die Ergebnisse werden anhand von Normstichproben in T-Werte umgerechnet, wobei ein T-Gesamtwert von 63 eine erhöhte psychische Belastung darstellt.

3.3 Ausgewählte Ergebnisse der Untersuchung

3.3.1 Gruppenvergleich der ehemaligen Pflege- und Heimkinder
Der Vergleich zeigte, dass die ehemaligen Pflegekinder deutlich häufiger eine sichere und verarbeitete Bindung (s. Tab. 1 & 2) sowie eine deutlich geringere psychische Belastung aufwiesen als die ehemaligen Heimkinder der hier vorliegenden Stichprobe.

Tabelle 1: Darstellung der sicheren versus unsicheren Bindungsrepräsentationen der ehemaligen Pflege- und Heimkinder

Stichprobe	Sichere Bindung	Unsichere Bindung
Pflegekinder	11 (40.74 %)	16 (59.26 %)
Heimkinder	2 (9.52 %)	19 (90.48 %)

Tabelle 2: Darstellung der verarbeiteten versus unverarbeiteten Bindungsrepräsentationen der ehemaligen Pflege- und Heimkinder

Stichprobe	verarbeitete Bindung	Unverarbeitete Bindung
Pflegekinder	17 (62.96 %)	10 (37.04 %)
Heimkinder	7 (33.33 %)	14 (66.67 %)

---

[15] *Monika Nienstedt / Armin Westermann*, Pflegekinder- Psychologische Beiträge zur Sozialisation von Kindern in Ersatzfamilien, Münster 1998.

[16] Vgl. *Katja Nowacki*, »Aufwachsen in Pflegefamilie und Heim – Bindungsrepräsentation, psychische Belastung und Persönlichkeit bei jungen Erwachsenen«, Hamburg 2007.

[17] *Gabriele Helga Franke*, Brief Symptom Inventory von L.R. Derogatis, Göttingen 2000.

In Tabelle 1 wird deutlich, dass die Pflegekinder deutlich häufiger im Interview Charakteristika einer sicheren Bindungsrepräsentation im Erwachsenenalter aufwiesen als die Heimkinder (χ^2 *(1, N* = 48*)* = 5.83, *p* < .05*). Auch wenn ihre Erfahrungen mit frühen Bezugspersonen nicht durchgehend positiv waren, so konnten sie doch häufiger in nachvollziehbarer Weise über ihre Kindheits- und Jugendgeschichte berichten. Dies ist ein wesentliches Kriterium für die Diagnostik einer sicheren Bindung. Die ehemaligen Heimkinder berichteten im Gegensatz dazu deutlich häufiger entweder in abwehrender, minimierender oder ausschweifender, oft noch sehr ärgerlichen Form über ihre Erfahrungen mit Bindungspersonen. Dies sind wesentliche Kriterien einer unsicher-distanzierten bzw. unsicher-präokkupierten Bindung. Aus Tabelle 2 ist zu entnehmen, dass die ehemaligen Heimkinder deutlich häufiger eine unverarbeitete Bindungsrepräsentation im Interview aufweisen als die ehemaligen Pflegekinder (Exakter Test nach Fisher (1, *N* = 48) = 7.330, *p* < .05*). Über die erlebten Traumata können die ehemaligen Heimkinder dieser Stichprobe also deutlich seltener kohärent berichten als die ehemaligen Pflegekinder.

Die ehemaligen Pflege- und Heimkinder unterscheiden sich deutlich in der durchschnittlichen Höhe der aktuellen psychischen Belastung (F (1, *N* = 46) = 4.53, *p* < .05, *r* = .27). Die ehemaligen Pflegekinder weisen einen Wert von *T*-GSI = 55.11 (*SD* = 14.99) auf, der vergleichbar ist mit nicht-klinischen Stichproben und zeigt, dass sie sich aktuell psychisch stabil fühlen. Dagegen geben die ehemaligen Heimkinder selber im Mittel an, klinisch bedeutsam belastet zu sein (*T*-GSI = 64.22; *SD* = 12.53).

3.3.2 Fallbeispiele

Hermann[18] ist direkt nach seiner Geburt in einem Heim untergebracht worden und mit zwei Jahren für wenige Monate in eine Pflegefamilie vermittelt worden. Nach dem Scheitern dieser Unterbringung kam er zurück in die ursprüngliche Heimeinrichtung, um von dort in ein Kleinstheim vermittelt zu werden. Dort wohnten ein Ehepaar, die er als »Mutter und Vater« bezeichnete und sechs weitere Kinder, wovon zwei leibliche Kinder der Heimeltern sind. Zum Zeitpunkt des Interviews ist Hermann 32 Jahre und arbeitet als Aushilfe, nachdem er in seinem erlernten Beruf keine Anstellung erhalten hatte. Im Erwachsenenbindungsinterview wird deutlich, dass er sich von den Heimeltern wenig geliebt und im Verhältnis zu deren leiblichen Kindern ungerecht behandelt fühlte. An bestimmten Stellen sind die Aussagen etwas widersprüchlich, da er versucht, ein normales Bild seiner Kindheit zu entwerfen. Dies gelingt ihm aber nicht vollständig und an mehreren Stellen wird sein noch nicht verarbeiteter Ärger auf seine primären Be-

---

18 Name wurde geändert.

zugspersonen deutlich, denen er unterstellt, dass sie ihre leiblichen Kinder ihm emotional vorgezogen hätten.

Er berichtet auf die Frage, wie die Beziehung zu seinen Heimeltern in der Kindheit war:

»(...) ehm ja, als Kind würde ich sagen war es schon größtenteils okay (...). Ne ehm also ich fand zumal meine Eltern haben ja auch eigene Kinder gehabt. Ehm und wenn es darum ging zum Beispiel mit dem Küchendienst. Wir mussten ja mithelfen in der Küche. Also Tischdecken und Abräumen und so was. War so, wenn ich fünf Minuten zu spät kam, gab es Ärger. Aber bei ihren eigenen Kinder nie. Da hat nicht einmal ein Kind eine Woche Verlängerung beim Küchendienst bekommen. Obwohl die mehrmals zu spät kamen. Das sag ich jetzt mal. Also ich kann nicht sagen, dass das Verhältnis immer gleich war. Also die Gerechtigkeit fehlte mir da oft. Im Grunde habe ich mich eigentlich ständig abgelehnt gefühlt. Wegen der Ungerechtigkeit, die bei uns in der Familie herrschte. Ne, also das liebste Kind war immer meine Schwester. Also die Erstgeborene von deren leiblichen Kindern.«

Aufgrund seines Interviews wird die Bindungsrepräsentation von Hermann als unsicher-präokkupiert eingestuft. Im Fragebogen zur Erfassung der psychischen Befindlichkeit wies er einen deutlich erhöhten Wert auf, der auf aktuelle psychische Belastungen zum Zeitpunkt der Erhebung hindeutet.

Nadine[19] wurde mit 1,5 Jahren (wegen körperlicher Misshandlung) aus der leiblichen Familie herausgenommen und für 1,5 Jahre im Heim untergebracht. Mit drei Jahren wurde sie in ihre Pflege- bzw. spätere Adoptivfamilie vermittelt. Sie hatte noch drei weitere Geschwister, wobei zwei leibliche Kinder der Pflegeeltern waren. Zum Zeitpunk des Interviews war Nadine 23 Jahre und studierte. Im Interview wird deutlich, dass Nadine offen über die Fragen bezüglich ihrer Kindheitserlebnisse mit den Pflegeeltern nachdenkt und berichtet. Allerdings zeigt sich auch, dass sie sich als Kind in bestimmten Situationen eher vermeidend verhalten hat und auch heute noch leichte Anzeichen einer Distanzierung aufweist. Insgesamt ist ihr inneres Arbeitsmodell von Beziehungen aber als sicher einzustufen, weil die Offenheit und Wertschätzung der Beziehungserfahrungen überwiegen.

Auf die Frage, wie die Beziehung zu ihren (Pflege-)eltern in der frühen Kindheit war, antwortet sie:»Es war immer etwas einfacher mit meinem Vater, das ist aber glaub ich in unseren Charakteren verankert und meine Mutter und ich hatten oft Reibereien und ähm mein Vater war immer so ein bisschen, der Ruhigere. (...) Aber ich glaube, nee ich weiß, dass ich nicht sehr anhänglich war, also wenn ichs vergleiche mit meinen Geschwistern hm dann ähm war ich oft also ich war nicht

---

[19] Name wurde geändert.

das Schmusekind, ich kam jetzt nie selbstständig an, ich habe mir zwar was abends vorlesen und vorsingen lassen etc., aber ich war nie das Kind, das halt irgendwie mal freiwillig auf den Schoß gegangen ist (…)« Auf die Frage, ob sie die Beziehung zu ihrer (Pflege-)mutter in der Kindheit mit einem Begriff beschreiben und dazu ein Beispiel nennen kann antwortet sie »helfend«. Auf die Frage nach einem konkreten Beispiel, an dem dieser Begriff deutlich wird sagt sie: »Ja, (…) es gab Zeiten, muss ich schon sagen, ähm wo das nicht so offensichtlich einfach war (…) so Kleinigkeiten dann eben, also dass meine Mutter mich irgendwo mit hin begleitet hat, ah was mir jetzt schwer gefallen ist. Aber, irgendwo habe ich mich dann doch gefreut, wenn sie etwas für mich organisiert hat. Zum Beispiel weiß ich noch, dass ich einmal Streit mit meiner Schulfreundin hatte. Und dann ist sie mit zu deren Eltern gekommen, und wir konnten uns wieder vertragen. Und andersherum habe ich dann auch schon mal versucht, im Haushalt meiner Mutter zu helfen, wenn sie viel zu tun hatte, einfach auch oder so, und wie das oft ist bei ersten Kindern oder jetzt bei den ältesten Kindern in diesem Fall, äh, auf die Geschwister aufpassen oder hier und da was machen so und also das waren halt alles jetzt oft materielle Sachen oder so Sachen aber wenn halt dem anderen einen Gefallen tun.« Aufgrund des Interviews wird die Bindungsrepräsentation von Nadine als autonom-sicher mit einigen distanzierenden Anteilen eingestuft. Die aktuelle psychische Belastung liegt mit einem T-GSI von 43 sehr niedrig.

3.3.3 Verhalten der Pflegeeltern

Das Verhalten der Pflegeeltern zeichnete sich in den erfolgreichen Pflegeverhältnissen als tendenziell integrationsfördernder und liebevoller aus als in den nicht-erfolgreichen (B (1) = .70, p < .10). Ein Beispiel für integrationsförderndes und liebevolles Verhalten von Pflegeeltern zeigt sich in der folgenden Aussage:
»Nachts bin ich immer um eine bestimmte Uhrzeit wach geworden und hatte Angst, und da habe ich dann auch geschrien und dann hat mich meine Mama (gemeint ist die Pflegemutter, Anm. der Autorin) immer aus dem Bett zu sich geholt (…) und in den Arm genommen (…).« (Auszug aus einem Pflegekinderinterview).
Ein förderlicher Faktor, der mit dem erfolgreichen Abschluss von Pflegeverhältnissen zusammenhängt, ist also das von den Pflegekindern im Nachhinein erlebte Verhalten der Pflegeeltern.

4. Schlussfolgerungen für die Praxis

Aus den genannten Aspekten lassen sich für erfolgreiche Fremdvermittlungen folgende Überlegungen ableiten:

– Kinder und Jugendliche benötigen vor allem feste Bezugspersonen, um eine sichere Bindungsrepräsentation und psychische Stabilität entwickeln zu können. Dies ist als wichtiger Schutzfaktor gerade dann auch zu berücksichtigen, wenn eine Fremdunterbringung notwendig geworden ist.

– Für eine gelungene Entwicklung ist liebevolles und integrationsförderndes Verhalten der neuen Bezugspersonen von zentraler Bedeutung, um den häufig traumatisierten Kindern eine sichere Basis zur Verfügung zu stellen. Erst darauf aufbauend sollten den Kindern neue Regeln und neues Wissen vermittelt werden.

– Bei dauerhaften Unterbringungen ohne Rückkehrwahrscheinlichkeit in die Herkunftsfamilie sollte eine vollständige Integration der Kinder in Ersatzpflegefamilien ermöglicht werden um den Erfolg der Maßnahme zu erhöhen. Da das Verhalten der Pflegeeltern hierbei eine zentrale Rolle spielt, sollten Interventionsmaßnahmen zur Förderung von liebevollem und integrationsförderndem Verhalten der Pflegeeltern als zentraler Bestandteil dieser Hilfemaßnahme angedacht werden.

– Heimunterbringungen sollten im Wesentlichen zur diagnostischen Abklärung, zur Vorbereitung der Rückführung oder, bei Jugendlichen, auf dem Weg in die Verselbstständigung stattfinden. Es bleibt aber zu berücksichtigen, dass es Kinder und Jugendliche gibt, die sich nicht mehr auf enge familiäre Beziehungen einlassen können und für die auch für längere Zeit Heimgruppen indiziert sind.

Zusammenfassend lässt sich also festhalten, dass eine dauerhafte Unterbringung von Kindern besonders nach traumatischen Erfahrungen in ihren Herkunftsfamilien in der Regel in Pflegefamilien erfolgen sollte. Heimunterbringungen sollten mehr zur diagnostischen Abklärung, in spezifischen Einzelfällen und bei kurzzeitiger Unterbringung der Kinder in Erwägung gezogen werden. Um in der Praxis die Unterbringungszahlen in der Vollzeitpflege im Verhältnis zu anderen stationären Maßnahmen noch weiter zu erhöhen, ist es notwendig, Interventionsprogramme zur Unterstützung von Pflegeeltern einzurichten. In diesen sollten Möglichkeiten zum Umgang mit traumatisierten Kindern aufgezeigt werden und die besondere Bedeutung von feinfühligem Umgang zum Aufbau möglichst sicherer Bindungsbeziehungen hervorgehoben werden. Dadurch könnte die Abbruchquote von Pflegeverhältnissen verringert werden und durch positive Erfahrungen u.U. auch weitere Familien zur Aufnahme eines Kindes ermutigt werden.

CHRISTOPH SPAMER

Neue Schritte in der Jugendhilfe wagen –
Das Sozialtherapeutische Netzwerk Weiße-Villa-Harz

Im Folgenden wird das Sozialtherapeutische Netzwerk Weiße-Villa-Harz in Wernigerode, eine Einrichtung der Erziehungshilfe nach dem KJHG in privater Trägerschaft, vorgestellt. Dabei wird zuerst auf die Strukturen der Einrichtung eingegangen. Danach werden Klientel, Konzept und das alltägliche Zusammenleben in der Weißen-Villa-Harz beschrieben. Abschließend wird erläutert, welche Erfolge bisher sichtbar sind.

1. Wenn ambulante Jugendhilfe nicht mehr ausreicht –
Der Fall Christian[1]

Christian sprach neun Jahre lang kein einziges Wort. Als er etwa sieben Jahre alt war, hörte er auf mit seinem Umfeld zu reden, aus Angst, er könne etwas Falsches sagen. Nur zu Mutter und Schwester hielt Christian den Kontakt aufrecht. Seine Familie war zuerst überrascht, dann verunsichert und schließlich ratlos. In ihrer Hilflosigkeit wandte sich Christians Mutter an verschiedene Ärzte und auch an das zuständige Jugendamt. Christians Diagnose lautete selektiver Mutismus.[2] Da könne man nichts machen, wurde der verzweifelten Mutter gesagt und Christian wurde in einer heilpädagogischen Einrichtung für verhaltensgestörte Kinder und Jugendliche untergebracht. Dort erhielt er zuerst eine sehr niedrigschwellige »schulische Versorgung« durch eine Erzieherin im Kreise zweier hochgradig aggressiver anderer Kinder und wechselte später in die heimeigene Sonderschule, trotz seiner durchschnittlichen Intelligenz. Schließlich hatten alle Beteiligten aufgegeben, Christian jemals wieder sprechen zu hören.
Heute ist Christian 21 Jahre alt und lebt selbstständig in einer eigenen kleinen Wohnung im Intensiv Betreuten Wohnen der Weißen-Villa-Harz. Er hat den qualifizierten Hauptschulabschluss mit dem für ihn

[1] Name wurde aus Datenschutzgründen geändert.
[2] Nach ICD-10 (F94.0): Sprachstörung, die sich durch beharrliches, angstbedingtes Schweigen auszeichnet, das sich im Lauf der Zeit verstärkt und kaum noch willentlich gesteuert werden kann, wobei keine Defekte der Sprachorgane und/oder des Gehörs vorliegen. Steht in Verbindung mit sozialer Phobie.

bestmöglichen Erfolg erreicht und möchte Koch werden. In jahrelanger intensiver therapeutischer Arbeit lernte er in kleinen Schritten wieder, mit der Außenwelt zu kommunizieren und schließlich auch wieder, Sprache zu benutzen, um in Kontakt zu treten. Vom Aufschreiben seiner Gedanken über das Nicken für »ja« und den Gebrauch einzelner Worte tastete sich Christian bis zu einfachen Sätzen vor. Manchmal, wenn er mit Fremden redet, hat er noch ein leichtes Stottern in der Stimme und braucht eine Weile, um einen bestimmten Satz zu formulieren. Jedoch kann Christian im Einzelkontakt heute deutlich in Worten fassen und aussprechen, was er sagen möchte. Das hätte noch vor einigen Jahren niemand mehr zu hoffen gewagt.

2. Willkommen in der Weißen-Villa-Harz!

Für junge Menschen wie Christian reichen ambulante Hilfsangebote oft nicht aus. Besorgte Eltern stoßen bei ihrer Suche nach einem geeigneten stationären Hilfsangebot deshalb nicht selten auf die Weiße-Villa-Harz. Hier leben derzeit 25 junge Menschen im Alter von 13 bis 21 Jahren aus ganz Deutschland in den Wohngruppen Weiße und Grüne-Villa sowie im Intensiv Betreuten Wohnen in der Innenstadt von Wernigerode. Die Wohngruppen liegen idyllisch am Waldrand, jedoch nicht in direkter Nachbarschaft. Zu Fuß ist man von beiden Häusern aus in etwa 15 Minuten im Stadtzentrum. In der Weißen-Villa leben 12 Jugendliche, zwei Hunde und eine Katze zusammen mit dem Ehepaar Gabriele und Christoph Spamer, die die Einrichtung 2003 gründeten und bis heute leiten. Spamers haben ihre Privatwohnung im Haus und sind so Tag und Nacht als Ansprechpartner für die jungen Menschen erreichbar. Diese Aufgaben übernimmt in der Grünen-Villa Martin Schreiber, der dort mit weiteren sieben Jugendlichen lebt. Die großzügig angelegten Räumlichkeiten in beiden Häusern mit ihrer sehr guten Ausstattung bieten genügend Platz zum Wohlfühlen. Jeder junge Mensch bezieht bei seiner Aufnahme in der Weißen-Villa-Harz ein Einzelzimmer, das er selbst einrichten und nach seinen Wünschen gestalten kann. Die Jugendlichen sollen hier nicht nur untergebracht werden, sondern ein zweites Zuhause finden. Neben den Einzelzimmern gibt es in beiden Häusern jeweils gemütliche Gemeinschaftsräume, einen großen Gartenbereich mit Terrassen und Grillplatz, ruhig gelegene Therapiezimmer und ein Mitarbeiterbüro, das den ganzen Tag besetzt ist. In der Weißen-Villa stehen den Jugendlichen zusätzlich ein Swimming Pool, ein Sportraum mit Sauna, ein Begegnungs- und Konferenzraum und ein Entspannungsraum zur Verfügung. Der Intensiv Betreute Wohnbereich umfasst derzeit zwei Wohngemeinschaften und drei Einzelwohnungen in drei verschiedenen Wohnhäusern. Davon befinden sich vier der Wohnungen in den Häusern von zwei Mitarbeiterinnen. Auch für die sechs Jugendlichen im Intensiv Betreuten Wohnen, die vor ihrem Umzug dorthin schon längere Zeit in der Weißen oder Grünen Villa lebten, stehen Mitarbeiter rund um die Uhr zur Verfügung, die sie auf ihrem nächsten Schritt in die Selbstständigkeit unterstützen.

Neben dem pädagogisch-therapeutischen Team mit 13 Vollzeitstellen (Dipl.-Sozialpädagogen / Sozialarbeiter mit therapeutischer Zusatzausbildung, Dipl.-Sonder-/Heilpädagogen, Dipl.-Psychologen, Magister Erziehungswissenschaften) arbeiten zwei Köchinnen, drei Hausmeister, eine Reinigungskraft, eine Verwaltungsfachkraft und mehrere Lehrer in der Einrichtung. Komplettiert wird das Mitarbeiterteam durch drei Praktikantinnen im Freiwilligen Sozialen Jahr und zwei Wochenendhelfer (Studenten der Sozialpädagogik). Somit kann die Weiße-Villa-Harz eine personalintensive pädagogische und therapeutische Begleitung und Betreuung der jungen Menschen garantieren.

2.1 Die Klienten – Junge Menschen in Not

Viele der Jugendlichen, die heute in der Weißen-Villa-Harz leben, kommen aus problematischen Familienverhältnissen, fast alle sind notorische Schulverweigerer gewesen. Sie besuchten in der Regel zuvor das Gymnasium oder eine Sekundarschule. Nicht selten haben sie schon mehrmonatige Psychiatrieaufenthalte hinter sich, aufgrund verschiedenster Störungsbilder (Angst-, affektive und Essstörungen, Störungen der Aufmerksamkeit und des Sozialverhaltens, Teilleistungs- und Lernstörungen, Psychosomatische Störungen, Suchterkrankungen und Schizophrenie). Einige der Jugendlichen haben auf der Straße gelebt, weil sie einen Umgang pflegten, der nicht gut für sie war oder weil sie bei ihren Eltern keine Perspektive für sich mehr sahen. Denn oft führten aggressive und sozial unangepasste Verhaltensweisen der jungen Menschen im Elternhaus zu Eskalationen und ständigem Streit. Andere Jugendliche fügten durch selbstverletzendes Verhalten ihrem Körper Schaden zu und nicht selten trugen Alkohol- und Drogenmissbrauch noch weiter dazu bei, dass es im Leben der jungen Menschen keinen »normalen Familienalltag« mehr geben konnte. Aus ihrer Lebensgeschichte heraus entwickelten sie also Verhaltensweisen, die ihr Leid vielleicht für kurze Zeit minderten, die sich jedoch am Ende als schädlich für sie selbst und andere herausstellten.

Spätestens ab diesem Zeitpunkt schalteten die überforderten Eltern Ärzte, Psychologen, Beratungsstellen und das zuständige Jugendamt ein, die versuchten, die Familien mit ambulanten Angeboten zu unterstützen. Zeigten diese Angebote jedoch nicht die gewünschten Erfolge und kamen auf Seiten der Eltern noch Erziehungsunsicherheiten und Hilflosigkeit hinzu, konnten die Jugendlichen jedoch schließlich nicht mehr zuhause leben, ohne für sich oder für ihr Umfeld eine Gefahr darzustellen.

In den Aufnahmegesprächen in der Weißen-Villa-Harz stellen sich solche jungen Menschen aus gutbürgerlichen Elternhäusern vor, die sich gerade in Notsituationen befinden und keinen anderen Ausweg mehr sehen, als von zuhause fortzugehen. In Kooperation mit den Eltern bzw. Erziehungsberechtigten und dem Jugendamt des Heimatortes erfolgt nach sorgsamer Prüfung eine Unterbringung nach § 34, § 35a oder § 41 SGB VIII. In Gesprächen mit allen Beteiligten wird dann ein individuell auf den Betreuungs- und Förderbedarf des jungen Menschen zugeschnittener Hilfeplan (gemäß § 36 SGB VIII) vereinbart. Dieser beinhaltet die Aufarbeitung seelischer, körperlicher, entwicklungsbedingter und bzw. oder erzieherischer Einschränkungen, die sich im Denken und Verhalten der Klienten zeigen und so eine erfolgreiche Persönlichkeitsentwicklung sowie die schulische Laufbahn hemmen. In der folgenden Zeit arbeiten die Jugendlichen zusammen mit den Mitarbeitern der Weißen-Villa-Harz an der Umsetzung der im Hilfeplan festgeschriebenen Ziele.

2.2 Das Konzept – Gelebtes Enneagramm

Sind diese Jugendlichen dann in der Weißen-Villa-Harz angekommen, benötigen sie aufgrund der oft ungünstigen Entwicklungs- und Sozialisationsbedingungen, die ihre sozio-emotionale Entwicklung verzögerten, eine intensive Betreuung. Das Enneagramm trägt wesentlich dazu bei, einen ersten Zugang zu den jungen Menschen zu bekommen. Die erdrückenden Probleme, die sie im Gepäck mitbringen, werden dadurch nachvollziehbarer und vor allem lösbarer.

Exkurs: Das Enneagramm[3]

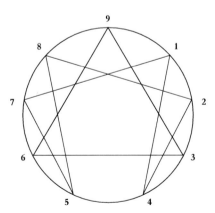

Abbildung: Strukturelle Anordnung der 9 Muster im Enneagramm

[3] An dieser Stelle kann nur eine sehr knappe Einführung gegeben werden; weitere Literatur hierzu: *Wilfried Reifarth*, Das Enneagramm. Idee, Dynamik, Dimensionen, Berlin 1997.

Das Enneagramm ist ein seit Jahrtausenden verwendetes System, um Menschen zu verstehen.[4] Sein Ursprung gilt immer noch als ungeklärt, da es bis ins 19. Jahrhundert nur mündlich an Ausgewählte überliefert wurde. Das Enneagramm lehrt, dass es neun Arten gibt, die Welt zu erfahren, weshalb es auch als Typologie oder Persönlichkeitslehre bezeichnet wird. Diese neun Arten, Muster genannt, unterscheiden sich voneinander in ihrem Denken, Fühlen und Handeln, jedoch weisen alle Menschen eines Musters untereinander große Ähnlichkeiten auf. Alle neun Muster stehen gleichberechtigt nebeneinander und bereichern das Leben auf ihre ganz eigene Weise. Jedes Muster ist für sich genommen vollständig und funktionsfähig. Dabei überwiegen bei jedem Menschen die Eigenschaften eines Musters, jedoch steht jedes Mustermit jeweils zwei anderen in Verbindung, sodass auch Eigenschaften anderer Muster aufblitzen können.

Menschen des Musters ZWEI sind uneingeschränkt hilfsbereit, möchten aber selbst keinesfalls als bedürftig erkannt werden. Wird ihre Hilfe abgelehnt, reagieren sie mit (verletztem) Stolz. Menschen des Musters DREI arbeiten effektiv und effizient, um maximale Erfolge zu erzielen. Gelingt ihnen dies nicht, können sie sich selbst und andere belügen, um nicht als Versager dazustehen. An Menschen des Musters VIER nagt der ständige Zweifel, nicht gut genug für die Welt zu sein, was sie melancholisch und neidisch auf andere macht. Um diesem Zweifel entgegenzuwirken, pflegen sie ihre Individualität intensiv, sind oft sehr kreativ und möchten ganz besonders sein. Allen Menschen dieser ersten Mustertriade ist gemeinsam, dass sie stark gefühlsbetont denken, handeln und leben. Deshalb werden sie zu den Herz-Menschen zusammengefasst.

Menschen des Musters FÜNF möchten die Welt durchschauen, möglichst ohne aus der Beobachter-Perspektive herauszutreten, und sich viel Wissen aneignen, mit dem sie aber geizig gegenüber anderen umgehen. Menschen des Musters SECHS wollen gerecht und pflichtbewusst handeln, um sich so sicher wie möglich zu fühlen und ihre große Angst zu zähmen. Sie wittern deshalb Gefahren auch eher als andere. Menschen des Musters SIEBEN gehen fröhlich und optimistisch durchs Leben, da sie immer einen vergnüglichen Alternativplan parat haben, sollte etwas nicht funktionieren. Mit dieser Vergnügungssucht wollen sie Traurigkeit und Trübsinn vermeiden. Allen Menschen dieser zweiten Mustertriade ist gemeinsam, dass ihr Verstand ihnen den Weg durch das Leben weist. Deshalb werden sie Kopf-Menschen genannt.

---

4 Vgl. *Wilfried Reifarth*, Das Enneagramm. Idee, Dynamik, Dimensionen, Berlin 1997; *Wilfried Reifarth*, Wie anders ist der Andere? Enneagrammatische Einsichten, Berlin 2009; *Katrin Richter-Fuss / Martin Schreiber / Gabriele Spamer / Christoph Spamer* (noch unveröffentlicht). »Nichts bewegt Sie wie …« Das Enneagramm. Diagnostik und Entwicklungsarbeit mit jungen Menschen, 2007.

Menschen des Musters ACHT möchten sich in jeder Lebenslage durchsetzen, für die Wahrheit kämpfen und Stärke zeigen. Die eigene Schwäche hingegen können sie sich nicht eingestehen. Menschen des Musters NEUN schaffen Harmonie und Frieden, weil sie sich einerseits gut in andere einfühlen können und andererseits überaus konfliktscheu sind. Sie strahlen Ruhe und Gelassenheit aus, die sich aber auch schnell in Trägheit verwandelt. Menschen des Musters EINS haben einen perfektionistischen Anspruch an die Welt und an sich selbst. Scheitern sie bei ihrer Mission, sich selbst und vor allem die Welt nach ihren Vorstellungen zu vervollkommnen, reagieren sie mit Wut und Groll. Allen Menschen dieser dritten Mustertriade ist gemeinsam, dass sie schnell aus dem Bauch heraus zornig werden können, was ihr Denken, Fühlen und Handeln bestimmt. Deshalb werden sie als Bauch-Menschen bezeichnet.

Aus jedem Muster heraus gibt es einen mehr und einen weniger erstrebenswerten Weg (die sog. Entwicklung bzw. Verwicklung). Beide Wege werden von den meisten Menschen im Laufe ihres Lebens beschritten, jedoch führt oft nur der Weg der Entwicklung zu einer positiven Persönlichkeitsveränderung. D.h.: Die mustereigenen Potenziale können genutzt und die mustereigenen Schwächen können ausgeglichen werden, indem gezielt bestimmte hilfreiche Merkmale anderer Muster dafür genutzt werden. Somit weist das Enneagramm über die Musterzuordnungen hinaus letztendlich einen Weg zur spirituellen Selbstfindung.[5]

* * *

In der Weißen-Villa-Harz ist das Enneagramm unverzichtbar geworden, um den Jugendlichen dabei zu helfen, die ihnen nahe stehende Personen und vor allem sich selbst besser verstehen zu lernen. Dadurch verschiebt sich die Perspektive, unter der die Klienten betrachtet werden. Sie werden nicht als »psychisch gestört« pathologisiert, sondern mit ihren Schwächen und Stärken in ihrer individuellen musterspezifischen Persönlichkeit angenommen. Denn aus diesen musterspezifischen Eigenschaften erwachsen, bei ungünstigen Umständen, ganz bestimmte Störungsbilder. Menschen des Muster FÜNF etwa neigen dazu, sich bei Belastungen schnell in sich selbst zurückzuziehen und Kontakte zu meiden. Diese musterspezifische Neigung kann sich im Extremfall zum Störungsbild einer sozialen Phobie entwickeln.

In der sich anschließenden therapeutischen Arbeit, die sich an den im Hilfeplan formulierten Entwicklungszielen orientiert, kommen vielfältige Methoden zum Einsatz, abgestimmt auf die jeweiligen Bedürfnisse der Jugendlichen. Es werden u.a. verhaltens- und suchttherapeutische Methoden (in Kooperation mit einer Drogen- und Suchtbera-

---

5 Vgl. *Sandra Maitri*, Neun Porträts der Seele. Die spirituelle Dimension des Enneagramms, Kamphausen 2001.

tungsstelle), Psychodrama, NLP sowie Systemische Familientherapie zugewandt. Als eine zusätzliche Methode bereichert wiederum das Enneagramm den therapeutischen Alltag, indem es Verwicklungs- und Entwicklungstendenzen aufzeigt, welche für die Persönlichkeitsentwicklung genutzt werden können. Hierbei werden zum einen die Ressourcen und Potenziale der Jugendlichen gezielt aktiviert. Zum anderen wird aber auch an ihren Schwächen und schädlichen Verhaltensweisen, die durch die Musterzuordnungen im Enneagramm treffend benannt werden können, mit den Jugendlichen gearbeitet, um im Prozess der Persönlichkeitsentwicklung kontinuierlich voranzuschreiten. Hintergrund hierfür und Ziel der gesamten Maßnahme ist wiederum eine dauerhafte Integration in das Schul- bzw. Erwerbsleben, die mit einer Rückführung in die Herkunftsfamilie oder in die Selbstständigkeit einhergeht.

Doch nicht nur die Klienten sind tagtäglich mit dem Enneagramm konfrontiert – auch alle Mitarbeiter werden immer wieder aufs Neue dazu angeregt, sich damit auseinander zusetzen. In den täglichen Reflexionen und im Rahmen der regelmäßig stattfindenden Supervision werden Arbeitsprozesse enneagrammatisch betrachtet und bearbeitet. Hierbei sind auch die Beziehungen zwischen den jungen Menschen und ihren Eltern oft Thema, denn Elternarbeit ist ein wichtiger Bestandteil des Konzepts der Weißen-Villa-Harz, da Persönlichkeitsveränderungen nicht nur in der Einrichtung bestehen, sondern auch zuhause etabliert werden sollen. Die Jugendlichen verbringen jedes zweite Wochenende und die Schulferien in ihren Herkunftsfamilien. Gerade dort, in einem ehemals kritischen Umfeld, ist die Verlockung für die jungen Menschen meist groß, in ihre gewohnten schädlichen Verhaltensweisen zurückfallen. Am Anfang der pädagogischen Arbeit sind solche vorübergehenden Rückschritte zwar nicht gänzlich zu vermeiden, sollten allerdings keinesfalls zur Regel werden. Um den genannten unerwünschten Entwicklungen vorzubeugen, werden auch die Eltern der Jugendlichen engmaschig betreut und begleitet. Oftmals fordern sie selbstständig therapeutische Gespräche ein und nehmen die angebotene Hilfe dankbar an. Bei der Umsetzung werden sie von den Mitarbeitern unterstützt. Nacht- und Rufbereitschaften während der Zeit, die die Jugendlichen in ihren Herkunftsfamilien verbringen, garantieren hier jederzeit einen kompetenten Ansprechpartner, der telefonisch und in Notsituationen auch persönlich zur Verfügung steht. Zudem werden von Seiten der Weißen-Villa-Harz vierteljährlich Elternseminare angeboten.

Auch zu den zuständigen Jugendämtern unterhält die Weiße-Villa-Harz einen engen Kontakt. In zweimonatigen Abständen werden die entsprechenden Jugendamtsmitarbeiter über die Entwicklungsfortschritte der Jugendlichen dezidiert unterrichtet. Basis dieser Berichte ist eine detaillierte Dokumentation mittels der firmeneigenen Software über jeden Klienten. Aber auch für eigene Zwecke werden die Entwicklungsverläufe der jungen Menschen dokumentiert, um die Arbeit in der Einrichtung zu evaluieren. In etwa sechsmonatigen Abständen finden dann persönliche Gespräche zwischen den Jugendlichen, den Jugendsamtsvertretern und den Mitarbeitern der Weißen-Villa-Harz statt, bei denen die jungen Menschen selbst ihre Entwicklung darstellen.

Viele der Klienten benötigen eine dauerhafte Medikation (z.B. Antidepressiva oder aufmerksamkeitssteigernde Medikamente), was in Kooperation mit einer niedergelassenen Kinder- und Jugendpsychiaterin/ Psychotherapeutin geregelt wird. Alle Jugendlichen werden nach ihrer Aufnahme in der Praxis vorgestellt und bei Indikation weiterbehandelt. Hier werden auch die Testungen durchgeführt, die in der Weißen-Villa-Harz nicht möglich sind.

Zwar steht in der Weißen-Villa-Harz die Persönlichkeitsentwicklung der Klienten vordergründig im Fokus, jedoch wird auch auf eine parallele Verbesserung der schulischen Leistungen großer Wert gelegt. Ein Großteil der im Haus stattfindenden Diagnostik sind Abklärungen der Intelligenz sowie des Lern- und Arbeitsverhaltens. Die so gewonnenen Ergebnisse werden gezielt in die schulische Förderung einbezogen. Hier kommen die Jugendlichen in den Genuss einer hoch strukturierten schulischen Förderung, mit dem Ziel, einen ihren Fähigkeiten angemessenen Schulabschluss zu erlangen (Realschulschluss, Fachhochschulreife oder Abitur). Um die jungen Menschen hier maximal zu unterstützen, pflegt die Weiße-Villa-Harz Kooperationen mit verschiedenen ortsansässigen öffentlichen Schulen (Haupt-, Real-, Fachoberschule, Gymnasium und Förderzentrum). Aufgrund der engen Zusammenarbeit zwischen den Mitarbeitern, den Schulleitern und Lehrern wissen alle Beteiligten in der Schule um die Besonderheiten ihrer Schützlinge aus der Weißen-Villa-Harz und können dementsprechend mit ihnen umgehen.

2.3 Das Zusammenleben – Professionelle Familienatmosphäre

In der Weißen-Villa-Harz gibt es keinen Schichtdienst. Alle pädagogisch-therapeutischen Mitarbeiter sind jeden Tag für die Jugendlichen da, wenn diese von der Schule kommen.[6] Die so entstehende familienähnliche Ganztagsbetreuung bildet den methodischen Bezugsrahmen der individuellen Hilfsangebote. Durch diese Verbindung der Angebotsschwerpunkte eines Internats mit denen einer sozialpädagogischen und therapeutischen Einrichtung kann gewährleistet werden, dass die Klienten jeden Tag von hervorragend ausgebildetem Personal betreut

---

6 Um trotzdem die gesetzlich festgelegten freien Tage zu garantieren, haben die Mitarbeiter an einem Wochenende nur einen Tag frei, am folgenden (Heimfahrts-) Wochenende jedoch drei Tage.

werden. Nur so sind Informationssicherheit und vor allem Beziehungskontinuität garantiert, die gerade das Klientel der Weißen-Villa-Harz dringend benötigt. Für die Jugendlichen sind ihr Bezugstherapeut und auch alle anderen Mitarbeiter jeden Tag ansprechbar, um mit ihnen gemeinsam die kleinen und größeren Katastrophen des Alltags zu meistern. Dabei sind alle regelmäßigen Aktivitäten und Pflichten in individuellen Wochenplänen festgehalten. Da die Jugendlichen oft aus einem unstrukturierten Umfeld kommen, wo nicht selten sie selbst die Regeln bestimmten, bereitet der organisierte Alltag in der Weißen-Villa-Harz ihnen deshalb anfangs oft große Probleme. Dennoch merken die jungen Menschen meist schnell, dass ihnen diese neue äußere Ordnung Halt und Sicherheit gibt und ihnen dabei hilft, sich selbst besser zu strukturieren. Beim Aufstellen der Wochenpläne wird sehr genau darauf geachtet, wie belastbar und leistungsfähig der jeweilige Jugendliche aktuell ist.

Jeden Morgen werden die jungen Menschen von den Mitarbeitern geweckt und nach einem gemeinsamen Frühstück zur Schule gefahren. Die Jugendlichen besuchen öffentliche Schulen am Ort. Je nach den aktuellen individuellen Bedürfnissen (z.B. bei großer Schulangst) werden die Jugendlichen in Einzelfällen während des Schultages begleitet. Nach dem Unterricht werden sie abgeholt bzw. laufen selbstständig zurück zur Weißen Villa, wo ein gemeinsames Mittagessen für alle Jugendlichen der Weißen und Grünen Villa, des Intensiv Betreuten Wohnens und für alle Mitarbeiter stattfindet. Nach dem Mittagessen beginnt die betreute allgemeine Hausaufgaben- und Lernzeit für alle Jugendlichen. Hier erledigen sie anstehende Hausaufgaben, lernen und üben für Arbeiten. Im Anschluss stehen den Jugendlichen bis in die Abendstunden vier Lehrer für Nachhilfeunterricht zur Verfügung. Dabei wird genau geplant, wer Nachhilfe benötigt. Ist dies der Fall, ist die Nachhilfe verpflichtend. Oftmals fordern die Jugendlichen die Nachhilfestunden jedoch auch ein, da sie (durch teilweise lange Fehlzeiten aufgrund von Psychiatrieaufenthalten oder Schulverweigerung) große schulische Wissenslücken aufweisen.

Bis zum gemeinsamen Abendessen, das parallel in der Weißen und Grünen Villa stattfindet, haben die Jugendlichen Freizeit bzw. erledigen anfallende Haushaltspflichten. Jeder junge Mensch ist für die Ordnung und Sauberkeit in seinem Zimmer selbst verantwortlich. Spätestens vor jedem Wochenende steht eine gründliche Reinigung an, die von den Mitarbeitern begleitet wird. Zusätzlich dazu gibt es in der Einrichtung wöchentlich wechselnde Hausdienste, die von den Jugendlichen erledigt werden müssen, z.B. Tischdienst beim Abendessen oder Aufräumen der Gemeinschaftsräume. Neben diesen Pflichten im Tagesverlauf gehören jedoch auch vielfältige Freizeitaktivitäten zur Weißen-Villa-Harz. Jeder Mitarbeiter bringt dabei seine individuellen Stärken und Vorlieben ein. Daraus entsteht ein breitgefächertes Reper-

toire aus sportlichen (Laufgruppe, Aquafitness im neueröffneten Pool-
bereich, Klettern, Tanzunterricht, Yoga und Entspannung, Hallensport)
und kreativen Angeboten (Gitarrenunterricht, Spiele- und Filmabende)
sowie Ferienfreizeiten und Tagesausflügen an den Wochenenden.
Zwischen Lernzeit und Abendessen finden auch die wöchentlichen
Entwicklungsgespräche statt. Im therapeutischen Einzelkontakt (bzw.
auch mit Co-Therapeuten zusammen) werden die Grundsteine der an-
gestrebten Persönlichkeitsveränderung gelegt. Ein weiteres wesentliches Element dabei sind die Großgruppen, die jeden Mittwoch und jeden zweiten Sonntag stattfinden. Hier werden Gruppenprozesse und
aktuelle Ereignisse im Haus mit allen Jugendlichen und Mitarbeitern
aufgearbeitet. Die Umsetzung und Festigung der durch dieses Vorgehen angeregten Persönlichkeitsveränderungen geschieht allerdings im
Alltag, den die pädagogisch-therapeutischen Mitarbeiter mit den Jugendlichen zusammen leben. Ob Vereinbarungen eingehalten und Regeln beachtet werden, wird so direkt sichtbar und sofort kann angemessenes oder unangemessenes Verhalten rückgemeldet werden, wobei letzteres konsequente Folgen nach sich zieht. In der Weißen-Villa-
Harz werden also optimale Aspekte eines Internatslebens mit pädagogisch-therapeutischen Prozessen verbunden. Dieses enge Miteinander
stellt zum einen hohe Ansprüche an die Selbstreflexion der Klienten,
zum anderen aber auch an die Reflexionsfähigkeit, Belastbarkeit und
Flexibilität der Mitarbeiter.
Nach einer weiteren kurzen Lernzeit nach dem Abendessen haben die
Jugendlichen Freizeit bis zum Rundgang um 21 Uhr. Zusammen mit
einem Mitarbeiter lassen die Jugendlichen den Tag Revue passieren.
Zum einen bewertet jeder junge Mensch selbst und zum anderen der
jeweilige Mitarbeiter anhand eines Punktesystems, wie gut die individuell festgelegten Ordnungs-, schulischen und Entwicklungsaufgaben
an diesem Tag erfüllt wurden. Alle Punktsummen werden täglich im
Speiseraum veröffentlicht und die besten Ergebnisse belohnt. Diese
Ergebnisse werden monatlich grafisch ausgewertet und dienen als Ver-
laufskontrolle der pädagogisch-therapeutischen Arbeit, die auch den
Jugendämtern zur Verfügung gestellt werden. Ab 21.30 Uhr müssen
dann alle Jugendlichen auf ihren Zimmern sein und um 22.30 Uhr beginnt wochentags die Nachtruhe im Haus.
Im gemeinsamen Alltag der Jugendlichen und Mitarbeiter in der Weißen-Villa-Harz ist das Enneagramm ebenso gegenwärtig wie in pädagogisch-therapeutischen Prozessen. Der transparente und wertschät-
zende Umgang miteinander geht nicht zuletzt darauf zurück, dass die
Jugendlichen untereinander die jeweiligen Persönlichkeiten aufgrund
ihrer Musterzugehörigkeiten (und damit Stärken und Schwächen) kennen. Auch die Musterzugehörigkeiten der Mitarbeiter sind allen bekannt, wodurch ein offenes Klima in der Einrichtung entsteht, das
weitgehend durch Toleranz und Respekt bestimmt wird. Die Andersar-

tigkeit der Anderen wird geschätzt und begrüßt. Diese Sichtweisen, die aus den Kenntnissen des Enneagramms erwachsen, sorgen dafür, dass aus dem Miteinander kein Gegeneinander wird. Denn Reibereien und Konflikte, die im Alltag nicht ausbleiben, können besser aufgearbeitet und beigelegt werden, wenn die Ursachen dafür bekannt sind. Diese gerade beschriebene Verbindung zwischen pädagogischer und psychotherapeutischer Arbeit sowie enneagrammatischen Sichtweisen in einer Jugendhilfeeinrichtung gibt es unseres Wissens nirgends sonst in Deutschland und dies macht die Weiße-Villa-Harz so einmalig.

3. Bisherige Entwicklungsverläufe – Welche Früchte trägt das Konzept?

Nach einer Verweildauer von durchschnittlich 24 bis 36 Monaten verlassen die jungen Menschen die Weiße-Villa-Harz. Ungefähr 90 % der Klienten haben dann das Abitur bzw. die Fachoberschulreife erreicht und sind in ihrer Persönlichkeit so weit gefestigt, dass sie ihr Leben selbstständig meistern und ihre Ziele verfolgen können. Manchmal jedoch verlassen Jugendliche die Weiße-Villa-Harz schon, bevor sie die Schule abschließen. Zum einen liegt diese vorzeitige Beendigung der Maßnahme daran, dass sie den strukturierten Alltag nicht durchhalten und nach Hause zurückkehren. Zum anderen verstoßen einige Jugendliche wiederholt und so massiv gegen die Hausordnung (durch Anwendung körperlicher Gewalt, schweren Drogen- und Alkoholkonsums, ständige Missachtung der Regeln und Abmachungen), sodass sie aus der Einrichtung verwiesen werden müssen. In einigen wenigen Fällen müssen die jungen Menschen stationär in Psychiatrien eingewiesen werden, da die Gefahr einer Selbst- bzw. Fremdgefährdung besteht.

Zum Ende des Schuljahres 2008/09 verabschieden sich vier Jugendliche regulär nach Beendigung der Fachoberschule von der Weißen-Villa-Harz. In einer bewegenden Abschiedsfeier stellten die Jugendlichen vor ihren Eltern und den anderen jungen Menschen ihre Entwicklung dar. Aus diesen ehemals erziehungsschwierigen Jugendlichen, für die niemand mehr eine Perspektive sah, sind junge Erwachsene geworden, die ihren Weg gefunden haben und diesen in Zukunft auch gehen werden. Einer von ihnen ist Dirk.[7]

Heute ist Dirk 19 Jahre alt, hat die Fachoberschulreife in der Tasche und den Plan im Kopf, Sozialpädagoge zu werden. Damit möchte er etwas wieder gutmachen: seine Schuld am Tod eines Menschen. Nach seiner Verurteilung (Körperverletzung mit Todesfolge) und dem anschließenden Jugendarrest kam Dirk schließlich in der Weißen-Villa-

---

7 Name wurde aus Datenschutzgründen geändert.

Harz an. Hier verhielt er sich zuerst so, wie er sich bisher Erfolge verschaffte: grenzüberschreitend und impulsiv, provokant und aggressiv. Dirk war nicht in der Lage, Probleme adäquat zu lösen, verdrängte all seine Probleme, litt aber gleichzeitig so sehr unter seiner Tat, dass er die Symptomatik einer Posttraumatischen Belastungsstörung entwickelte. Nach und nach rückte die Drogenproblematik durch eine angemessene Suchttherapie in den Hintergrund. Dirk arbeitete daran, seine Schuld anzunehmen und einen Umgang damit zu finden. Er lernte, die Grenzen anderer zu respektieren, seine Bedürfnisse angemessen einzufordern und sein hohes Aufmerksamkeitsbedürfnis zu begrenzen. Und schließlich, trotz einiger Rückschläge im therapeutischen Prozess, zeigte sich Dirk so, wie er wirklich ist: ein intelligenter, aufgeschlossener, junger Mensch, der eine neue Zukunftsperspektive für sich entwickeln konnte.

HEINER BARTELT und BIRGIT GOTTSCHLING

FamilienAssistenz –
Ein Konzept für familien- und gemeindenahes Wohnen und für ein niederschwelliges Beratungs- angebot für Familien mit einem Kind oder Jugendlichen mit Behinderung

Drei Eckpunkte:

1. Prävention durch niederschwellige Beratung

Seit November 2006 gibt es das Angebot der FamilienAssistenz bei der Diakonie Bochum. Es richtet sich an Familien mit Kindern mit allen Formen von Behinderung und für den gesamten Zeitraum der Kindheit und Jugendphase, sowie junge Erwachsene im Ablösungsprozess. Die Familien brauchen weder eine Kostenzusage noch eine formelle Zuweisung oder Antragstellung. Wenn sie anrufen, wird ein Termin für ein Klärungsgespräch vereinbart. Sie können mit allen Fragen und Problemen des Alltags oder in Krisensituationen kommen. In der Beratung wird dann geklärt, in welchen Fragen die FamilienAssistenz selbst behilflich sein kann und/oder wo andere Hilfen gesucht oder entwickelt werden können. Die Hilfe orientiert sich am individuellen Bedarf. Die Beratung kann in den Räumen der FamilienAssistenz oder in Hausbesuchen erfolgen. Der Kontakt kann, wenn er geendet hatte, jederzeit bei neuen Fragestellungen wieder aufgenommen werden (schwedisches Modell »barnhabilitering«: Möglichkeit der lebenslangen Begleitung und Assistenzbedarf).

Das Spektrum der Themen reicht von Informationen über Sozialrecht und Rehabilitation, Fragen zur Freizeitgestaltung, Konflikte um und in Schule, Konflikte um und in der Familie sowie Unsicherheiten in der Erziehung bis zur Suche nach Entlastung und Perspektiven. Die FamilienAssistenz versteht die Beratung als Stärkung der elterlichen Kompetenz, sie will Selbstwirksamkeit stärken und den Zugang zu eigenen Ressourcen fördern. Mit einer Haltung weitgehender Allparteilichkeit (unter Berücksichtigung von Kinderschutz) hat sie den Blick auf das gesamte System, die Eltern als Partner, ebenso wie die Geschwister und das von Behinderung betroffene Kind, und weitere wichtige Bezugspersonen. Die Begleitung der Familien kann helfen, dass eine außerfamiliäre Unterbringung des Kindes nicht notwendig wird oder möglicherweise später, verkürzt oder in einzelnen Fällen auch mal früher erfolgt.

2. Familiennahes und -integrierendes Wohnangebot.

Im Kinderhaus sollen die Eltern nicht nur mit Wohlwollen geduldet, sondern wichtige Partner in der Arbeit mit den Kindern sein. Auch hier soll die Entwicklung des Empowerments gefördert werden. Enge Kooperation zwischen Eltern, Kinderhaus, und anderen Diensten (FA, JA, Schule) ist in den meisten Fällen hilfreich und sinnvoll. Dabei ist die Begleitung der FamilienAssistenz wiederum bedeutsam, die bereits bei der Entscheidung für das Kinderhaus – ein familiennahes und -integrierendes Wohnangebot – begleitet und den Eltern auch während des Aufenthaltes ihres Kindes im Kinderhaus als Gesprächspartner zur Verfügung steht, um bei möglichen Unsicherheiten und Schuldgefühlen zu unterstützen oder eine Neuorientierung zu ermöglichen. Darüber hinaus wird eine mögliche Rückkehr in die Familie unterstützt und beratend begleitet. Zielführend für die Mitarbeiterinnen im Kinderhaus ist der Satz »Was wollen Sie als Eltern, dass wir mit Ihrem Kind tun«?« Daraus entwickelt sich der Kontrakt in der Zusammenarbeit mit den Eltern. Die Betreuer haben nicht die Rolle von »Ersatzeltern«, aber sie machen ein eigenes Bindungsangebot, ohne die Bindung des Kindes zu den Eltern in Frage zu stellen.

3. Nach einer möglichen Rückkehr

Nach der Rückkehr in die Familie ist es wichtig, die Familien weiter zu begleiten durch Beratung und entlastende Hilfen (im Einzelnen siehe unter Punkt 1. Prävention). Dazu gehört auch, dass das Kind auch weiterhin für kurze Zeiten in seiner gewohnten Gruppe betreut werden kann.

Verlorene Träume und neue Perspektiven

Unterstützung des familiären Systems entlang der Lebenslinie ihres behinderten Kindes bedeutet auch Begleitung in der Auseinandersetzung mit und Trauer um das Verlorene. Das heißt, auch den Prozess des Lernens mit den Begrenzungen zu leben bei Eltern und Kind zu unterstützen. Das gilt sowohl für das schwerstbehinderte Kind, gefördert und betreut durch Einrichtungen und Dienste der Behindertenhilfe, wie auch für Eltern junger Menschen mit einer Lernbehinderung im Zuständigkeitsbereich der Jugendhilfe. Familien, insbesondere junge Eltern, sollten nicht einen Staffellauf von Hilfe zu Hilfe erfahren. In dem sie immer wieder den Abbruch von Zuständigkeiten, gebunden an die Bewilligung von Leistungen der Kostenträger erleben, wird die parentale Hilflosigkeit[1] und die Gefahr eines Zusammenbruchs des familiären Systems gefördert.

Insbesondere junge Eltern mit Kindern verschiedenster Störungs- und Behinderungsbilder sind schnell eingefangen in einen Kreislauf von immer mehr Therapie und Förderangeboten für das Kind, unter Vernachlässigung der Störung der Interaktion und der Kommunikation zwischen dem Kind und den wichtigen Bindungspersonen. Auch die besonderen Aufgaben und Belastungen werden nicht gewürdigt und notwendige Entlastung wird nicht angeboten oder ist nicht erreichbar. Kindeswohlgefährdung in der Familie wurzelt häufig in Überforderung und Erschöpfung der Eltern.

Eine niederschwellige Begleitung und Beratung der Familien während der ganzen Kindheit und Jugend, die immer wieder nach Bedarf abrufbar ist und die Kompetenz und das Empowerment der Eltern stärkt, wirkt präventiv gegen die Notwendigkeit einer Fremdunterbringung (Herausnahme durch das Jugendamt oder die Entscheidung der Eltern) und damit vor der Trennung von den wichtigen Bindungspersonen. Eltern behinderter Kinder sind da ganz besonders verletzlich und oft auch traumatisiert, Versagens-Schuld- und Gefühle der Hilflosigkeit begleiten sie oft schon von den ersten Lebenstagen des Kindes an. Sie kompensieren das häufig durch ein Über-Engagement. Wenn es dann zu einer Heimaufnahme kommt, aktualisieren sich diese Gefühle und der Konflikt wird dann möglicherweise mit in die Einrichtung getragen.

In der Behindertenhilfe in Deutschland ist dieses Konzept vollkommen neu und als Modellprojekt hier in Bochum gestartet. In der Jugendhilfe gibt es einen vergleichbaren Ansatz mit den neu entstandenen Frühwarnsystemen verschiedener Kommunen, wo unmittelbar nach der Geburt auch in aufsuchender Form über mögliche Hilfen informiert und Begleitung und Unterstützung angeboten werden. Das gilt aber nicht für die weitere Entwicklung, so dass Eltern dann neuerlich Kontakt zu Einrichtungen wie Erziehungsberatungsstellen, dem Jugendamt u.a. aufnehmen müssen. Das ist bei der aktuellen öffentlichen Diskussion für Eltern ein schwieriger Schritt. Diese Hilfen sind auf einen Anlass bezogen (Krise, schwierige Probleme, Geburt) und zeitlich befristet. Niederschwellig heißt hier aber als Eintrittskarte: »Ich habe ein (behindertes) Kind und ich möchte darüber reden.« Die Erziehungsberatungsstellen in Kooperation mit den Jugendhilfezentren und den Familienzentren könnten so ein Ort sein, wenn es ihnen gelingt, im Wortsinn »VorOrt« zu werden.

---

[1] *Karl-Heinz Pleyer*, Parentale Hilflosigkeit, ein systemisches Konstrukt für die therapeutische und pädagogische Arbeit mit Kindern, in: Familiendynamik 28 (4), 2003, 467–491.

Thesen

Die bereits begonnene Entwicklung, die Trennung von ambulanter und stationärer Versorgung aufzulösen, hin zu familien- und gemeindenahen Hilfeangeboten sollte konsequent fortgeführt werden. Hilfen sollten jeweils nach individuellem Bedarf und möglichst differenziert angeboten werden.

Beziehungs- und Bindungsangebote von professionellen Helfern an Kinder und Jugendliche sollten im Regelfall ergänzend und nicht konkurrierend zu den Eltern verstanden werden.

Teilhabe, auch von Menschen mit Behinderung und deren Familien, ist ein weiter zu fassendes Ziel als nur die Möglichkeit von beruflicher Tätigkeit im Erwachsenenleben (aber auch!)

Entlastung der Eltern durch Fremdbetreuung ohne moralisierend erhobenen Zeigefinger und bei angebotener aktiver Zusammenarbeit mit den Eltern ist für diese akzeptierbarer und weniger bedrohlich und wird weniger als eigenes Versagen erlebt.

KLAUS BIEDERMANN und HILDEGARD MOGGE-GROTJAHN[1]

Fachkräfte in der Familienhilfe: Herausforderungen und Perspektiven

1.

»Die« Situation »der« Familie(n) in der Bundesrepublik Deutschland gibt es nicht. Zu unterschiedlich sind die Lebens-, Familien- und Haushaltsformen, in denen Menschen hierzulande leben, und zu unterschiedlich sind ihre Lebenslagen. Wenn es hinsichtlich der Lebensgemeinschaften mit Kindern überhaupt einen verallgemeinerbaren Befund gibt, dann den, dass Kinder in Deutschland zwar in der gleichen Gesellschaft, aber oftmals in unterschiedlichen Welten aufwachsen. Lebenslagen und Lebenswelten von Kindern sind durch eine Vielfalt von Faktoren gekennzeichnet. Dazu zählen die Familien- bzw. Haushaltsform, die materielle Lage und die Wohnqualität, der Wohnort (z.b. ländlich oder großstädtischer Ballungsraum, Ost- oder Westdeutschland), das Vorhanden- oder Nichtvorhandensein von familiären Migrationserfahrungen und deutschen Sprachkenntnissen, der Bildungsstand der Eltern, die physische und psychische Gesundheit von Eltern und Kindern. Während diese Faktoren sozial unterschiedlich ausgeprägt und verteilt sind, gibt es weitere Dimensionen der Lebenswelt, mit denen tendenziell alle Kinder und Erziehungspersonen sich auseinandersetzen müssen: die Allgegenwart von Medien aller Art, die Konsumangebote, die Vielfalt von Leitbildern, Werten und Normen, die hohen Anforderungen an zeitliche und räumliche Flexibilität.[2]
Viele Kinder wachsen in einer überwiegend von Erwachsenen bewohnten Welt auf. »Im europäischen Vergleich gehört Deutschland zu den Ländern mit der geringsten Haushaltsgröße, dem höchsten Anteil allein

---

[1] Unter Mitarbeit von Ila Brix-Leusmann, Stefan Fock, Rainer Rudl und Wolfgang Schanzmann.
[2] *Deutscher Bundestag* (2006), Siebter Familienbericht. Familie zwischen Flexibilität und Verlässlichkeit – Perspektiven für eine lebenslaufbezogene Familienpolitik. Bundestagsdrucksache 16/1360 vom 26.4.2006, Berlin; *Deutscher Bundestag* (2005), Zwölfter Kinder- und Jugendbericht. Bericht über die Lebenssituation junger Menschen und die Leistungen der Kinder- und Jugendhilfe in Deutschland. Bundestagsdrucksache 15/6014 vom 15.10.2005, Berlin.

Lebender und dem geringsten Anteil an Haushalten mit Kindern.«[3] Unter den Ehepaaren überwiegt der Anteil derer, die ohne Kinder leben, mit 52 % der Anteil derer, die mit Kindern leben.[4] Allerdings handelt es sich dabei in vielen Fällen um Ehepaare, die entweder noch keine Kinder haben oder deren Kinder bereits im eigenen Haushalt leben. Wo aber Kinder vorhanden sind, wachsen diese mehrheitlich ganz konventionell mit ihren verheirateten Eltern und zur Hälfte mit einem Geschwisterkind auf. Jedes fünfte minderjährige Kind wächst mit zwei Geschwistern und knapp jedes zehnte Kind mit mindestens drei Geschwistern auf.[5] Gleichzeitig wächst seit Jahren der Anteil der alleinerziehenden Eltern und der nicht-ehelichen Lebensgemeinschaften mit Kindern stetig an, im Osten Deutschlands deutlicher als im Westen. Auch die Zahl der Ehescheidungen nimmt kontinuierlich zu, ebenso die Zahl der Wiederverheiratungen bzw. der Bildung sog. »Patchworkfamilien«. Das bedeutet: es gibt eine stabile Mehrheit konventioneller Familien und gleichzeitig wachsende Minderheiten anderer Familien- und Lebensformen.

Vor allem Familien mit mehreren Kindern und Ein-Eltern-Familien sind in erheblichem Ausmaß von Armut betroffen oder bedroht. Je nachdem, mit welchen Armutsdefinitionen und -indikatoren gearbeitet wird, schwanken die empirischen Befunde erheblich, doch kommen alle einschlägigen Untersuchungen wie auch der jüngste Armuts- und Reichtumsbericht der Bundesregierung in der Tendenz zu dem gleichen Ergebnis: Bis zu einem Fünftel der Kinder und Jugendlichen in Deutschland leben in relativer Armut.[6] Jede zehnte Familie mit Kindern ist eine ausländische Familie bzw. eine Familie mit Migrationshintergrund; in einigen Großstädten haben bereits mehr als 40 Prozent der Kinder und Jugendlichen einen Migrationshintergrund.[7] Familien mit Migrationshintergrund leben häufiger als andere in sozial und wirtschaftlich belasteten Regionen bzw. großstädtischen Ballungsräumen

---

[3] *Henry-Huthmacher, Christine / Hoffmann, Elisabeth* (2006), Familienreport 2005. Arbeitspapier 151/2006, hg. von der *Konrad-Adenauer-Stiftung*, Sankt Augustin, 6.

[4] Ebd., 5.

[5] Ebd., 15.

[6] Vgl. hierzu: dji-bulletin 77, Heft 4/2006: Kinder in Deutschland, hg. vom *Deutschen Jugend-Institut*, München 2006; *Benz, Benjamin* (2008), Armut im Familienkontext, in: *Huster, Ernst-Ulrich / Boeckh, Jürgen / Mogge-Grotjahn, Hildegard* (Hg.), Handbuch Armut und soziale Ausgrenzung, Wiesbaden 2008, 381–399; *Holz, Gerda* (2008), Kinderarmut und familienbezogene soziale Dienstleistungen, in: *Huster, Ernst-Ulrich / Boeckh, Jürgen / Mogge-Grotjahn, Hildegard* (Hg.), a.a.O., 483–500; sowie den Beitrag von *Huster/ Schütte* in diesem Band).

[7] *Henry-Huthmacher, Christine / Hoffmann, Elisabeth* (2006), Familienreport 2005. Arbeitspapier 151/2006, hg. von der *Konrad-Adenauer-Stiftung*, Sankt Augustin, 7.

und in Wohnquartieren mit schlechter Bausubstanz wie auch schlechter Infrastruktur.

Immer wieder empirisch erforscht und belegt wie auch theoretisch begründet ist der enge Zusammenhang zwischen materieller Armut, geringeren Bildungschancen und -erfolgen sowie psychischen, psychosomatischen und psychischen Beeinträchtigungen.[8] Erst in jüngerer Zeit wird auch die salutogenetische Perspektive, d.h. die Frage danach, wie Kinder und Erwachsene gesund bleiben, eingenommen. Besonderes Augenmerk gilt hier der sog. »Resilienzforschung«, d.h. der Erforschung derjenigen Faktoren, die schützend wirken und trotz widriger Lebenslagen eine physisch und psychisch gesunde Entwicklung von Kindern und Jugendlichen begünstigen.[9]

Für die pädagogische und soziale Arbeit mit Kinder, Jugendlichen und Familien können aus den hier knapp skizzierten Befunden drei Schlussfolgerungen gezogen werden:

(a) Die Mehrheit der Kinder und Jugendlichen in Deutschland lebt in stabilen Familien und sozialen Umgebungen, wächst unter günstigen Bedingungen heran und verfügt über gute persönliche, soziale und auch materielle Ressourcen.[10]

(b) Auch für diese große Mehrheit von Kindern und Jugendlichen und ihre Eltern/Familien hält der Entwicklungs-, Bildungs- und Sozialisationsprozess viele Herausforderungen bereit, zu deren Bewältigung zumindest vorübergehend professionelle Hilfe sinnvoll sein kann (Unterstützung in schulischen Bildungs- und familiären Erziehungsprozessen, in Fragen der gesunden Freizeitgestaltung, in biografischen Krisenphasen, u.a.m.).

(c) Spezifische Unterstützungsangebote und vor allem präventive Maßnahmen sind nötig zum einen für klar erkennbare Zielgruppen (Kinder mit Migrationshintergrund, Kinder in Ein-Eltern-Familien, Kinder in Armutslagen), zum anderen bei »Multiproblem-Gruppen«, d.h. solchen Kindern, Jugendlichen und ihren Familien, bei denen mehrere Risikofaktoren und verfestigte benachteiligte Lebenslagen zusammen kommen.

---

[8] Vgl. *Kuhlmann, Carola* (2008), Bildungsarmut und die soziale »Vererbung« von Ungleichheiten, in: *Huster, Ernst-Ulrich / Boeckh, Jürgen / Mogge-Grotjahn, Hildegard* (Hg.), a.a.O., 301–319 und *Haverkamp, Fritz* (2008), Gesundheit und soziale Lebenslage, ebd., 320–334.

[9] Vgl. *Balz, Hans-Jürgen* (2008), Prekäre Lebenslagen und Krisen. Strategien zur individuellen Bewältigung, in: *Huster, Ernst-Ulrich / Boeckh / Jürgen, Mogge-Grotjahn / Hildegard* (Hg.), a.a.O., 419–437.

[10] *Christian Alt* (2006), Kinderarmut tut Wahrheit kund – Sozialberichterstattung aus Sicht der Kinder. Das DJI-Kinderpanel, in: dji-bulletin 77, Heft 4: Kinder in Deutschland, hg. vom *Deutschen Jugendinstitut*, Wiesbaden.

2.

Diese theoretischen Befunde stimmen weitestgehend überein mit den Erfahrungen der Fachkräfte vor Ort. Kennzeichnend für deren Arbeit sind die höchst unterschiedlichen Ausgangssituationen der Familien, die – teils freiwillig, teils unfreiwillig – ambulante Hilfen erhalten. Neben den »Multiproblemfamilien« (mangelnde Bildung, hohe Schulden, Gewaltbelastung), die häufig schon über Generationen auf unterstem sozialen Niveau leben und Jugendhilfe kennen, haben sich folgende Fallgruppen und Problemkonstellationen herauskristallisiert:

– Arbeit mit psychisch erkrankten Eltern: Die steigende Notwendigkeit, Familien zu unterstützen, in denen ein Elternteil psychisch erkrankt ist, ist darin begründet, dass Kinder psychisch erkrankter Eltern seltener als früher in stationäre Formen der Jugendhilfe Eingang finden und so als Fälle ambulanter Hilfe in Erscheinung treten.

– Arbeit mit allein erziehenden Frauen: Die Inanspruchnahme von Hilfen zur Erziehung ist z.B. bei Alleinerziehenden dreifach so hoch wie bei Ehepaaren und nichtehelichen Lebensgemeinschaften, bei Heimerziehung und Vollzeitpflege sogar fünfmal so hoch.[11]

– Arbeit mit Erwachsenen, denen grundlegende Erziehungskompetenzen fehlen: Häufig geht die mangelnde Kompetenz einher mit prekären Lebenssituationen. Die Familien sind auf öffentliche Unterstützung angewiesen.

– Kinderschutzfälle: Seit Kevin und Lea-Sophie ist die öffentliche Aufmerksamkeit zur möglichen Kindeswohlgefährdung deutlich gestiegen. Die Jugendämter erhalten immer mehr Hinweise, und die Zahl der Inobhutnahmen steigt deutlich an.

– Die Gesamtsituation in der Jugendhilfe ist dabei schon seit einiger Zeit von Umstrukturierungen auf Seiten der Jugendämter geprägt, die u.a. dem Kostendruck, aber auch Gesetzesänderungen zum Kinderschutz wie dem § 8a Rechnung tragen müssen. Gerade in diesem Bereich nehmen die Anfragen deutlich zu. Die in den Jugendämtern zuständigen Fallführungen werden selbst häufig bis zur Belastungsgrenze oder darüber hinaus mit Anfragen überhäuft und somit steigt auch die Tendenz, immer mehr dieser Aufgaben an die Träger zu delegieren. Gleichzeitig steigt der Wunsch nach mehr (messbarer) Effizienz und Kontrolle durch die Jugendämter. In der Folge bewegen sich die Mitarbeiter der Träger mehr als früher im Spannungsfeld zwischen der Notwendigkeit, ein Vertrauensverhältnis zu den Klienten aufzubauen und den Anforderungen an Kontrolle und Steuerung durch die Jugendämter. Dies zeigt sich dann auch in der

[11] Quelle: Statistisches Bundesamt: Statistiken der Kinder- und Jugendhilfe – Erzieherische Hilfen, 2007; Berechnungen der Dortmunder Arbeitsstelle Kinder- und Jugendhilfestatistik.

Auftragsvergabe, in der immer mehr Spezialwissen in Bereichen wie Drogensucht, Umgang mit psychisch Kranken, Mediation, Lehrercoaching, etc. verlangt wird.

Das Jugendamt formuliert den Bedarf einer ambulanten erzieherischen Hilfe und gibt die konkrete Hilfeform (z.b. SPFH, UFH, Erziehungsbeistandschaft, ...) sowie den wöchentlichen Stundenumfang vor. Der Träger der freien Jugendhilfe entscheidet, welche Mitarbeiterin / welcher Mitarbeiter von seinem/ihrem Persönlichkeitsprofil und von seinem/ihrem fachlichen Profil am besten und wirkungsvollsten diese Familienhilfe übernehmen und durchführen kann. Dabei gibt es einen nicht einfach aufzulösenden Widerspruch zwischen fachlich pädagogischen Aspekten einerseits und finanziellen, betriebswirtschaftlichen Zwängen andererseits aus der inzwischen gängigen Abrechnung über Fachleistungsstunden. Aus fachlich pädagogischen Gründen braucht man Planungssicherheit, um zwischen mehreren Fachkräften die am besten geeignete Fachkraft in der Familie einzusetzen. Aus finanziellen, betriebswirtschaftlichen Zwängen braucht man eine möglichst kontinuierlich hohe Auslastung bei allen Fachkräften. Da im Rahmen der Abrechnung von Fachleistungsstunden nur die tatsächlich geleisteten Arbeitsstunden bezahlt werden, ist es schwierig, unvorgesehene Veränderungen im Hilfebedarf zu berücksichtigen, und auch die Kompensation ungeplanter Ausfälle, z.B. durch längere Krankheiten von Fachkräften, erschweren die Planung erheblich. Hinzu kommen die nötigen Arbeitszeiten für den fachlichen Austausch und Supervision, um in diesen aufsuchenden Familienhilfen die fachlichen Standards und Qualitätssicherung zu erfüllen

3.

Aus dieser Fülle von Aufgaben und unterschiedlichen Problemlagen ergeben sich steigende Anforderungen an die Fachkräfte der Familienhilfe.[12]
Grundsätzlich ist neben dem entsprechenden Fachhochschulabschluss eine zusätzliche Qualifikation wünschenswert, z.B. in systemischer Therapie, und sie wird in der Regel von den Jugendämtern vorausgesetzt. Um erfolgreich arbeiten zu können, muss die Bereitschaft und Fähigkeit zur Vernetzung und Kooperation mit externen Institutionen (Schulen, Therapeuten, Ärzten, Jugendgerichtshilfen etc.) ebenso vorhanden sein wie die Fähigkeit, interne Ressourcen wie z.B. Teambesprechungen und Supervision effektiv zu nutzen.

---

[12] *Diakonisches Werk Rheinland-Westalen-Lippe e.V.* (2008), Zukunft der Ausbildungen für die Handlungsfelder der Sozialen Arbeit, Münster.

Für die Arbeit mit den Familien und Alleinerziehenden bedarf es in hohem Maße der Sensibilität und Flexibilität, um sich immer wieder auf die unterschiedlichen Bedürfnisse, aber auch Verletzlichkeiten der Klienten einzustellen, die – je nach Ausgangslage – unterschiedlich stark zu einer Kooperation motiviert werden müssen. Dies auch vor dem Hintergrund völlig unterschiedlicher Bildungsniveaus und Lebensstandards, auf die man in der Arbeit trifft.

Hieraus ergibt sich weiter, dass auch immer wieder Kreativität und Ideenreichtum gefragt sind, die einerseits aus persönlichkeitsimmanenten Fähigkeiten des Mitarbeiters kommen müssen, andererseits durch gute Ausbildung und Methodenvielfalt gefördert werden können. Die Tatsache, dass eine hohe Anzahl von Mitarbeitern erst in späteren Jahren aus anderen Berufen in dieses Berufsfeld gekommen ist, ist keine zwingende Voraussetzung, erweist sich aber durchaus als hilfreich, um die Lebenswelt von Klienten besser verstehen zu können.

Nicht zuletzt bestimmen in der ambulanten Jugend- und Familienhilfe die zeitlichen Rahmenbedingungen der Familien den Arbeitstag des pädagogischen Mitarbeiters. Bei immer höheren Fallzahlen, aufgrund reduzierter Stundenzahlen im Einzelfall, ist die Fähigkeit zur Selbstorganisation unverzichtbar. Täglich wechselnde Besuche bei Familien und Institutionen, Planung, Nachbereitung, Berichtswesen und Dokumentation sowie akute Kriseneinsätze zwingen zur guten Eigenstrukturierung der Arbeitszeit.

Für die Fachkräfte in den Jugendämtern sind über die notwendige Selbsterfahrungskompetenz, Empathie- und Abgrenzungsfähigkeit, Beratungs- und Methodenkompetenz sowie Teamfähigkeit hinaus ein klares Rollenverständnis, Organisations- und Moderationskompetenz, Dokumentationskompetenz und vor allem fundierte Rechtskenntnisse erforderlich.

4.

Für die Ausbildung von Fachkräften des Sozialwesens bedeutet die Zunahme der zuletzt genannten Problemgruppen und die Zunahme der Unterstützungsbedarfe im »ganz normalen Alltag« eine große Herausforderung.

Die Studiengänge des Sozialwesens, zumal in ihrer konsekutiven Form, d.h. dem sechs-semestrigen Bachelor-Studiengang als dem von den meisten beschrittenen (Aus-)Bildungsweg, können und müssen eine generalistische Qualifikation vermitteln. Über die generalistischen Kenntnisse des Berufsfeldes und der Bezugswissenschaften hinaus können und müssen exemplarische Handlungsfelder kennen gelernt und Methodenkompetenzen erworben werden. Dies reicht aber nicht aus, um dem komplexen Handlungsfeld der Kinder- und Jugendhilfe tatsächlich gewachsen zu sein, und das gerade in der Arbeit mit schwierigen Familien notwendige persönliche Profil zu erwerben. Hinzu kommen die Vernetzungskompetenzen, die ebenfalls im Studium nur bedingt erworben werden können.

Deshalb kann der Abschluss eines Studiums nur der Anfang der Professionalisierung sein. Anschließen müssen sich

(a) »Traineeprogramme« für Berufsanfängerinnen und -anfänger, die gemeinsam mit Fachhochschulen und Trägern Sozialer Arbeit für das jeweilige Handlungsfeld konzipiert und von beiden gemeinsam begleitet werden sollten,

(b) Coaching oder Supervision als flächendeckende und zumindest in bestimmten Handlungsfeldern, z.B. der Kinder- und Jugendhilfe, verpflichtende Angebote und

(c) Verbindliche Fort- und Weiterbildungsmaßnahmen, die ebenfalls von Fachhochschulen und Trägern Sozialer Arbeit gemeinsam konzipiert und durchgeführt werden sollten.

RAINER RUDL

Aufsuchende Familienhilfen in der Praxis von Jugendamt und freien Trägern

Die praktische Umsetzung der aufsuchenden, ambulanten Familienhilfen geschieht seit einigen Jahren auf dem gesellschaftlichen Hintergrund zunehmend schwieriger, komplexerer Familienproblematiken einerseits und zunehmend schwieriger und enger werdender Finanzmittel andererseits. Diese Situation stellt das Jugendamt und die freien Träger mit den jeweiligen MitarbeiterInnen und Leitungen vor große Anforderungen und Herausforderungen.

Das führt in der Konsequenz z.b. dazu, dass eine pädagogische Fachkraft im Rahmen der Sozialpädagogischen Familienhilfe (SPFH) immer mehr Familien (häufig alleinerziehende Mütter mit Kindern unter der Armutsgrenze) mit vielen schwierigen und komplexen Problemen (Verhaltensauffälligkeiten der Kinder, Gewalt gegen Kinder, fehlende Erziehungskompetenz- und -bereitschaft, Arbeitslosigkeit, Schulden, schlechte Wohnverhältnisse, soziale Isolation usw.) mit geringer werdenden genehmigten Fachleistungsstunden betreut.

Vor diesem Hintergrund sind der Träger der öffentlichen Jugendhilfe (Jugendamt) und der Träger der freien Jugendhilfe wechselseitig aufeinander angewiesen:

– Der Träger der öffentlichen Jugendhilfe benötigt als Partner den Träger der freien Jugendhilfe, der kompetent, flexibel und möglichst schnell einen ermittelten Bedarf an Hilfe zur Erziehung befriedigen kann. Voraussetzung dafür sind durch Ausbildung und Fortbildung qualifizierte Fachkräfte und eine qualifizierte Personaleinsatzplanung und -steuerung, für die der Träger der freien Jugendhilfe ein hohes Maß an Planungssicherheit benötigt.

– Der Träger der freien Jugendhilfe benötigt als Partner den Träger der öffentlichen Jugendhilfe, der ihm für seine Personalplanung, Personaleinsatzplanung und Personalsteuerung eine möglichst verlässliche und kontinuierliche Zahl an Fällen im Rahmen von Hilfen zur Erziehung zukommen lässt und dessen Fachkräfte einen qualifizierten Hilfeprozess in Gang setzen und steuern.

Eine herausragende Bedeutung haben bei der Umsetzung aufsuchender Familienhilfen einerseits die Fachkräfte beim Jugendamt und beim freien Träger und andererseits die qualifizierte Personaleinsatzplanung und -steuerung beim freien Träger, der für die Umsetzung der aufsuchenden Familienhilfe verantwortlich ist.

Nachfolgend werden zunächst Anforderungen und Erwartungen an (zukünftige) Fachkräfte skizziert und anschließend einige Aspekte einer qualifizierten Personaleinsatzplanung und -steuerung zwischen notwendigem anzustrebendem Ziel einerseits und gegebener Wirklichkeit andererseits beschrieben.

Anforderungen und Erwartungen an (zukünftige) Fachkräfte

Bis heute gibt es im Bewerbungsverfahren und bei der Einstellung neuer MitarbeiterInnen beim Allgemeinen Sozialen Dienst (ASD) des Jugendamtes und bei der aufsuchenden, ambulanten Familienhilfe beim freien Träger häufig eine Diskrepanz zwischen den durch die berufliche Praxis vorgegebenen persönlichen und fachlichen Anforderungen und den im Studium vermittelten Kompetenzen und Kenntnissen. Deshalb haben Fortbildung, kollegiale Beratung und Supervision in der beruflichen Praxis einen hohen Stellenwert und eine wichtige Bedeutung.

Im Folgenden werden Anforderungen und Erwartungen an zukünftige MitarbeiterInnen skizziert, damit zugleich auch Anforderungen und Erwartungen an die Fachhochschulen/Universitäten, die die zukünftigen MitarbeiterInnen im Rahmen des Studiums der Sozialen Arbeit ausbilden.

Die nachstehenden Anforderungen und Erwartungen sind von der Leiterin des Jugendamtes der Stadt Wesel und ihrem Leiter des Teams Soziale Dienste im Blick auf zukünftige MitarbeiterInnen im Sozialen Dienst eines Jugendamtes formuliert worden. In einer gemeinsamen fachlichen Diskussion mit einem freien Träger ist einvernehmlich festgestellt worden, dass diese Anforderungen und Erwartungen mit einigen Nuancen übertragbar sind auf die MitarbeiterInnen in der aufsuchenden, ambulanten Familienhilfe.

Die Reihenfolge der Punkte gibt die Priorität der Anforderungen und Erwartungen wieder. Die Selbsterfahrungskompetenz und die Empathie- und Abgrenzungsfähigkeit sind dabei von besonderer Bedeutung, da diese Fähigkeiten »schwieriger« erworben werden können wie z.B. fundierte Rechtskenntnisse. So sollten idealerweise zu Beginn des Studiums diese Kompetenzen im Mittelpunkt der Ausbildung stehen. Studierende, die feststellen, dass sie, aus welchen Gründen auch immer, die Auseinandersetzung mit sich selbst nicht führen können und wenig in der Lage sind, sich in andere hinein zu fühlen, hinein zu denken, hinein zu versetzen, sind in dem Berufsfeld fehl am Platze.

1. Selbsterfahrungskompetenz
Diese Kompetenz umfasst eine biografisch reflektierte innerpsychische Auseinandersetzung mit der Eigenmotivation zur Auswahl des Berufes bzw. des Berufsfeldes.

2. Empathie- und Abgrenzungsfähigkeit
Diese Fähigkeiten sind zugleich erforderlich, immer bezogen auf den Klienten in seiner sozialen Lebens- und Problemlage.

3. Sichere Persönlichkeitsstruktur
Die Temperamente der Menschen sind unterschiedlich – jedoch helfen folgenden Eigenschaften, um die täglichen Überraschungen souverän zu meistern: Stabilität, Belastungsfähigkeit, Ausgeglichenheit, Humor, Flexibilität, Kreativität.

4. Beratungs- und Methodenkompetenz
Das Erlernen dieser Kompetenzen ist nicht nur in der theoretischen Auseinandersetzung, sondern gerade auch in der praktischen Anwendung von Methoden sinnvoll, z.b. durch videounterstütztes Training.

5. Teamfähigkeit
Die Zeit des Einzelkämpfers im Sozialen Dienst ist vorbei. Das berufliche Handeln der einzelnen Fachkraft geschieht immer mehr in organisatorisch vorgegebenen Arbeitsgruppen (Teams), welche sowohl als Reflecting-Team als auch als fachliches Korrektiv fungieren. Hier ist eine hohe Selbstreflektionsfähigkeit, Kommunikations- und Kooperationskompetenz und auch Kritikfähigkeit gefragt.

6. Klares Rollenverständnis
Die Auseinandersetzungen mit gesellschaftlichen und mit institutionellen Rahmenbedingungen der sozialen Arbeit (Auftrag, Ziele, Wirksamkeit, Legitimation eingesetzter Mittel) sind stets gefragt.
Die Abwägung zwischen den institutionellen Erwartungen des Arbeitgebers und den individuellen Ansprüchen der Klienten muss balanciert werden.

7. Organisations- und Moderationskompetenz
Kooperatives und vernetztes Arbeiten bekommt einen immer höheren Stellenwert in der Tätigkeit im Sozialen Dienst. Hilfen müssen häufig von unterschiedlichen Stellen erbracht und aufeinander abgestimmt sein. Die steuernde Funktion im Hilfeprozess hat die Fachkraft des Sozialen Dienstes.

8. Fundierte Rechtskenntnisse
Folgende Rechtsgrundlagen bestimmen den Arbeitsalltag und sollten bekannt sein: Sozialrecht, Verwaltungsrecht, Familienrecht, Grundgesetz, Internationales Recht, Haager Konventionen, UN-Konvention.

9. Dokumentationskompetenz
Sozialarbeit heißt im Jugendamt auch Schreibtischarbeit. Sowohl innerorganisatorische (z.B. Hilfeplanverfahren) als auch gesetzliche Be-

stimmungen (§ 8 a SGB VIII) verlangen von der Fachkraft die Fähigkeit, anamnesische oder diagnostisch gewonnene Erkenntnisse in rechtliche Anspruchstatbestände zu subsumieren und rechtssichere Entscheidungen zu treffen.

Die StudentInnen, die die Möglichkeit haben, an der Universität/Fachhochschule diese Kompetenzen auszubilden, werden gute Einstiegsvoraussetzungen haben, in die komplexer gewordene Arbeitswelt der SozialarbeiterInnen und SozialpädagogInnen zu finden. Ebenso ermöglichen diese Kompetenzen einen souveräneren Umgang mit den vielfältigen und komplexen Anforderungen im beruflichen Alltag. Nur so ist es den SozialarbeiterInnen und SozialpädagogInnen auch möglich, langfristig in diesem Berufsfeld zu arbeiten.

Qualifizierte Personaleinsatzplanung und Planungssicherheit beim Freien Träger der Jugendhilfe

Die Praxis der Einsatzplanung einer pädagogischen Fachkraft für eine aufsuchende Familienhilfe sieht in der Regel folgendermaßen aus.
Die zuständige (wie oben beschrieben qualifizierte) Fachkraft beim ASD des Jugendamtes kontaktiert die Leiterin/den Leiter des Trägers für Erziehungshilfen und formuliert den vom Jugendamt ermittelten Bedarf einer ambulanten erzieherischen Hilfe.
Das Jugendamt beschreibt die aktuelle Familiensituation und den konkreten Hilfebedarf und gibt die konkrete Hilfeform (z.B. SPFH, Erziehungsbeistandschaft, ...) oder einen Clearingauftrag und den wöchentlichen Stundenumfang vor. Das ist in der jugendamtsinternen Fallbesprechung so festgelegt worden.
Nachdem der konkrete Hilfebedarf mit der konkreten Hilfeform benannt ist, entscheidet die Leiterin / der Leiter des freien Trägers – alleine oder im Teamgespräch –, welche Fachkraft von ihrem Persönlichkeitsprofil und von ihrem fachlichen Profil am besten und wirkungsvollsten diese Familienhilfe übernehmen und durchführen kann.
Voraussetzung für diese Auswahlentscheidung wäre allerdings, dass mehrere MitarbeiterInnen zeitliche Kapazitäten für die Übernahme einer neuen Familienhilfe haben müssten.
In der Praxis gibt es dabei allerdings einen nicht einfach aufzulösenden Widerspruch zwischen fachlich pädagogischen Aspekten einerseits und finanziellen, betriebswirtschaftlichen Zwängen andererseits.
Aus fachlich pädagogischen Gründen braucht man eine Planungsfreiheit in dem Sinne, zwischen mehreren Fachkräften die am besten geeignete Fachkraft in einer neuen Familie einzusetzen.
Aus finanziellen, betriebswirtschaftlichen Zwängen der Refinanzierung der Personalkosten braucht man eine möglichst kontinuierlich hohe Auslastung bei allen Fachkräften – möglichst bei 100 % (am besten noch etwas darüber hinaus).

Das ist insbesondere bei dem sehr schwierigen und unglücklichen System der Finanzierung über Fachleistungsstunden ein erhebliches Problem, da nur die Stunden/die Arbeit bezahlt wird, die auch tatsächlich geleistet wird.
Bei ungeplanten Ausfällen (anders als Urlaub, Fortbildung), z.B. durch längere Krankheiten von Fachkräften, von Kuren der Hilfeempfänger usw., laufen die Gehaltskosten zu 100 % weiter, die Einnahmen brechen auf Null weg.
Hinzu kommt in der Praxis ein weiteres Problem, wenn bei einer Fachkraft innerhalb der verschiedenen Familieneinsätze aufgrund aktueller Entwicklungen Stundenumfänge verändert werden.

Konkretes Beispiel:
Eine Fachkraft mit einer vollen Stelle (38,5 Stunden) kann mit ca. 33 Fachleistungsstunden belegt werden. Sie hat z.B. 3 Familien mit 6 Wochenstunden und 4 Familien mit 4 Wochenstunden > insgesamt 34 Wochenstunden. Nun stellt sich in 2 Familien heraus, dass aufgrund konkreter negativer Familienentwicklungen der zeitliche Umfang auf 6 Wochenstunden erhöht werden muss. So ist die Fachkraft mit 38 Stunden belegt.
Aus dem aufgezeigten nicht einfach aufzulösenden Widerspruch zwischen fachlichen und finanziellen Aspekten ist es für eine qualifizierte Umsetzung aufsuchender Familienhilfen wünschenswert, auf der Basis einer guten, vertrauensvollen Zusammenarbeit eine Win-win-Situation zwischen dem Jugendamt als Träger der öffentlichen Jugendhilfe und dem Träger der freien Jugendhilfe zu schaffen – bei Kenntnis und Akzeptanz der jeweiligen individuellen schwierigen Rahmenbedingungen.
Aus Sicht des Trägers der öffentlichen Jugendhilfe ist es zur qualifizierten Bewältigung seiner Aufgaben wünschenswert und notwendig, möglichst zeitnah durch den Träger der freien Jugendhilfe / der Familienhilfe qualifizierte Fachkräfte in Familien einsetzen zu können.
Aus der Perspektive des Trägers der freien Jugendhilfe / der Familienhilfe ist es wünschenswert, lang- oder mittelfristig zu wissen, mit welchem Fall-Volumen zu rechnen ist. Dementsprechend könnte rechzeitig agiert werden, um z.B. Neueinstellungen vorzunehmen oder z.B. mit vorhandenen Fachkräften über Vertragsaufstockungen zu sprechen. Eine auf diese Weise entstehenden Planungssicherheit hat eine qualitativ hochwertige Personaleinsatzplanung und -steuerung zur Konsequenz.
Die bisherige und geläufige Praxis der Planungsgestaltung und Personaleinsatzplanung und -steuerung des Trägers der freien Jugendhilfe/ Familienhilfe orientiert sich mehr an der Planungserfahrung (und teilweise Risikobereitschaft) der verantwortlichen Leiterin/des verantwortlichen Leiters und gleicht zeitweilig einem Jonglieren mit mehr als drei Bällen.

Spezifische Rahmenbedingungen und Kompetenzen für das Handlungsfeld »Hilfen zur Erziehung«[1]

Gesetzliche und fachliche Rahmenbedingungen im Bereich der Erziehungshilfe

Die gesetzlichen Rahmenbedingungen für die erzieherischen Hilfen finden sich im SGB VIII (Kinder- und Jugendhilfegesetz – KJHG). Die Förderung der Entwicklung junger Menschen und ihre Integration in die Gesellschaft durch allgemeine Förderangebote und Leistungen in unterschiedlichen Lebenssituationen bilden die Grundlage des SGB VIII. Den Schwerpunkt des 2. Kapitels (§§ 27–41) bilden die Leistungen der Hilfe zur Erziehung, Eingliederungshilfe für seelisch behinderte Kinder und Jugendliche sowie die Hilfe für junge Volljährige. Die Auswahl der erzieherischen Hilfen richtet sich nach dem erzieherischen Bedarf im Einzelfall. Die im Gesetz aufgeführten Hilfearten sind keine abschließend festgelegten Leistungsangebote. Weitere Innovationsmöglichkeiten sind mit dem Gesetzestext bereits intendiert. Ausgehend von der individuellen Problemlage der Kinder und Jugendlichen können weitere Hilfeformen entwickelt werden.

In den erzieherischen Hilfen sind ausschließlich Fachkräfte mit oder ohne Zusatzausbildung einzusetzen (§ 72). Die Anforderungen an einzelne Aufgabenbereiche und an eine verantwortliche Tätigkeit in der Jugendhilfe hat die Bundesarbeitsgemeinschaft der Landesjugendämter als Arbeitshilfe veröffentlicht. Die im SGB VIII §§ 78 geforderten Vereinbarungen über Leistungsangebote, Qualitätsentwicklung und Leistungsentgelte für den teilstationären und stationären Bereich sind in NRW zwischen öffentlichen und freien Wohlfahrtsverbänden ausgehandelt und in zwei Rahmenverträgen festgeschrieben. Die ambulante Erziehungshilfe wird regional vereinbart.

Aktuelle fachliche Entwicklung und Herausforderung

Die Angebotsformen der erzieherischen Hilfen haben sich in den letzten Jahren kontinuierlich weiterentwickelt.

---

[1] Auszug mit freundlicher Erlaubnis aus dem Diskussionspapier der Diakonie Rheinland – Westfalen – Lippe e.V. zum Thema »Zur Zukunft der Ausbildungen für die sozialpädagogische und soziale Arbeit«, Münster 2008.

➢ Die Stärkung der Eigenverantwortung und die Selbstbestimmung der Kinder, Jugendlichen und Familien ist das wesentliche Ziel der Erziehungshilfe.

➢ Die geförderten Kinder und Jugendlichen werden zunehmend problembelasteter, gleichzeitig wird die Betreuungszeit verkürzt.

➢ Eine flexible bedarfsorientierte und sozialräumlich organisierte Umsetzung der Hilfeangebote hat die im SGB VIII aufgeführte Versäulung der Leistungen ergänzt. Die sozialräumliche Arbeit beinhaltet Netzwerkarbeit auch mit nichtpädagogischen Einrichtungen.

➢ Ausgehend vom individuellen Bedarf und den vorhandenen Ressourcen von Kindern, Jugendlichen, Familien wird das Betreuungssetting ausgehandelt. Im Zentrum der Hilfeangebote stehen dabei nicht ausschließlich auffällige Kinder/Jugendliche, sondern die gesamte Familie und das soziale Umfeld.

➢ Die Arbeit mit delinquenten sowie psychiatrisch auffälligen Kindern und Jugendlichen macht eine enge Kooperation und Vernetzung mit den angrenzenden sozialen Arbeitsfeldern erforderlich. Nicht selten zieht sie »Spezialangebote« nach sich. Die Zusammenarbeit zwischen Jugendhilfe und Kinder- und Jugendpsychiatrie, Jugendhilfe und Justiz und so weiter wird eine immer größere Bedeutung erlangen.

➢ Zukünftig werden die Hilfeangebote für Kinder, Jugendliche und deren Familien mit Migrationshintergrund stärker entwickelt werden, da die Prognose zur demografischen Entwicklung von einer Zunahme der Kinder und Jugendlichen aus Migrationsfamilien ausgeht.

➢ Mädchen und Jungen sind in ihrem Aufwachsen und in der Bewältigung ihrer Probleme verschieden. Die Hilfen zur Erziehung bieten deswegen neben koedukativen Angeboten auch immer häufiger spezielle Angebote für Mädchen und Jungen an.

➢ Konzepte der Hilfen zur Erziehung in Zusammenarbeit mit dem Regelbereich, wie Tageseinrichtungen für Kinder, Schule, Familienzentren werden entwickelt mit dem Ziel, Ausgrenzung und Selektion zu vermeiden, Integration zu fördern, Eltern in ihrer Erziehungskompetenz frühzeitig zu unterstützen.

➢ Der Schutzauftrag bei Kindeswohlgefährdung wird mit der Novellierung des SGB VIII in § 8a besonders hervorgehoben. Die Fachkräfte müssen den Schutzauftrag wahrnehmen und das Gefährdungsrisiko einschätzen. Dazu ist die Entwicklung von fachlichen Standards, Verfahrensstandards und Beobachtungs- und Erhebungsinstrumenten erforderlich.

➢ Aktivierende Elternarbeit, dialogische Elternarbeit und Coaching sind neue Ansätze zur Unterstützung der Selbstlösungskompetenz, Stärkung der Eigenkräfte von Familien.

➢ Der Finanzdruck der Kommunen ist in jedem Einzelfall und bei jedem Mitarbeitenden spürbar und muss in der Planung, bei der Entwicklung von Konzeptionen berücksichtigt werden.

➢ Angesichts der Finanzsituation der Kostenträger ist die Notwendigkeit gestiegen, den »Erfolg« der einzelnen Hilfeangebote zu belegen. Zukünftig wird es immer mehr darum gehen, die Wirkung der Hilfen zur Erziehung als nachvollziehbare Größe zu dokumentieren.

Zukünftige Anforderungen an die Mitarbeitenden im Arbeitsfeld der Hilfen zur Erziehung

Im Arbeitsfeld der Hilfen zur Erziehung werden Personen mit verschiedenen beruflichen Ausbildungsqualifikationen eingesetzt. Die Mehrzahl von ihnen sind Sozialpädagoginnen/Sozialpädagogen, Sozialarbeiterinnen/Sozialarbeiter und Erzieherinnen/Erzieher. In der Praxis hat sich gezeigt, dass multiprofessionelle Teams am ehesten den vielfältigen und tendenziell steigenden Anforderungen gerecht werden können. Die eigene Persönlichkeitsentwicklung sowie die ständige Bereitschaft, neues Fachwissen und neue Kompetenzen zu erwerben, treten mindestens gleichrangig neben die formale Ausgangsqualifikation und müssen diese ergänzen.

Ein verbesserter Praxisbezug der Ausbildungen an Fachschulen und (Fach-)Hochschulen sowie Möglichkeiten der berufsbegleitenden Qualifizierung gewinnen in den Hilfen zur Erziehung zunehmend an Bedeutung und sind verstärkt zu entwickeln.

Durch die

➢ zunehmend engere Verzahnung mit den zukünftigen Familienzentren sowie den Grund- und Hauptschulen,

➢ die immer spezifizierteren Hilfeplanvereinbarungen,

➢ die immer deutlicher im Vordergrund stehende Ergebnisorientierung,

➢ sowie die zunehmende Ambulantisierung von Maßnahmen

ist das Handlungsprofil sozialpädagogischer Berufsgruppen im Wesentlichen von der Fähigkeit und Bereitschaft zu einer selbstständigen, handlungsorientierten und von hoher fachtheoretischer Reflexionsfähigkeit geleiteten Aufgabenbewältigung geprägt.

Die Ökonomisierung der sozialen Arbeit mit ihrer von Wettbewerb, Effizienz und Erfolgserwartung geprägten Entwicklung zwingt in zunehmend größerem Ausmaß die Träger der Jugendhilfe und deren Personal zu immer höherer Leistungsdefinition mit der zwingenden Notwendigkeit, die vorhandenen Ressourcen ebenso sachgerecht wie wirtschaftlich einzusetzen und an die unterschiedlichen Marktanforderungen anzupassen.

Gleichzeitig wachsen die gesellschaftlichen Erwartungen an alle erzieherischen Arbeitsfelder. Pädagoginnen und Pädagogen der verschiedensten Bereiche sollten in der Lage sein, grundlegende Werte und Normen an die nächste Generation weiterzutragen, jungen Menschen zu helfen, ein von Selbstständigkeit und Autonomie geprägtes Leben zu führen und einen von der grundlegenden Akzeptanz anderer Kulturen und Religionen geprägten Gemeinschaftssinn zu entwickeln. Die von Effizienz und Wirtschaftlichkeit geprägten Ergebniserwartungen auf der einen Seite und die sich notwendigerweise am Dialog und nur bedingt kalkulierbaren pädagogischen Prozessen orientierten Erwartungen stehen nicht selten im Widerstreit zueinander. Diesen Widerstreit zu gestalten und erfolgreich umzusetzen ist die eigentliche zukünftige Kernanforderung.

Die zukünftigen Pädagoginnen und Pädagogen, die im Bereich der Hilfen zur Erziehung eingesetzt werden, verfügen künftig über folgende Kompetenzen:

➢ Sie haben die besonders ausgeprägte Fähigkeit, auf Menschen mit besonderen Schwierigkeiten, Problemlagen und häufig ungewöhnlichen Verhaltensweisen einzugehen.

➢ Sie verfügen über profunde fachtheoretische Kenntnisse in allen die persönliche Entwicklung betreffenden Fachgebieten, insbesondere in psychologischen und soziokulturellen Bereichen.

➢ Sie sind sich bewusst, dass sie im Erziehungsprozess immer auch Vorbild für die Kinder und Jugendlichen sind, mit denen sie arbeiten. Sie reflektieren ihr eigenes Alltagshandeln und die damit verbundene Akzeptanz des Erziehungsdialoges bei den ihnen anvertrauten Kindern und Jugendlichen.

➢ Sie setzen ihre eigenen fachlichen und persönlichen Fertigkeiten ebenso wie die ihnen zur Verfügung stehenden Sachmittel wirtschaftlich und effizient ein und sind in der Lage, die Erfolgswahrscheinlichkeit ihrer Handlungen zu beurteilen.

➢ Sie wissen, dass sie nur ein Teil des auf die von ihnen betreuten Kinder und Jugendlichen einwirkenden Entwicklungs- und Erziehungssystems sind. In ihrer Verantwortung für die Kinder und Jugendlichen sind ihnen die Einflussfaktoren bekannt und sie können, wenn notwendig, darauf Einfluss nehmen. Hierzu sind sie insbesondere in der Lage, den Prozess der Hilfeplanung zu nutzen und qualifiziert mitzugestalten.

➢ Sie sind in der Lage, ein Netzwerk rund um ihre eigenen Handlungskonzepte aufzubauen und zugunsten der von ihnen verantworteten und betreuten Kinder und Jugendlichen einzusetzen.

➢ Sie haben ein besonderes Interesse an einer von Selbstständigkeit und eigenem Gestaltungswillen geprägten Arbeit, die gleichzeitig in der Regel in einem institutionellen Kontext geschieht, der immer

häufiger typische Merkmale unternehmerischen und im Wettbewerb befindlichen Handeins trägt.

➢ Sie verfügen über eine ausgeprägte berufliche Ethik, die sich am
Kindeswohl und der damit einhergehenden Verantwortung orientiert.

➢ Ihre berufliche Grundhaltung ist von der Notwendigkeit eines ständigen Lernens und der Bereitschaft zu Fort- und Weiterbildung in
den verschiedenen Formen geleitet.

Autorinnen und Autoren

Gerda Bahn-Jurczyk, Erzieherin, systemische Familientherapeutin, langjährige Tätigkeiten in verschiedenen Arbeitsfeldern der stationären Jugendhilfe. Seit 1992 tätig im Neukirchener Erziehungsverein im Rahmen von individualpädagogischen Betreuungen, ambulanter Familienberatung und -therapie, außerdem als Fachberaterin im Bereich von familiärer Bereitschaftsbetreuung und Erziehungsstellen.

Hans-Jürgen Balz, Prof. Dr., Studium der Psychologie und Soziologie an der Universität Bielefeld; lehrt Psychologie an der Evangelischen Fachhochschule Rheinland-Westfalen-Lippe in Bochum; Schwerpunkte: Systemische Beratung, Diagnostik und Teamentwicklung; Supervisor und Organisationsberater; Publikationen zur Arbeits- und Organisationspsychologie und Pädagogischen Psychologie. Aktuell: Balz, H-J. & Spieß, E. (2009), Kooperation in sozialen Organisationen – Grundlagen und Instrumente der Teamarbeit, Stuttgart: Kohlhammer.

Heiner Bartelt, Dipl.-Päd., Sonderpädagoge, Supervisor, Bereichsleiter Hilfen für Kinder und Jugendliche mit Behinderung der Diakonie Ruhr, seit November 2006, zuvor 15 Jahre Leiter einer stationären Einrichtung für Kinder und Jugendliche mit Behinderung, davor 12 Jahre Berater in der Behindertenhilfe, Fortbildner und Verfasser einer Reihe von Beiträgen zu Fragen der Behindertenhilfe.

Ulrike Bavendiek, Dipl. Sozialpädagogin, systemische Therapeutin, Sachgebietsleitung Heilpädagogik im Jugendhilfe Verbund der Diakonie in Düsseldorf, stellvertretende Vorsitzende des Evangelischen Fachverbandes für Erzieherische Hilfen im Diakonischen Werk Rheinland, Sprecherin der Bundesfachgruppe Tagesgruppen in der Internationalen Gesellschaft für Erzieherische Hilfen. Schwerpunkte: ambulante und teilstationäre Hilfen zur Erziehung, Fortbildnerin für Eltern- und Familienarbeit, Organisationsentwicklung in den Hilfen zur Erziehung. Verfasserin einer Reihe von Beiträgen zur Tagesgruppenarbeit.

Benjamin Benz, Prof. Dr., Dipl.-Sozialarbeiter (FH), lehrt Politikwissenschaft an der Evangelischen Hochschule Freiburg. Publikationen zur Armuts-, Sozial-, Familien- und Europapolitik; u.a. zusammen mit Jürgen Boeckh und Ernst-Ulrich Huster: Sozialpolitik in Deutschland – Eine systematische Einführung, 2. Auflage 2006. Seit 2001 zusammen mit Ernst-Ulrich Huster und Jürgen Boeckh deutscher Experte für die Europäische Kommission im Rahmen der Lissabon Strategie gegen Armut und soziale Ausgrenzung.

Klaus Biedermann, Diplom-Pädagoge und Diakon, ist Geschäftsbereichsleiter für den Verbund ambulanter Hilfen im Neukirchener Erziehungsverein mit einer Vielzahl differenzierter Einrichtungen und Dienstleistungen für Kinder, Jugendliche und Familien, Menschen mit Behinderungen oder im Alter in rheinlandweiten Büros. Er leitet die Neukirchener Fortbildungsakademie mit jährlich ca. 900 Kursteilnehmern und ist seit 2001 Geschäftsführer des Neukirchener Jugendhilfeinstitutes.

Christine Drawert, Diplom Sozialpädagogin, ist MarteMeo Therapeutin und lizenzierte Supervisorin. Sie bildet in der Neukirchener Fortbildungsakademie Fachkräfte zu MarteMeo Praktikern, Therapeuten und Supervisoren aus. Weiterhin ist sie aktiv in problembeladenen Familien und Familienzentren in der Umsetzung des Programmes tätig.

Klaus Eberl, Pfarrer, hauptamtliches Mitglied der Leitung der Ev. Kirche im Rheinland, seit 2007 Abteilungsleiter Bildung im Düsseldorfer Landeskirchenamt, Vizepräses der Synode der EKD, zuvor Gemeindepfarrer in Wassenberg und Superintendent des Kirchenkreises Jülich. Gründer des Heilpädagogischen Zentrums Pskow/Russland. Publikationen zu Bildungsfragen, Förderpädagogik, Sozialethik, theologischen Grundsatzfragen.

Johannes Eurich, Prof. Dr., ist Ordinarius für Praktische Theologie/ Diakoniewissenschaft an der Theologischen Fakultät der Universität Heidelberg und Direktor des Diakoniewissenschaftlichen Instituts. Forschungsschwerpunkte und Publikationen zu Sozialmanagement und Ethik, Diakonie und die Entwicklung des Dritten Sektors, Handlungsfeld Menschen mit Behinderung, Gerechtigkeitsdiskurs, Ethik und Soziale Arbeit, u.a. Gerechtigkeit für Menschen mit Behinderung, Frankfurt / New York 2008. Als Vorsitzender des Wissenschaftlichen Beirats arbeitet er im Vorstand des Sozialwissenschaftlichen Instituts der EKD mit.

Birgit Gottschling, Dipl.-Heilpäd., systemische Familienberaterin, Schwerpunkte: Arbeit mit Familien mit Kindern und Jugendlichen mit Behinderung und Migrationshintergrund, Mitarbeit in der Familienassistenz seit Januar 2007 (Gründung), zuvor acht Jahre Mitarbeit in einer Beratungsstelle und ca. zehn Jahre in der ambulanten und stationären Betreuung von Menschen mit Behinderung.

Hans-Wilhelm Fricke-Hein, Theologiestudium in Wuppertal und Bonn, nach dem Vikariat Pfarrer in Moers von 1983–1998. Von 1998 bis 2003 Persönlicher Referent des Präses der Evangelischen Kirche im Rheinland und Ratsvorsitzenden der EKD Manfred Kock. Seit 2003 Direktor des Neukirchener Erziehungsvereins und Geschäftsführer der Neukirchener Verlagsgesellschaft mbH.

Ernst-Ulrich Huster, Prof. Dr., lehrt Politikwissenschaft an der Evangelischen Fachhochschule Rheinland-Westfalen-Lippe in Bochum und an der Justus-Liebig-Universität Gießen. Von 1995–2003 Rektor der EFH RWL, von 2003–2009 wissenschaftlicher Leiter des Neukirchener Jugendhilfe Instituts. Publikationen zur Sozial- und Verteilungspolitik, politischen Soziologie und Sozialethik. U.a. zusammen mit Jürgen Boeckh und Benjamin Benz, Sozialpolitik in Deutschland. Eine systematische Einführung, 2. Auflage 2006; seit 2001 zusammen mit Benjamin Benz und Jürgen Boeckh deutscher Experte für die Europäische Kommission im Rahmen der Lissabon Strategie gegen soziale Ausgrenzung.

Marita Jansen, Diplom-Pädagogin, Kinder und Jugendlichenpsychotherapeutin, Familientherapeutin und Supervisorin koordiniert im Bereich der Ambulanten Hilfen des Neukirchener Erziehungsvereins die Therapien. Angeboten werden hier neben dem Rückführungsmanagement, dem therapeutischen Clearing, VHT und MarteMeo, Einzeltherapien für die Jugendlichen und aufsuchende Familientherapien, sowie Supervisionen und Seminare.

Peter Jurczyk, Erzieher, Sozialarbeiter, systemischer Familientherapeut, Schuldnerberater. Mehrjährige Tätigkeiten in der stationären Jugendhilfe. Seit 1993 im Neukirchener Erziehungsverein im Rahmen von individualpädagogischen Maßnahmen, ambulanter Familienberatung und -therapie und als Projektstellenleiter tätig.

Sabine Krebs-Krüger, Dipl. Sozialpädagogin, Systemische Therapeutin, Kinder- und Jugendlichenpsychotherapeutin, Supervisorin, Tätigkeit als Pädagogisch-therapeutische Leiterin in den Heilpädagogisch-Therapeutischen Tagesgruppen des Neukirchener Erziehungsvereins.

Carola Kuhlmann, Prof. Dr., lehrt Erziehungswissenschaft an der Evangelischen Fachhochschule Rheinland-Westfalen-Lippe, Publikationen zur Geschichte der Sozialen Arbeit, Erziehungshilfen sowie zu Genderfragen. U.a.: Geschichte Sozialer Arbeit, 2007; Alice Salomon, 2007, »So erzieht man keinen Menschen« – Lebens- und Berufserinnerungen aus der Heimerziehung der 50er/60er Jahre, 2008.

Hildegard Mogge-Grotjahn, Prof. Dr., lehrt Soziologie an der Evangelischen Fachhochschule Rheinland-Westfalen-Lippe in Bochum. Seit 2007 Prorektorin der EFH RWL in Bochum. Publikationen u.a. zu Geschlechterforschung, Migrationssoziologie, Soziologie sozialer Arbeit; Veröffentlichung von Lehrbüchern (Soziologie. Eine Einführung für Soziale Berufe, 3. Aufl. 2007; Gender, Sex und Gender Studies, 2004).

Katja Nowacki, Prof. Dr., Fachhochschule Dortmund, Fachbereich Angewandte Sozialwissenschaften, Lehrgebiet klinische und Sozialpsychologie, hat lange Jahre als Dipl.-Psychologin und Therapeutin und als Dipl.-Sozialpädagogin in der Jugendhilfe gearbeitet. Aktuelle Forschung zur Bindungsentwicklung und psychosozialen Anpassung von Kindern in Pflegefamilien.

Björn-Peter Paetow, Dr., Studium der Erziehungswissenschaft, Psychologie und Philosophie an der Universität Bielefeld; Ausbildung zum lösungsfokussierten Berater; seit 2007 Fachleiter für den Bereich »Jugend« im Schwerter Netz für Jugend und Familie; Trainer für lösungsfokussierte Methodik und Lehrbeauftragter an der Evangelischen Fachhochschule Rheinland-Westfalen-Lippe in Bochum für den lösungsfokussierten Beratungsansatz in der sozialpädagogischen Familienhilfe.

Rainer Rudl, Diplom-Verwaltungswirt und Diplom-Sozialpädagoge, leitet im Neukirchener Erziehungsverein das Büro Ambulante Hilfen Wesel am Niederrhein. Er war vorher 12 Jahre Kommunalbeamter, 8 Jahre Landesreferent für Jungenarbeit beim CVJM. Der Schwerpunkt seiner Arbeit in Wesel liegt auf vielfältigen ambulanten Hilfen für Kinder, Jugendliche und Familien und des Frühförder- und Frühbildungsprogramm »Opstapje – Schritt für Schritt«.

Johannes D. Schütte, ist Dipl.-Sozialarbeiter/-pädagoge und Doktorand an der Justus-Liebig Universität zu Gießen. Publikationen zur sozialen ›Vererbung‹ von Armut und zusammen mit Ernst-Ulrich Huster und anderen deutscher Experte für die Europäische Kommission im Rahmen der Lissabon Strategie gegen Armut und soziale Ausgrenzung.

Friedhelm Schwarzbach, Diplom Sozialwissenschaftler; Neukirchener Erziehungsverein, Referent für Fortbildung der Neukirchener Fortbildungsakademie, wissenschaftlicher Referent des Neukirchener Jugendhilfeinstituts.

Christoph Spamer, Dipl.-Päd. der Fachrichtung Sonder- und Heilpädagogik, Supervisor und Organisationsberater (DV), Dipl.-Enneagrammlehrer (DV und DEZ), Gründer, Träger und Leiter des Sozialtherapeutischen Netzwerks Weisse-Villa-Harz (1996), davor 8 Jahre Leiter von stationären Einrichtungen der Jugendhilfe, seit 2007 Geschäftsführer des Deutschen Enneagramm Zentrums, bis zur Gründung des Netzwerks Lehrbeauftragter der EFH und FH Darmstadt mit dem Schwerpunkt Heilpädagogik.

Hans-Peter Steden, Prof. Dr., lehrt Psychologie an der Evangelischen Fachhochschule Rheinland-Westfalen-Lippe in Bochum. Seit 2009 wissenschaftlicher Leiter des Neukirchener Jugendhilfeinstituts. Publikationen u.a. zu entwicklungs- u. sozialpsychologischen Themen im Bereich sozialer Arbeit; Veröffentlichung von Lehrbüchern (Psychologie. Eine Einführung für Soziale Berufe, 3. Auflage 2008; Die Begleitung psychisch gestörter Menschen. Eine Einführung in die Psychiatrie und Psychopathologie, 2003.)

Anja Turnau, Dipl.-Pädagogin und Systemische Familientherapeutin (DGSF), Supervisorin, Elternkursleiterin »Starke Eltern – Starke Kinder ® (DKSB)«; tätig als Pädagogische Leitung in einer stationären, heilpädagogisch-therapeutischen Jugendhilfeeinrichtung (Andreas-Bräm-Haus) des Neukirchener Erziehungsvereins; davor langjährige Tätigkeit in verschiedenen Büros der Ambulanten Hilfen des Neukirchener Erziehungsvereins, mit den Schwerpunkten: Aufsuchende Familientherapie, Ambulante Betreuung von Einzelpersonen und Familiensystemen, Betreutes Wohnen, Erziehungsstellenberatung, Mitarbeiter-Coaching und Qualitätsentwicklung.

Thomas Vieten, Diplom- Sonderpädagoge, systemischer Familientherapeut, 8 Jahre pädagogische Arbeit in der Kinder- und Jugendpsychiatrie Viersen-Süchteln, seit 1992 päd. Mitarbeiter beim Neukirchener Erziehungsverein, 12 Jahre Leitung eines Kinder- und Jugendhilfebüros, seit 2006 Einsatzleiter für den Bereich Familiäre Bereitschaftsbetreuung und Erziehungsstellen.

Michael Wendler, Prof. Dr. ist Diplom Motologe und lehrt an der Evangelischen Fachhochschule Rheinland-Westfalen-Lippe in Bochum Bewegungspädagogik/Psychomotorik. Seine Arbeitsschwerpunkte sind Bewegung und Identität in Bildungs- und Entwicklungsprozessen, Förderdiagnostik und Gutachtenerstellung sowie Förder- und Beratungsangebote (Diagnostik und Begleitung) für Lehrer und Eltern von Kindern mit Schwierigkeiten im Schriftspracherwerb.

Thomas Witt, Dipl. Sozialarbeiter und Familientherapeut (DGSF), arbeitet als Fachberater für Familiäre Bereitschaftsbetreuung und Erziehungsstellen und im Bereich der Aufsuchenden Familientherapie, seit 25 Jahren in der stationären und ambulanten Jugendhilfe tätig.

Ursula Zinda, Prof. e.h. (RUS), Dipl. Soz.Arb, Supervisorin (DGSv). Systemische Therapeutin (DGSF) lehrte Theorie und Praxis der Sozialen Arbeit an der Evangelischen Fachhochschule Rheinland-Westfalen-Lippe in Bochum, Schwerpunkt: Systemische Sozialarbeit und Familientherapie, Jugend- und Familienhilfe.